社会性の発達心理学

目　　次

第4章　感情の発達　平林 秀美　　　*65*

第5章　幼児期における自己制御の発達　中道 圭人　　　*79*

第6章　自　己　佐久間 路子　　　*95*

第7章　他者理解の発達　郷式 徹　　　*109*

社会性の発達とは

各章に入る前に，社会性の発達とは何かについて考えてみたい。試みに辞書を紐解くと「社会性」とは「集団をつくって生活しようとする性質」（広辞苑第7版）とある。その群居性は具体的には，人と人との関係によって成り立つものであろう。そこで，ここでは社会性を「他者とつながり，また集団をなして生活する力」（遠藤，2016）と捉えて検討することとしたい。まず生物種としてのヒトという視座から始め，次に個々人の社会適応という視座から社会性を見ていく。その上で，生涯発達の視座から「社会性の発達」をスケッチし，最後に社会性の発達心理学の射程について検討する。

1　生物種としてのヒトという視座から見た社会性

　進化心理学によると，生物種としてのヒトの独自性は，その文化の特殊性に現れている。文化を「遺伝情報による伝達以外の方法で，集団中のある個体から他の個体へと伝達される情報のすべて」と定義するならば，人間以外の動物にも文化はある。しかし，人間の文化はその累積性・発展性において他に類を見ないものである。誰かが何か有用なものを発明・発見すれば，周りの人々はそれを容易に共有し改良を加え，その改良を累積し発展させ，また共有していく。それによって現在のような技術や文明を築くに至ったと考えられる（長谷川ら，2022）。
　文化を累積できることの背景には，人間が，対象についての注意を自他で共有すること（共同注意：joint attention）に長けているということがある。共同注意ができると，物事や出来事について他者とやりとりすることが可能となる。その共同注意を人間は，早期（生後9ヵ月頃）からすることができる（Tomasello, 1993）。また人間の乳児は生後間もなくから，他者（主として養育者）からの声かけやアイコンタクトなどに敏感に反応して注意を向け，相手から学ぶ態勢をとれる（Csibra & Gergely, 2011）。そのような人が発する刺激への敏感性や反応性，共同注意をデッ

ク（Dweck, 2013）は人の乳児の社会性（social-ness）と呼び，その社会性ゆえに，周りの人々から容易に学ぶことができ，また周りの人々は容易に教えることができ，それはすべての領域の発達の源であると位置づける。

　そのような社会性は，ヒトという種の身体的な脆弱性に深く関わっている可能性が考えられている。ヒトは非力で攻撃力も防御力も弱く，またその子どもは，移動も栄養摂取も体温維持も自力ではできない状態で生まれ，手厚い養護がなければ容易に死に至る。しかも独り立ちするまでには長期間を要する。進化人類学者のハーディら（Hrdy, 1999; Burkart et al., 2009）によれば，そのような手厚い養護を母親一人でするのは極めて困難であり，周りの人々が助け合って育てる共同繁殖（cooperative breeding）という形態をとるようになったとされる。ヒトは食料獲得も子育ても助け合って行う必要があり，そこに社会性の主要な起源があると考えられる。社会性は，生物種としてのヒトの独自性を支えるものであるといえよう。

2　個々人の社会適応という視座から見た社会性

　社会性は，生物種としてのヒトにとって重要であるのみでなく，個々人の適応にとっても重要であることが近年，労働・教育経済学などで主張されてきている。その先駆けであるヘックマン（Heckman, 2013）は，貧困層への介入研究などを通して，乳幼児期の教育への投資が最も効果的であるとし，特に「非認知能力（non-cognitive skills）」の基盤を築くことの重要性を訴えた。ここでヘックマンが言う「非認知能力」は，狭義の認知能力（知能テストなどで測定されるもの）以外のものを指しており，社会性はその中核に位置すると考えてよいだろう。

　ヘックマンに続く OECD（2015）のレポートでは，「非認知能力」を社会情動的スキル（social and emotional skills）と言い換え，他者との協働，目標の達成，感情の調節という側面からなるものとしている。人生の早期にその基盤を築くことが，その後の人生における心身の健康やウェルビーイング，経済的安定などといった個々人の社会適応を生涯にわたり支える鍵となると主張する。社会情動的スキルには，感情の調節や自制心のほかに，心の理解，共感性，向社会性，協調性，道徳性などが含まれており，それらは社会性に深く関わるものである。またそのレポートでは，社会情動的スキルは狭義の認知能力を向上させうるが，その逆ではないこと，すなわち社会情動的スキルの発達こそが他の能力の発達を支え促すことが示唆されている。

　心理学では以前から，社会性に対して関心が持たれてはいたが，知能などを補完

するものといった，いわば「二の次」に位置づけられることが多かった。それに対し近年，社会性そのものの重要性が明確に打ち出されるようになってきたのである。

3　生涯発達の視座から見た社会性の発達

　社会性の重要性を確認した上で，社会性の発達について見てみよう。いうまでもなく，子どもは社会の中に生まれ，社会の中で育つ。生まれてまず当面するのは養育者をはじめとする周囲の人々との関わりであり，それを通して，子どもは社会の中で自ら生きる力を身につけていく。社会性の発達は，養育者をはじめとする他者との相互作用の中で生じるのである。そしてその相互作用において相手となる養育者などに目を移すと，彼らもまた周囲の人々との諸関係のなかで発達が進行している存在であることに気づかされる。そこに時間軸を入れてみると，「育てられる者から育てる者へ，そして看取る者から看取られる者へ」（鯨岡，2004）という人生の基本構造が見えてくる。それは，エリクソン（Erikson, 1964, 1980, 1997）が，「世代から世代へというサイクル」にも注目して発達を捉えていることと軌を一にする。人と人の相互作用の中で生じる社会性の発達を捉えるには，世代と世代との関係にも目を配りつつ生涯にわたる発達を見ていく必要があろう。

　そこでこの第3節では，エリクソンの枠組みを導き手としつつ，生涯にわたる社会性の発達をスケッチしてみたい。その際には，人間が「他者に開かれつつ自己に収斂するという根源的な矛盾を抱えている」存在であること（鯨岡，1998）に着目し，他者との関係を維持したいという欲求（結合性）と，分離した自己を確立しようという欲求（分離性）との葛藤（Damon, 1983）に留意していくことにする。それというのは，デーモン（Damon, W.）が論じているように，それらの葛藤を通して社会性は変容していくのではないかと考えられるからである。

（1）自他への基本的信頼感——社会性の発達の土台

　エリクソン（1980）によると，発達の最初の分岐点は，乳児期における「基本的信頼」対「基本的不信」である。基本的信頼とは，養育者が，乳児の個々の欲求に敏感に応じて世話をすることを通して，乳児の中に養育者への信頼感（ひいては世界への信頼感）と自己への信頼感が作り上げられていくことを指している。一方，「剥奪された感じ・引き離された感じ・見捨てられた感じ」は，基本的不信を乳児にもたらす。基本的信頼が基本的不信を上回るバランスとなるようにすることが，生涯にわたる健康なパーソナリティの礎石となるとされる。

　これと響き合い，実証的根拠を提供しうるものとして，アタッチメント理論（attachment theory）（Bowlby, 1973；遠藤，2021）を挙げることができる。それによると子どもは，養育者との日々の相互作用を通して，徐々に自分と他者に関する表象モデルを作り上げる。それは，他者は自分の求めに応じてくれる存在である（他者への信頼感を持てる）のか，それと表裏一体のこととして，自分は困ったときに求めれば助けてもらえる存在である（自分への信頼感を持てる）のかに関する主観的な確信のことであり，子どもはこのモデルをもとに，養育者以外の人（他の大人や仲間など）との対人関係に関して予測を立て行動するとされる。自他に関して基本的な信頼感を持つことができれば，子どものその後の対人関係はスムーズに展開していく可能性が高いと予想される。メタ分析（Groh et al., 2014）の結果はその予想を概ね支持し，自他への基本的信頼感をもっているほど，その後の仲間関係において社会的能力（他者理解，共感性，援助行動など）が高いことが見出された。自他への基本的信頼感が，社会性の発達の土台であることを示しているといえよう。

　なお，子どもは向社会的動機づけや原初的な善悪判断の基盤を乳児期から有することを示す興味深い研究が，報告されている（Tomasello, 2009；Bloom, 2013 など）。そのような向社会的な傾向が順調に開花するためにも，自他への基本的信頼感をもてるような早期の対人環境が重要であることが示唆されている（Dweck, 2009）。

（2）社会的情動と視点取得──子ども期における結合性と分離性

　エリクソン（1980）によると，幼児期に向かって子どもは次第に，周りの人々に欲求をくみ取ってもらい与えられる在り方（I am what I am given）から脱却し，自分の意志でしたいことをする在り方（I am what I will）へと歩み出す。身体能力などが発達し，子どもが自分の欲求を満足させようとして行動できるようになると，行動の内容によっては他者との関係に対立が生じ，自他の利害が衝突することが生じてくる。結合性（他者との関係を維持したいという欲求）と分離性（分離した自己を確立しようという欲求）のせめぎ合いが顕在化するのである。

　罪悪感や恥などの社会的情動は，そのせめぎ合いへの対処と位置づけられるかもしれない。ルイス（Lewis, 2016）によると，2, 3 歳頃から社会的な規範やルールを理解し始めることに伴って，それらを破ったときに罪悪感や恥などが経験されるようになっていく。社会的情動は，社会的規範やルールに沿った行動をするように子どもを仕向けていると考えられる。そのことは，進化心理学における社会的情動についての論考を想起させる。進化心理学では，罪悪感，恥に加えて，感謝，義憤などについて，それらは集団生活における互恵性（reciprocity：互いに何かをもらったらお返しをしたり，助けたら助けられたりすること）の原理を維持するために進

化してきた可能性があると論じている（Tooby & Cosmides, 2008）。集団生活を維持するためには，メンバー間の関係性や利害のバランスを調整することが必要不可欠であり，それを可能にするものとして，社会的情動が進化してきたとする。自己と他者・集団の利害の衝突，ひいては結合性と分離性のせめぎ合いに，進化の過程で対処してきたものが，社会的情動であるといえるかもしれない。

　そのせめぎ合いへの別方向から対処として，他者理解の発達を挙げることができる。その典型例として，視点取得（perspective taking：「心の理論」や「メンタライジング」とも呼ばれる）の発達がある。自他の視点の違いに気づくことから始まり，次いで双方の視点を考慮できるようになり，さらにそれらを相互に関連づけられるようになる。幾重にも入れ子状になった自他の心的世界を想定することが可能となっていく。自分がこうしたら相手はどう思うかというように，やりとりをしている他者の視点を取ることができるようになり，自他の利害が対立する場合などに他者の視点を考慮に入れて交渉できるようになっていく（Selman, 2003）。結合性と分離性のせめぎ合いを理性的な推論で調整する道は，視点取得の発達により開かれていくと考えられる。

　なお，乳児期の情動伝染（他児の泣き声につられるように泣くなど）から始まる共感性の発達は，視点取得のような他者理解の発達によって調整され組み直されて，より高次の共感性へと発達していく（Hoffman, 2008）。他者とつながる上で重要な共感性の発達は，情動と視点取得の発達の絡まり合いとして捉えることができよう。

（3）社会的個の確立——青年期にかけての結合性と分離性のせめぎ合い

　自己と他者・集団の利害などの対立について，集団の互恵性や他者の視点に注意を払うようになることによって対処することを見てきた。そのように見ていくと，自己を抑えることが社会性の発達だと見えるかもしれない。しかしそれはむしろ逆で，真の社会性は自己の発達によって支えられると井上（1997）は言う。井上は次のように論じている。児童期後半になると，子どもは自分の行動の拠り所を，親や教師などの大人から仲間・友人へと移していき，仲間集団への同調傾向が強まる。それは，社会的な成長の1つであるが，その同調が自己の判断を伴わないものであった場合には，仲間からの逸脱を恐れた単なる追従というべきである。それは次の機会には反社会的行為への同調になるかもしれないからである。そして井上は，社会性の発達は「社会的個の確立への過程」と言い換えられるのではないかとする。

　「社会的個の確立」について，結合性と分離性の観点から見てみよう。結合性（他者との関係を維持したいという欲求）は，他者と共にあって受容されることを求め，分離性（分離した自己を確立しようという欲求）は，自己発揮を求める。その一方，

「社会的個の確立」における分離性は，単なる自己発揮というよりもむしろ，これこそ真の自分といえるような個としての自己を確立することを指していると考えられる。それは，青年期におけるアイデンティティ（identity）の確立と重なる。その「真の自分」は，エリクソン（1980）によると独善的なものであってはならず，他者や社会から認められるものでなくてはならない。そこにおいて求められる結合性は単なる受容ではなく，他者や社会から意味あるものとして認められることを指していると考えられる。青年期にかけての社会性の発達は，より高度な分離性と結合性のせめぎ合い──「真の自分といえるような個の確立」と「他者や社会から意味あるものとして認められること」がせめぎ合うプロセスとして描出できるのではなかろうか。

（4）世代から世代への生成継承性──人生後半における結合性と分離性のせめぎ合い

　エリクソン（1964）によると，成人期にクローズアップされるのは，世代から世代への生成継承性（generativity）である。子どもを生み育てることが典型例とされるが，子どもに限らず広く次世代を育てることや後継者の育成・指導，ものや思想を作りそれを育てることなど，生み出したものを世話する営みを指している。就学前児の親に調査したところ（柏木・若松，1994），親になることで，他者に寛大になるといった柔軟さや，世界の未来・環境・政治への関心が増すといった視野の拡がりなどの変化が自覚されていた。それらは成人期における社会性の発達の一端として位置づけることができよう。

　さらに西平（2014）は，人生後半の時期には，上記のような後続世代（次世代）を世話する（育てる）ことに加えて，先行世代を世話する（介護する・看取る・弔う）ことも担うようになるという。そして現代の成人にとっての切実な問いは，「個人の権利」と「先行世代をケアし後続世代をケアする労力」とのバランスをいかに調整しうるかであると記している。人生後半における社会性の発達には，そのような形での分離性と結合性のせめぎ合いも加わっていくと考えられる。清水（2008）は，中年期のアイデンティティ課題として，「他者を通した達成をも考慮に入れた自己投入の形を獲得する」ことの重要性を指摘している。人生後半の社会性の発達は，葛藤が形を変えて立ち現れ，そのつど，未来への責任を考慮に入れつつバランスを再調整するプロセスとして描出できるのではなかろうか。

4 社会性の発達心理学の射程
——多様性の包摂・社会認識・モラル

　ここまでの論考をまとめてみよう。社会性は生物種としてのヒトの独自性を支えるものであり，また個々人の社会適応の鍵となるものである。そして社会性の発達は，自他への基本的信頼感を土台として，情動的側面も含めて自他理解を深め，他者と関係を維持したいという欲求（結合性）と，独立した自己を確立しようという欲求（分離性）との間のバランスを自身で調整し，社会の中で他者と共に自分を生きるという生涯にわたるプロセスとして捉えることができる。

　最後に，現代社会における社会性の発達について考えてみたい。私たちは今や，幾重にも入れ子をなし複雑に絡み合う多数の社会システムにまたがって暮らしている。複雑化し不安定化した巨大社会の中で，多数の多様な人々と共に自分を生きるということを考えなければならない。身近な人々やコミュニティから始まり，世界の人々や社会システムに至るまでの，いろいろな次元での多様性を包摂していくことが鍵となるだろう。

　しかしながら多様性の包摂は，簡単なことではない。例えば，自分が所属する集団や自分たちに類似する人々に対しては好意的な反応をしやすいというバイアス（内集団ひいき）のあることが知られているが，これは逆に言えば，自分たちとは異質であると思う人々や見知らぬ人々に対しては非好意的になる恐れがあるということである。そのバイアスは無自覚的に生じ，また当該の集団に所属することが自己の拠り所となる場合のあることなどから，そのバイアスを低減させることは容易ではない（池上，2015）。これに対してアイゼンバーグら（Eisenberg et al., 2015）は，より高いレベルの道徳的価値観を持つことが，外集団に対する向社会的行動を動機づけるのではないかと論じている。また，人々の置かれている社会的な状況や背景について理解し想像することができれば，より高次の共感が可能となる（Hoffman, 2008）かもしれない。

　そのように捉えると，人々が置かれている社会環境や状況，歴史的，文化的，社会経済的な背景などについて深く知り理解を構成することの重要性に気づかされる。そしてさらに，道徳的価値観や正義・公正などについて，社会システム間における葛藤や対立を乗り越え共通の基盤を見出すべく模索することが重要であろう。社会性の発達心理学の射程には，そのような多様性の包摂や社会認識，モラルといったテーマが含まれることをしっかりと見据え，この序章を結ぶこととしたい。

※本稿に対し，貴重なご助言をくださった藤崎春代氏（昭和女子大学特任教授）に深謝致します。

引用文献

Bloom, P. (2013). *Just babies: The origins of good and evil*. New York : Crown.（竹田　円（訳）(2015)．ジャスト・ベイビー──赤ちゃんが教えてくれる善悪の起源──　NTT 出版）

Bowlby, J. (1973). *Attachment and loss: Volume II: Separation, anxiety and anger*. New York: Basic Books.（黒田実郎・岡田洋子・吉田恒子（訳）(1977)．母子関係の理論 □　岩崎学術出版社）

Burkart, J. M., Hrdy, S. B., & Van Schaik, C. P. (2009). Cooperative breeding and human cognitive evolution. *Evolutionary Anthropology: Issues, News, and Reviews, 18*, 175-186.

Csibra, G., & Gergely, G. (2011). Natural pedagogy as evolutionary adaptation. *Philosophical Transactions of the Royal Society B: Biological Sciences, 366*, 1149-1157.

Damon, W. (1983). *Social and personality development: Infancy through adolescence*. New York: Norton.（山本多喜司（訳）(1990)．社会性と人格の発達心理学　北大路書房）

Dweck, C. S. (2009). Forum. In M. Tomasello, *Why we cooperate* (pp.125-134). Cambridge: MIT Press.（橋彌和秀（訳）(2013)．ヒトはなぜ協力するのか　勁草書房）

Dweck, C. S. (2013). Social development. In P. D. Zelazo (Ed.), *The Oxford handbook of developmental psychology*, Vol. 2: *Self and other* (pp.167-190). Oxford University Press.

Eisenberg, N., Spinrad, T. L., & Knafo-Noam, A. (2015). Prosocial development. In M. E. Lamb (Ed.), *Handbook of child psychology and developmental science*, Vol.3: *Socioemotional Processes* (7th ed., pp.610-656). New Jersey: Wiley.

遠藤利彦（2016）．利己と利他のあわい──社会性を支える感情の仕組み──　エモーション・スタディーズ，*2*, 25-30.

遠藤利彦（2021）．アタッチメント理論の中核なるもの　遠藤利彦（編著）入門アタッチメント理論──臨床・実践への架け橋──（pp.9-35）日本評論社

Erikson, E. H. (1964). *Insight and responsibility*. New York: Norton.（鑪幹八郎（訳）(2016)．洞察と責任 改訳版　誠信書房）

Erikson, E. H. (1980). *Identity and the life cycle*. New York: Norton.（西平　直・中島由恵（訳）(2011)．アイデンティティとライフサイクル　誠信書房）

Erikson, E. H., & Erikson, J. M. (1997). *The life cycle completed* (Extended edition). New York: Norton.（村瀬孝雄・近藤邦夫（訳）(2001)．ライフサイクル，その完結（増補版）(pp.195-199)　みすず書房）

Groh, A. M., Fearon, R. P., Bakermans-Kranenburg, M. J., Van IJzendoorn, M. H., Steele, R. D., & Roisman, G. I. (2014). The significance of attachment security for children's social competence with peers: A meta-analytic study. *Attachment & Human Development, 16*, 103-136.

長谷川寿一・長谷川眞理子・大槻　久（2022）．進化と人間行動 第 2 版　東京大学出版会

Heckman, J. J. (2013). *Giving kids a fair chance*. Cambridge: MIT Press.（古草秀子（訳）(2015)．幼児教育の経済学　東洋経済新報社）

Hoffman, M. L. (2008).Empathy and prosocial behavior. In M. Lewis, J. M. Haviland-Jones, & L. F. Barrett (Eds.), *Handbook of emotions* (3rd ed., pp.440-455). New York: Guilford Press.

Hrdy, S. B. (1999). *Mother nature: A history of mothers, infants, and natural selection*. New York: Pantheon.（塩原通緒（訳）(2005)．マザー・ネイチャー　早川書房）

池上知子（2015）．何が社会的共生を妨げるのか──平等主義文化における蔑みと排斥──　エモーション・スタディーズ，*1*, 29-35.

井上健治（1997）．社会性とは何か──社会と個──　井上健治・久保ゆかり（編）子どもの社会的発達（pp.1-6）東京大学出版会

柏木惠子・若松素子（1994）．「親となる」ことによる人格発達──生涯発達的視点から親を研究する試み──　発達心理学研究，*5*, 72-83.

鯨岡　峻（1998）．両義性の発達心理学　ミネルヴァ書房

鯨岡　峻（2004）．次世代育成の諸問題──いま，何を育てる必要があるのか──　教育学研究，

71, 302-313.

Lewis, M. (2016). The emergence of human emotions. In L. F. Barrett, M. Lewis, & J. M. Haviland-Jones (Eds.), *Handbook of emotions* (4th ed., pp.272-292). New York: Guilford Press.

西平　直（2014）．エリクソンは発達の「環境」をどう描いたのか　鈴木忠・西平　直（著）生涯発達とライフサイクル（pp.103-155）　東京大学出版会

OECD (2015). Skills for social progress: *The power of social and emotional skills*. OECD Publishing.（無藤　隆・秋田喜代美（監訳）(2018)．社会情動的スキル――学びに向かう力――　明石書店）

Selman, R. L. (2003). *The promotion of social awareness: Powerful lessons from the partnership of developmental theory and classroom practice*. New York: Russell Sage Foundation.

清水紀子（2008）．中年期のアイデンティティ発達研究――アイデンティティ・ステイタス研究の限界と今後の展望――　発達心理学研究, *19*, 305-315.

新村　出（編）(2018)．広辞苑　第7版　岩波書店

Tooby, J., & Cosmides, L. (2008) The evolutionary psychology of the emotions and their relationship to internal regulatory variables. In M. Lewis, J. M. Haviland-Jones, & L. F. Barrett (Eds.), *Handbook of emotions* (3rd ed., pp.114-137). New York : Guilford Press.

Tomasello, M. (1993). On the interpersonal origins of self-concept. In U. Neisser（Ed.), *The perceived self: Ecological and interpersonal sources of self-knowledge* (pp.174-184). Cambridge: Cambridge University Press.

Tomasello, M. (2009). *Why we cooperate*. Cambridge: MIT press.（橋彌和秀（訳）(2013)．ヒトはなぜ協力するのか　勁草書房）

第1章 乳児期の社会的認知

1 「乳児期の社会的認知」研究の概要

　ヒトは社会的動物であるがゆえに，発達早期の乳児期からさまざまな社会的認知能力が備わっている。本章では，まず，社会的認知を形作る基礎的な能力である，他者の顔，表情，視線，生物学的動きの認知に関する乳児研究を紹介し，次により包括的で抽象的な他者の行為理解に関する知見を紹介する。最新の動向では，発達早期の社会的認知における2つのトピック（社会的学習と道徳性）に関する最新の知見を紹介する。最後に，乳児研究がはらむ再現性と方法論の問題を提起し，今後の乳児研究の方向性について議論する。

2 これまでの研究の流れ ——顔，表情，視線，生物学的動き，行為の認知

（1）顔，表情認知

　他者とのコミュニケーションを行う際に，最も顕著性が高く，他者に関する情報量が多いのは顔であろう。生まれたばかりの乳児でさえ顔に注目することを最初に発見したのは，ファンツ（Fantz, R. L.）である。ファンツはさまざまな図形を提示し，顔図形への選好を発見した（Fantz, 1963）。また，単なる顔選好ではなく，顔の配置情報に着目した知見も積み上げられている。例えば，目や鼻や口の配置を変えた刺激を用意し，それぞれの刺激に対する注視時間を検討した研究がある（Goren et al., 1975）。この研究において，新生児は，配置が変えられた顔よりも正しい配置の顔をより注視した。また，新生児が構成要素である図形が上方に偏っているトップヘビーの刺激を選好することを示した研究もある（Simion et al., 2002）。顔は2つの目が上方にあり，1つの口が下方にある典型的なトップヘビーパターンである。したがって，この研究も，乳児が顔の配置情報を理解している，つまり，顔

を顔として認識している可能性を示唆する。

　また，顔認知に関する研究だけでなく，表情認知に関する知見もある。顔認知と同様に，生まれて間もない生後36時間の新生児が，表情の変化に注目することが示されており（Field et al., 1983），発達の早期から他者の顔の表情に対する感受性があることがわかる。さらに，4ヵ月齢になると，喜びや微笑みの顔を，怒りや悲しみや無表情の顔よりも視覚的に選好する（LaBarbera et al., 1976）が，7ヵ月児ではその反対の結果となり，微笑みよりも恐怖の表情を視覚的に選好する（Nelson & Dolgin, 1985）。この反応の違いは，日常で頻繁に経験する微笑み表情は見慣れた刺激となり，恐怖の表情が新奇に見えるためであると考えられている。そして，1歳頃になると，「視覚的断崖」パラダイムにおいて，他者の表情を自身の行動の判断指標として利用するまでに至る（Bertenthal & Campos, 1984）。

　近年では，生後半年を過ぎると，自人種や自種の顔処理に特化し，逆に他人種や他種の顔処理ができなくなる現象（知覚的狭小化）（e.g., Kelly et al., 2007）が報告されたり，胎児段階ですでに顔選好を示すという知見（Reid et al., 2017）が報告されたりしており，顔研究はいまだ乳児研究のホットトピックであり続けている。

(2) 視線や生物学的動きへの感受性

　顔のなかでも特に「目」，つまり，視線の情報はコミュニケーションの文脈で非常に重要な役割を担う。事実，他の霊長類と比較してヒトは目の強膜の割合が大きく（Kobayashi & Kohshima, 1997），ヒトの視線だけある程度離れた距離からでも他者がどこに視線を向けているかを検出しやすいことが示唆されている。他者の視線には他者の興味や注意が反映されており，他者が今どのような情報を処理しているかを知るための大きな手がかりとなる。

　乳児は生後間もない頃から他者の視線に敏感である。新生児は，目を閉じた顔よりも目を開けた顔を選好し（Batki, Baron-Cohen et al., 2000），自分を直視しない顔よりも直視する顔を選好する（Farroni et al., 2002）。さらに，生後4ヵ月頃になると，自分を直視しない顔よりも直視する顔を見ている際に，顔処理を示す脳活動が大きくなる（Grossmann, Johnson, Farroni, & Csibra, 2007）。そして，9ヵ月齢になると，視線の参照的性質（視線と視線の先にある物体との関係性）を理解するようになる（Senju et al., 2008）。

　さらに，ヒトの顔，表情，視線といった身体の一部の情報だけでなく，身体そのものの動きの情報にも発達早期から感受性があることが示されている。これらの研究では，ヒトの身体の関節に装着した十数個の光点運動（バイオロジカルモーション）を刺激とし，研究知見が積み上げられてきた。例えば，4ヵ月齢で，ヒトが歩

行しているバイオロジカルモーションとランダムなバイオロジカルモーションを弁別することが示されている (Fox & McDaniel, 1982)。さらに, 近年の研究では, 生後間もない時期でも, ヒトのバイオロジカルモーションに対する選好があることが報告されている。例えば, 生後 2 日の新生児でも, 倒立のバイオロジカルモーションよりも正立のバイオロジカルモーションに選好を示す (Simion et al., 2008)。また, 同時に, 雌鶏の歩行運動のバイオロジカルモーションも区別するという結果も報告されており, バイオロジカルモーションの検出は, ヒトの動きに限られるものではなく, 生物一般にわたるものであると想定されている。発達早期から, 生物らしさを検出するメカニズムが備わっているのかもしれない。

(3) 行為者の認知

　乳児は生まれて間もない時期から, 社会的認知の根本的な構成要素である他者の顔, 表情, 視線, 生物学的動きに対する感受性があるが, 生後半年を過ぎるとより抽象的な他者の目標指向的な行為を理解するようになる。以下では, 生後半年以降の他者の行為理解に関する乳児研究を概観する。

① 他者の行為理解に関する発達研究

　他者の行為を観察したとき, 私たちはその行為の目標や意図をすばやく解釈することができ, それゆえ, 未来の行動を予測して, 適切な反応を準備することができる。したがって, 他者の行為の目標や意図を理解する能力は, 他者との関わりの中で, 基本的かつ有用な能力といえる。

　1990 年代以降, 生後 12 ヵ月以下の乳児を対象に, 他者の行為を理解する能力についての研究が盛んに行われてきた。それらの研究は, 2 つの立場に分けられる。一方は, 目標帰属 (他者の行為の目的がわかること) は発達の初期段階ではヒトに限られるという立場である。他方は, 目標帰属はヒトに限られず, 生物全般に帰属されると考える立場である。また, 前者の立場は, ヒトの見た目を重視し, ヒトの行為者との経験や乳児自身の運動経験が目標帰属を促すと考えるのに対し, 後者の立場は, ヒトの見た目ではなく, 動きなどの手がかりを重視するため, 観察・行為経験を目標帰属の必要条件とは考えない。したがって, 前者は「ヒトの見た目／経験説」と呼ぶことができ, 後者は「動きの手がかり／生得説」と呼ぶことができる。

② ヒトの見た目／経験説

　「ヒトの見た目／経験説」の中心的な研究者は, ウッドワード (Woodward, A. L.)である。彼女は, 自身が開発した実験パラダイムを用いて, この立場を支持する多

くの研究を行ってきた。特に代表的な研究として，Woodward（1998）が挙げられる。この研究では，まず6ヵ月児にヒトが物体に手を伸ばし，その物体をつかむ映像を複数回見せて馴化させる。その後に，その物体とは異なる目標物をつかむという映像を見たときに乳児の注視時間が増加する，つまり脱馴化が生起した。これは，乳児が行為者の行為に特定の目標を帰属していることを意味する。しかし，棒やメカニカルハンドといった無生物には目標帰属を行わなかったため，乳児はヒトだけに選択的に目標を帰属すると考えられた。また，より厳密に見た目だけを操作し，金属色の手袋をはめた（実際の）手が目標物をつかむ行為に対しても目標帰属を行わないことを示した研究もあり，ヒトの見た目が行為の目標帰属にとって重要な要因であるとされている（Guajardo & Woodward, 2004）。

　また，この立場を支持する知見として，他者の行為に目標を帰属する能力が，乳児自身の観察経験や運動経験に根ざしていることを示す研究も報告されている。例えば，乳児にとって観察経験・運動経験のない，手のひらを目標物の上に置くという無目的な行為を観察した場合，乳児はその行為に目標を帰属しないことが示されている（Woodward, 1999）。さらに，ウッドワードらは，10ヵ月児を対象に，観察される行為への目標帰属の度合いと実際にその行為を行う能力とに関連があること（Sommervill & Woodward, 2005）や，3ヵ月児に人工的に把持行為を経験させることによって，当該月齢では本来見られない目標帰属能力が生起することを実証している（Sommervill, Woodward, & Needham, 2005）。これらの実験結果に基づいて，「ヒトの見た目／経験説」の立場では，乳児の他者への目標帰属には，ヒトらしさといったヒトの見た目や特定の行為に対する経験（他者の行為の観察経験や乳児自身の行為経験）が重要であるとする。

③ 動きの手がかり／生得説

「動きの手がかり／生得説」の中心的な研究者は，ゲルゲイ（Gergely, G.）やチブラ（Csibra, G.）である。彼らは，動きの手がかりとして，行為の効率性や合理性，その効果などに焦点を当て，乳児がヒトの見た目を持たない幾何学図形に目標を帰属することを実証してきた。例えば，12ヵ月児を対象にした研究（Gergely et al., 1995）では，壁のような障害物を飛び越える幾何学図形の映像を複数回提示し，その刺激映像に馴化させた後，その障害物が取り払われ，幾何学図形が効率的に直進する映像と，幾何学図形が以前と同じように障害物がないにもかかわらずジャンプする（非効率的）映像を見せた際に，後者で注視時間が増加する，つまり，脱馴化が起こることを発見した。これは，乳児が，幾何学図形といったヒトではない行為者の行為の効率性や合理性に敏感であることを意味する。

他にも，ウッドワードが用いた手のひらの行為であっても，目標物を動かす（机から落とす）といった行為の効果が付与されると，乳児が手のひらの行為にも目標を帰属するようになることを示した研究（Király et al., 2003）がある。さらに，乳児が生体力学的に不可能な行為（手がぐにゅぐにゅ曲がる）にさえも，その行為が効率的である限りにおいて，目標を帰属することを示した研究もある（Southgate et al., 2008）。当然，乳児は生体力学的に不可能な行為を経験することができない（自身で行う経験も観察した経験もない）ため，この知見は，目標帰属能力において経験が必要条件でないことを意味している。

④ 論争後の動向

これらの2つの対立する立場の議論において，はじめは，「ヒトの見た目／経験説」という立場のほうが優位であった。なぜなら，「ヒトの見た目／経験説」の知見は6ヵ月児で得られたものであり，「動きの手がかり／生得説」の知見はそれよりも年長の9ヵ月児や12ヵ月児で得られたものだったからである。そこで，「動きの手がかり／生得説」の支持者たちは，月齢を下げて研究を行い，生後半年であっても，無生物に目標を帰属することを実証した（Luo & Baillargeon, 2005）。以上から，現在では，行為者がヒトであっても無生物であっても，およそ6ヵ月齢の時点で，他者の行為に目標を帰属するようになることが共通の認識となっており，対立していた議論は収束しつつある。そして，議論後の動向では，そのメカニズムや神経基盤を掘り下げる研究（e.g., Kanakogi & Itakura, 2011; van Elk et al., 2008）や，縦断研究によりその後の社会的能力（就学前時期の心の理論）との関連を調べた研究（Wellman et al., 2008）などが報告されている。

3 最新の動向──社会的学習と道徳性

本節は，前言語期（生後12ヵ月以下）における社会的認知研究の最新の動向から2つの領域（社会的学習と道徳性）に関する研究を紹介する。

（1）乳児期における社会的学習理論──ナチュラル・ペダゴジー理論

近年，乳児期の学習理論として，ナチュラル・ペダゴジー理論（theory of natural pedagogy）（Csibra & Gergely, 2009, 2011）が注目を集めている。彼らは，養育者などの大人が教える・乳児が教わるといったヒトに特徴的な行動は，特殊なコミュニケーションとして成立しており，こうしたコミュニケーションを介して，乳児が

他者から効率的に知識を獲得することが可能となると提案している。この理論では，乳児にコミュニカティブな意図を伝える手がかりを顕示的手がかり（ostensive signals）と呼び，アイコンタクト，対乳児発話，随伴性，モーショニーズといったものを顕示的手がかりとして想定している。実際，これらの顕示的手がかりが提示されると，乳児の学習が促進されることが示されている。例えば，千住とチブラ（Senju & Csibra, 2008）は，視線追従能力がまだ見られない 6 ヵ月児を対象に，視線追従フェーズの前にアイコンタクトや対乳児発話を提示することにより，乳児の他者への視線追従が生起することを実証している。

　また，この学習理論の特徴的な点として，伝えられる情報は可変的な情報ではなく，不変的な情報に限られるという点も非常に興味深い。可変な情報より不変な情報のほうがより情報量が多く，文化内で伝えられるべきものであるといえるからである。事実，ユンとジョンソン（Yoon & Johnson, 2008）は，乳児に物体のアイデンティティと位置を覚えさせる課題において，他者が顕示的手がかりである指差しでターゲットの物体を指差すと，その物体のアイデンティティ（つまりそれが何であるかの情報）を記憶し，顕示的手がかりでない把持行為でターゲットに手を伸ばせば，物体の位置情報を記憶するということを報告している。

　しかし，近年はナチュラル・ペダゴジー理論によって示された学習は，コミュニカティブな意図を伝えた結果ではなく，単に乳児の注意を引き付けるだけの結果であるという指摘がある。例えば上記の実験パラダイムにおいて，顕示的手がかりでない，顔を横に震わせるような動作によっても，乳児の視線追従が促されることを示した（Szufnarowska et al., 2014）。しかし，この研究では，オリジナルの著者たちが指摘しているように，被験者内デザインを用いているなどの多くの交絡要因がある。そして，何より，視線追従が生起するか否かという指標のみでは，学習の深さといった質を比較することは難しい。

　そこで，奥村ら（Okumura et al., 2020）は，視線追従の生起だけでなく，視線追従によって生起するターゲット物体への情報処理と選好に着目し，顕示的手がかりと非顕示的手がかりの影響を比較した。その結果，顕示的手がかりと非顕示的手がかりともに視線追従を促進させたが，それによって生じるターゲット物体への情報処理と選好は，顕示的手がかりを提示したときにのみ見られた。つまり，顕示的手がかりは，非顕示的手がかりよりも，より深い学習を促していることが示された。この知見は，2 つの立場のどちらかを否定するものではなく，2 つの立場の対立を和解させるものである。

（2）社会的学習を促す動作——横ふりジェスチャーや非効率的な行為

　乳児の社会的学習を促す手がかりは，上記の理論で提案されたものだけに限定されるのであろうか？　他者の動作そのものが顕示的手がかりになる可能性を模索した研究がある。例えば，平井・鹿子木（Hirai & Kanakogi, 2019）は，乳児は他者の縦ふりジェスチャーよりも横ふりジェスチャーに注意を向け，横ふりジェスチャーが顕示的手がかりとして提示されると，その後の乳児の学習（この研究では，指差しによるターゲット物体への情報処理）が促進されることを示した。また続く研究では，他者の非効率的な動きを観察することも，その後の乳児の学習を促進することがわかっている（Hirai et al., 2022）。そして，この効果は，第三者視点から観察するときは見られず，観察している乳児に向けられたときのみ効果が発揮される。

　以上のように，近年は，ナチュラル・ペダゴジー理論によって提案された顕示的手がかり以外の手がかりの効果が報告されている。しかし，これらの研究における顕示的手がかりは，従来の顕示的手がかりとはそのメカニズムが異なるかもしれない。例えば，他者の非効率的な動きの研究に関しては，そのメカニズムとして自由エネルギー原理が仮定されるが，横ふりジェスチャーのメカニズムは不明である。そのため，今後はそれらを包括的に説明できる理論的枠組みが必要である。

（3）行為者自体も学習を促す手がかりとなりうるか？——ヒューマノイドロボットとの比較

　前節までは，社会的学習において行為者が示すシグナルや動作の効果について紹介してきた。しかし，コミュニカティブな手がかりの源（例えば，行為者）そのものも重要な情報源となる可能性がある。

　そこで，奥村ら（Okumura et al., 2013a）は，学習の対象となる行為者それ自体が，乳児の学習にどれほど関連しているかに着目した。特に，ヒトとヒト以外の行為者からの学習の程度を比較することにより，発達早期の学習においてヒトが特別な情報源であるかどうかを検証した。実験では，ヒト以外の行為者として，ヒューマノイドロボットを用いた。このタイプのロボットは，ヒトと相似の身体構造（顔，手，胴体）を持っており，また動きの統制も可能であるが，明らかにヒトではない行為者であるため，体系的にヒトと比較することができる。

　奥村ら（Okumura et al., 2013a）は，12ヵ月児を対象に，ヒトあるいはロボットが2つのうちの1つの物体（ターゲット物体）に視線を向ける映像を提示し，乳児がターゲット物体を注視するかどうか視線追従行動を計測した。その後，視線追従行動によって生起する2つの学習の指標（ターゲット物体の情報処理の度合いとその物体への選好）を計測した。その結果，乳児はヒトとロボット双方の視線方向を

追従した。しかし，ターゲット物体の情報処理と選好は，ヒトが行為者のときのみ生起した。つまり，ヒトの視線のみが乳児の物体学習を促進させた。これらの結果は，ヒトからの学習の特異性を示唆し，その特異性は社会的学習を支えるメカニズムの1つであると考えられる。

　さらに，奥村ら（Okumura et al., 2013b）は，ヒトとロボットからの影響の差異は何によって規定されるかを検証するため，ヒトとロボットの視線に帰属される参照的期待の差異に注目した。具体的には，ヒトあるいはロボットが視線を動かす映像を提示した際に，乳児がその視線の先に物体の出現を予期するかどうかを測定した。その結果，12ヵ月児は，ヒトの視線方向に物体が現れることを予測したが，ロボットに対してはそのような予測を行わなかった。この結果は，乳児はヒトの視線にのみ，視線方向と視線が向けられる物体とを結び付けようとする参照的期待を抱くことを示唆している。このようなヒトの視線に対してする乳児の期待は，社会的学習場面におけるヒトからの効果的な学習を可能にしていると考えられる。

　続く研究では，ロボットからの学習を可能にさせる要因の探求も行っている。上述した先行研究では，乳児はロボットの視線を追従するが，物体学習は見られないことが示されていたため，奥村ら（Okumura et al., 2013c）は，顕示的手がかりとして対乳児発話をロボットに付与することにより，12ヵ月児がロボットの視線から物体を学習するかどうかを検証した。その結果，複数の対乳児発話をロボットに付与すると，その視線が向けられた物体に対する情報処理が促進した。一方，コミュニカティブではない音声刺激（ビープ音）をロボットが発した場合には，乳児の学習に効果は見られなかった。これは，対乳児発話といった顕在的手がかりが，ロボットからの学習を促進したと考えられる。

（4）乳児の道徳性——他者の行為に関する良し悪し判断

　ピアジェ（Piaget, J.）やコールバーグ（Kohlberg, L.）といった発達心理学者は，道徳の発達をさまざまな発達プロセスを通して獲得されるものとみなし，経験が乏しい未熟な乳児には道徳観が備わっていない，あるいは不道徳的であると考えていた。しかし，近年の乳児研究のめざましい進展により，前言語期の乳児においても，原初的な道徳的判断ができることが示されており，発達早期においてすでに道徳観が備わっている可能性が示唆されている。

　例えば，ハムリン（Hamlin, J. K.）らは，6ヵ月児と10ヵ月児を対象に，幾何学図形の相互作用を見せ，その行為の良し悪しを判断する能力があることを示した（Hamlin et al., 2007）。具体的には，彼女らは，幾何学図形の行為者が相互作用をする場面を乳児に提示し，他者を助ける行為者（具体的には，坂を登るのを助ける）

と他者を妨害する行為者（具体的には，坂を登るのを妨害する）のどちらを好んで
選択するかを調べた。その結果，乳児は他者を妨害する行為者を避け，他者を助け
る行為者をより好んで選択した。さらに，より幼い 3 ヵ月児にも選好注視を用いた
実験を行い，3 ヵ月児が他者を妨害する行為者を注視しない（つまり避ける）とい
う，上述の研究結果と同様の傾向を見出した（Hamlin et al., 2010）。また，彼女ら
は，行為者である幾何学図形を人形に変えて，箱の中に入っているものを取り出す
行為を助けるか邪魔をするかという別の相互作用場面においても同様の結果を得て
おり，自らの知見の汎用性と頑健性を確認している（Hamlin & Wynn, 2011）。

　このような道徳評価は，より複雑な場合においても機能することが示されている。
例えば，8 ヵ月児は，道徳的行為を行おうとするが失敗し，最終的な目標は達成し
ないような場合においても，その行為（助ける／妨害する行為）の意図（助けよう
とする／妨害しようとする）を考慮して，他者の行為に対する良し悪し判断ができ
ることが実証されている（Hamlin, 2013a）。また，同じ月齢で，被行為者の特性を
考慮した道徳的な判断が行えることも示されている（Hamlin et al., 2011）。この研
究では，以前にポジティブ・ネガティブに振る舞った被行為者 A に対して，ポジティ
ブ・ネガティブに振る舞う行為者 B をどう評価するかが問われた。その結果，8
ヵ月児は，向社会的な被行為者に対してポジティブに振る舞った行為者をネガティ
ブに振る舞った行為者より好むのはもちろん，反社会的な被行為者に対しては，ポ
ジティブに振る舞った行為者ではなく，ネガティブに振る舞った行為者をより好む
ことが実証された。ここで興味深いのは，乳児は単に他者（被行為者）にポジティ
ブに振る舞った行為者をポジティブに評価するわけではなく，ポジティブ／ネガティ
ブ行為の対象となる被行為者の特性に基づいて，行為者の行為を道徳的に評価し
ている点である。

　これらの一連の研究によって，前言語期から，乳児は他者の行為への善悪判断の
能力を備えていることがわかる。言い換えれば，ヒトは発達の初期から，限定的で
原初的な形ではあるが，何が善い行いで，何が悪い行いなのかを理解できるといえ
る。

（5）乳児期の道徳的感情——同情，正義感

　前節の他者の行為の道徳的判断以外にも，同情や正義感といった道徳的感情が検
証されている。例えば，18 ヵ月齢以降の子どもは，悲しんだり痛がったりしている
他者に対して同情的な反応を示すことが報告されていた（e.g., Vaish et al., 2009）が，
近年では生後 12 ヵ月以下の乳児においても，他者への同情的態度の萌芽が見られ
ることが示唆されている（Kanakogi et al., 2013）。この研究では，10 ヵ月児に，幾

何学図形の行為者が攻撃者と犠牲者の役割を担いながら相互作用（たたく・たたかれる）を行うアニメーションを提示し，その後，それぞれに対応する実物の幾何学図形を対にして提示し，乳児の選択反応を調べた。その結果，攻撃者よりも犠牲者の物体に対して把持行為を行う乳児が多く，犠牲者に対する接近行動が見られた。犠牲者に対するこのような態度と，18 ヵ月齢以降の子どもで見られる明示的な同情行動には乖離があるが，弱者への非明示的で自動的な反応（e.g., 注視や接近）が霊長類で観察されること（前関心と呼ばれている；de Waal, 2008）を考慮すると，犠牲者への把持行為による接近は，原初的な同情行動と解釈することができる。他には，生後 3 ヵ月時点の他者への共感的態度が後の向社会的行動を予測することを示した研究があり（Davidov et al., 2021），発達早期の共感・同情的感情は道徳性にとって重要な要素であるのかもしれない。

　さらに，より複雑な概念である正義感を調べた研究もある。鹿子木ら（Kanakogi et al., 2017）は，6 ヵ月児を対象に，攻撃されている行為者を助ける "正義の味方" を選好することを明らかにした。具体的には，これまでの研究と同様に幾何学図形を行為者として用い，一方の球体が他方の球体を攻撃するという行為者間の攻撃相互作用を目撃している，四角い行為者が，その攻撃相互作用を止める映像と止めない映像とを交互に提示した（図 1 − 1a）。その後，各行為者への選好を把持行為によって計測し，より多くの乳児が攻撃相互作用を止める行為者を選択することを明らかにした。続く実験において，攻撃相互作用を行っている行為者の目をなくすなどの操作により生物性を取り除き，物理的な物体の衝突を止める行為者と止めない行為者の映像を提示した場合（図 1 − 1b）や，攻撃相互作用を追いかけっこのような中立相互作用に変更した場合（図 1 − 1c）には，当該の行為者に対して選好が見られないことが確認されている。これらは，相互作用を止める行為者への選好が，単に物理的な衝突を止めたことによって引き起こされた可能性や，相互作用をしている行為者へ接近することにより親和的な行為者として認識されたという可能性を排除する。さらに続く実験では期待違反法を用いて，攻撃相互作用を止める行為者の行為を，攻撃者にはネガティブな行為であり，犠牲者にはポジティブな行為であると認識していることが示され，乳児が攻撃相互作用を止める行為者の行為を「弱きを助け，強きをくじく」行為として認識していることが明らかにされている。

　そして，近年では，経験や学習によって育まれると考えられてきた道徳的な概念が，発達早期にすでに備わった生得的能力であるという理論も提唱されている（Hamlin, 2013b）。また最新の研究では，多くの研究で示されてきた道徳的判断ではなく，乳児自身の道徳的行動も実証されており（Kanakogi et al., 2022; 研究紹介を参照），この研究領域の進展がますます期待される。

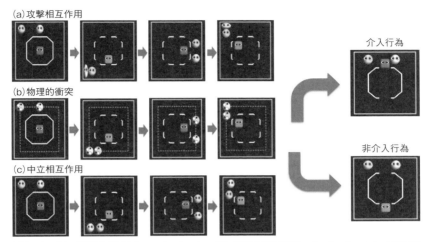

図1-1　(a) 攻撃相互作用のアニメーション，(b) 物理的衝突のアニメーション，(c) 中立相互作用のアニメーション

4　まとめと今後の展望——乳児研究がはらむ問題点

　乳児期の社会性に関する知見は，近年のホットトピックであるということもあり，現在に至るまで多くの知見が積み上げられてきている。今後も，乳児期の社会性に関するさまざまな知見が積み上げられていくことが予想されるが，他方でそれらの進展を阻む，乳児研究が抱える問題もある。以下ではそれらの問題を取り上げ，今後の展開について議論する。

　第1の問題として挙げられるのは，再現性の問題である。近年，心理学研究の再現性の低さが指摘されている（Open Science Collaboration, 2015）。これは，乳児研究というより，心理学研究全体の問題ではあるが，乳児研究においても再現性の低さは指摘されており（Salvadori et al., 2015），考慮すべき問題である。そのため，現在，世界的には，ManyBabies という多くのラボが参加して1つの課題を追試するという動きがある。そのなかで複数のプロジェクトが進行しており，さまざまな研究知見が追試の対象となっている。今までもそうであったが，今後はプレレジストレーションなど新たなシステムを活用しながら，より一層，知見の頑健さを担保するように研究を行っていかなければならない。

　第2の問題として，現存の方法論への懐疑的見解が挙げられる。乳児研究で使わ

研究紹介	前言語期乳児による第三者罰

Kanakogi et al.（2022）

　自身に直接危害を加えていない道徳的違反者を罰する行動は第三者罰と呼ばれ，あらゆる文化間で共有されたヒト特有の行動であると考えられている。この行動傾向は，成人や幼児を対象とした多くの先行研究で確認されているが，その発達的な起源については未解明であった。また，先行研究では，他者の行動の良し悪しを評価するといった道徳的判断能力が乳児に備わっていることは示されていたが，方法論的な制約や乳児の運動能力の未発達さにより，乳児自身が他者に道徳的行動を行うかどうかは知られていなかった。そこでKanakogi et al.（2022）では，乳児の視線とコンピューター画面上で生じるイベントを連動させることにより，視線によってコンピューター画面上の悪者を罰することができる新しい実験手法を開発し，5つの実験により8ヵ月児が第三者罰を行うかどうかの検証を行った。

　方法：8ヵ月児合計120人（各実験はN=24）を対象に，パソコン画面上の幾何学図形の行為者に対する注視行動を計測した。乳児がコンピューター画面上に提示される行為者のどちらかを注視すると，石が落ちてきて，その行為者を潰すようなイベントが発生した（図a）。そして一方が他方を攻撃するいじめ動画の視聴の前後で，各行為者に対する注視の割合が異なるかを計測した（図b）。もし，悪者（攻撃者）を罰しようとするなら，動画視聴後に，攻撃者に対する注視の割合が増加するはずである（実験1）。実験2-4は，実験1の注視割合の増加が，攻撃者への関心による可能性（実験2），攻撃者が罰せられることを期待したことによる可能性（実験3），無生物でも生起する可能性（実験4）を排除するため，実験2では罰という手段をなくし，実験3では視線の操作感をなくし，実験4では行為者の生物性を排除した。また実験5では，再現実験を行った。

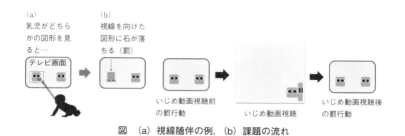

図　（a）視線随伴の例，（b）課題の流れ

　結果：実験1では，攻撃動画視聴の前後で攻撃者に視線を向ける割合が増加したが，実験2，3，4では増加しなかった。また再現実験の実験5では，実験1と同様に攻撃者に視線を向ける割合の増加が見られた。

　考察：実験2-5の結果から，上述した実験結果に対する節約的な解釈は排除され，実験1で見られた攻撃者への視線の増加には，罰に関係する意思決定が関与している可能性が高いことが示された。そして，さらにそれが頑健な現象であることも確認された。この発見は，第三者の立場から反社会的な他者に罰を与える行動傾向が発達早期にすでに備わっ

ていることを示唆している。

れる方法論は，乳児の認知・運動能力が未発達なため，主に視線を指標とした実験
パラダイムが確立され，用いられてきた。例えば，選好注視法や馴化・脱馴化法，
期待違反法，アイトラッキングなどが挙げられる。このなかで，特に認知発達研究
で昔から頻繁に用いられてきたのは期待違反法であり，多くの研究知見を生み出し
てきた。しかし，近年，その方法論自体に対する懐疑的な見解がある。例えば，パ
ウルス（Paulus, 2022）は，期待違反法が多くの仮定に依存してる点を指摘し，その
方法論の使用をやめるべきだという提案を行っている。このような問題が提起され
る背景には，乳児の認知能力・運動能力に限りがあるため，乳児研究で使用できる
方法論がそもそも少ないということが大きく関係している。これは乳児研究に常に
内在する問題であるが，一方で挑むべき未解決な問題であるともいえる。今後，新
たなテクノロジーの登場や新たな実験パラダイムの開発により，乳児研究でように，
新たな方法論を用いた研究が今後も望まれるであろう。そして，そのような研究か
ら方法論におけるブレークスルーが生起することが期待される。の方法論の少なさ
を克服していかなければならない。先に紹介した研究紹介にある

参考図書

開　一夫・齋藤慈子（編著）（2018）．ベーシック発達心理学　東京大学出版会
　　発達全般の基本知識を習得できる。
ポール・ブルーム（著）竹田　円（訳）（2015）．ジャスト・ベイビー——赤ちゃん
　　が教えてくれる善悪の起源——　NTT出版
　　乳児の道徳性を明らかにした第一人者の著書。

引用文献

Batki, A., Baron-Cohen, S., Wheelwright, S., Connellan, J., & Ahluwalia, J. (2000). Is there an innate gaze module? Evidence from human neonates. *Infant Behavior and Development, 23*, 223-229.

Bertenthal, B. I., & Campos, J. J. (1984). A reexamination of fear and its determinants on the visual cliff. *Psychophysiology, 21*, 413-417.

Csibra, G., & Gergely, G. (2009). Natural pedagogy. *Trends in Cognitive Sciences, 13*, 148-153.

Csibra, G., & Gergely, G. (2011). Natural pedagogy as evolutionary adaptation. *Philosophical Transactions of the Royal Society B, 366*, 1149-1157.

de Waal, F. B. M. (2008). Putting the altruism back into altruism: The evolution of empathy. *Annual Review of Psychology, 59*, 279-300.

Davidov, M., Paz, Y., Roth□Hanania, R., Uzefovsky, F., Orlitsky, T., Mankuta, D., & Zahn□Waxler, C. (2021). Caring babies: Concern for others in distress during infancy. *Developmental Science, 24*, e13016.

Fantz, R. L. (1963). Pattern vision in newborn infants. *Science, 140*, 296-297.

Farroni, T., Csibra, G., Simion, F., & Johnson, M. H. (2002). Eye contact detection in humans from birth. *Proceedings of the National Academy of Sciences, 99*, 9602-9605.

Field, T. M., Woodson, R., Cohen, D., Greenberg, R., Garcia, R., & Collins, K. (1983). Discrimination and imitation of facial expressions by term and preterm neonates. *Infant Behavior and Development, 6*, 485-489.

Fox, R., & McDaniel, C. (1982). The perception of biological motion by human infants. *Science, 218*, 486-487.

Gergely, G., Nádasdy, Z., Csibra, G., & Bíró, S. (1995). Taking the intentional stance at 12 months of age. *Cognition, 56*, 165-193.

Goren, C. C., Sarty, M., & Wu, P. Y. (1975). Visual following and pattern discrimination of face-like stimuli by newborn infants. *Pediatrics, 56*, 544-549.

Grossmann, T., Johnson, M. H., Farroni, T., & Csibra, G. (2007). Social perception in the infant brain: Gamma oscillatory activity in response to eye gaze. *Social Cognitive and Affective Neuroscience, 2*, 284-291.

Guajardo, J. J., & Woodward, A. L. (2004). Is agency skin deep? Surface attributes influence infants' sensitivity to goal-directed action. *Infancy, 6*, 361-384.

Hamlin, J. K. (2013a). Failed attempts to help and harm: Intention versus outcome in preverbal infants' social evaluations. *Cognition, 128*, 451-474.

Hamlin, J. K. (2013b). Moral judgment and action in preverbal infants and toddlers: Evidence for an innate moral core. *Current Directions in Psychological Science, 22*, 186-193.

Hamlin, J. K., & Wynn, K. (2011). Young infants prefer prosocial to antisocial others. *Cognitive Development, 26*, 30-39.

Hamlin, J. K., Wynn, K., & Bloom, P. (2007). Social evaluation by preverbal infants. *Nature, 450*, 557-559.

Hamlin, J. K., Wynn, K., & Bloom, P. (2010). Three-month-olds show a negativity bias in their social evaluations. *Developmental Science, 13*, 923-929.

Hamlin, J. K., Wynn, K., Bloom, P., & Mahajan, N. (2011). How infants and toddlers react to antisocial others. *Proceedings of the National Academy of Sciences of the United States of America, 108*, 19931-19936.

Hirai, M., & Kanakogi, Y. (2019). Communicative hand-waving gestures facilitate object learning in preverbal infants. *Developmental Science, 22*, e12787.

Hirai, M., Kanakogi. Y., & Ikeda, A. (2022). Observing inefficient action can induce infant preference and learning. *Developmental Science, 25*, e13152.

Kanakogi, Y., Inoue, Y., Matsuda, G., Butler, D., Hiraki, K., & Myowa-Yamakoshi, M. (2017). Preverbal infants affirm third-party interventions that protect victims from aggressors. *Nature Human Behaviour, 1*, 0037.

Kanakogi, Y., & Itakura, S. (2011). Developmental correspondence between action prediction and motor ability in early infancy. *Nature communications, 2*, 341.

Kanakogi, Y., Miyazaki, M., Takahashi, H., Yamamoto, H., Kobayashi, T., & Hiraki, K. (2022). Third-party punishment by preverbal infants. *Nature Human Behaviour*, https://doi.org/10.1038/s41562-022-01354-2.

Kanakogi, Y., Okumura, Y., Inoue, Y., Kitazaki, M., & Itakura, S. (2013). Rudimentary sympathy in preverbal infants: Preference for others in distress. *PloS One, 8*, e65292.

Kelly, D. J., Quinn, P. C., Slater, A. M., Lee, K., Ge, L., & Pascalis, O. (2007). The other-race effect develops during infancy: Evidence of perceptual narrowing. *Psychological Science, 18*, 1084-1089.

Király, I., Jovanovic, B., Prinz, W., Aschersleben, G., & Gergely, G. (2003). The early origins of goal attribution in infancy. *Consciousness and Cognition, 12*, 752-769.

Kobayashi, H., & Kohshima, S. (1997). Unique morphology of the human eye. *Nature, 387*, 767-768.

LaBarbera, J. D., Izard, C. E., Vietze, P., & Parisi, S. A. (1976). Four-and six-month-old infants' visual responses to joy, anger, and neutral expressions. *Child Development, 47*, 535-538.

Luo, Y., & Baillargeon, R. (2005). Can a self-propelled box have a goal?: Psychological reasoning in 5-month-old infants. *Psychological Science, 16*, 601-608.

Nelson, C. A., & Dolgin, K. G. (1985). The generalized discrimination of facial expressions by seven-month-old infants. *Child Development, 56*, 58-61.

Okumura, Y., Kanakogi, Y., Kanda, T., Ishiguro, H., & Itakura, S. (2013a). The power of human gaze on infant learning. *Cognition, 128*, 127-133.

Okumura, Y., Kanakogi, Y., Kanda, T., Ishiguro, H., & Itakura, S. (2013b). Infants understand the referential nature of human gaze but not robot gaze. *Journal of Experimental Child Psychology, 116*, 86-95.

Okumura, Y., Kanakogi, Y., Kanda, T., Ishiguro, H., & Itakura, S. (2013c). Can infants use robot gaze for object learning? The effect of verbalization. *Interaction Studies, 14*, 351-365.

Okumura, Y., Kanakogi, Y., Kobayashi, T., & Itakura, S. (2020). Ostension affects infant learning more than attention. *Cognition, 195*, 104082.

Open Science Collaboration. (2015). Estimating the reproducibility of psychological science. *Science, 349*, aac4716.

Paulus, M. (2022). Should infant psychology rely on the violation☐of☐expectation method? Not anymore. *Infant and Child Development, 31*, e2306.

Reid, V. M., Dunn, K., Young, R. J., Amu, J., Donovan, T., & Reissland, N. (2017). The human fetus preferentially engages with face-like visual stimuli. *Current Biology, 27*, 1825-1828.

Salvadori, E., Blazsekova, T., Volein, A., Karap, Z., Tatone, D., Mascaro, O., & Csibra, G. (2015). Probing the strength of infants' preference for helpers over hinderers: Two replication attempts of Hamlin and Wynn (2011). *PloS one, 10*, e0140570.

Senju, A., & Csibra, G. (2008). Gaze following in human infants depends on communicative signals. *Current biology, 18*, 668-671.

Senju, A., Csibra, G., & Johnson, M. H. (2008). Understanding the referential nature of looking: Infants' preference for object-directed gaze. *Cognition, 108*, 303-319.

Simion, F., Regolin, L., & Bulf, H. (2008). A predisposition for biological motion in the newborn baby. *Proceedings of the National Academy of Sciences of the United States of America, 105*, 809-813.

Simion, F., Valenza, E., Macchi Cassia, V., Turati, C., & Umiltà, C. (2002). Newborns' preference for up-down asymmetrical configurations. *Developmental Science, 5*, 427-434.

Sommerville, J. A., & Woodward, A. L. (2005). Pulling out the intentional structure of action: The relation between action processing and action production in infancy. *Cognition, 95*, 1-30.

Sommerville, J. A., Woodward, A. L., & Needham, A. (2005). Action experience alters 3-month-old infants' perception of others' actions. *Cognition, 96*, B1-B11.

Southgate, V., Johnson, M. H., & Csibra, G. (2008). Infants attribute goals even to biomechanically impossible actions. *Cognition, 107*, 1059-1069.

Szufnarowska, J., Rohlfing, K. J., Fawcett, C., & Gredebäck, G. (2014). Is ostension any more than attention? *Scientific Reports, 4*, 1-4.

Vaish, A., Carpenter, M., & Tomasello, M. (2009). Sympathy through affective perspective taking and its relation to prosocial behavior in toddlers. *Developmental Psychology, 45*, 534.

van Elk, M., van Schie, H. T., Hunnius, S., Vesper, C., & Bekkering, H. (2008). You'll never crawl alone:

Neurophysiological evidence for experience-dependent motor resonance in infancy. *Neuroimage, 43*, 808-814.

Wellman, H. M., Lopez-Duran, S., LaBounty, J., & Hamilton, B. (2008). Infant attention to intentional action predicts preschool theory of mind. *Developmental Psychology, 44*, 618.

Woodward, A. L. (1998). Infants selectively encode the goal object of an actor's reach. *Cognition, 69*, 1-34.

Woodward, A. L. (1999). Infants' ability to distinguish between purposeful and non-purposeful behaviors. *Infant Behavior and Development, 22*, 145-160.

Yoon, J. M., Johnson, M. H., & Csibra, G. (2008). Communication-induced memory biases in preverbal infants. *Proceedings of the National Academy of Sciences, 105*, 13690-13695.

第2章　乳幼児期の社会的学習

1　「乳幼児期における社会的学習」研究の概要

　ヒトの社会関係は刻々と変化する複雑性を有しているがゆえに，その社会の構成員の特徴や付き合い方を後天的に身につけねばならない。また，寒冷地から温暖な地，山野から海の間際まで，ヒトは地球上のさまざまな条件の異なる環境に分布し暮らしているため，その環境で生きていく上で必須なさまざまな技能（例えば食物獲得のための道具の作成・使用方法など）を習得せねばならない。これらの知識を成人に至るまでに習得するためには，ひとりで試行錯誤を重ねていては時間が足らない。そこで，ヒトは周囲の大人から社会的に学習するための能力を，1歳代という極めて早期に発達させるように進化した（Bjorklund & Pellegrini, 2002）。

　ここでは，ヒトの社会的学習の効率を高め，かつ乳幼児期から発達する2つの能力，「模倣」と「共同注意」のそれぞれの発達について論じていく。第2節では，これらの能力の発達について研究の動向を紹介する。さらに第3節では，これまでに蓄積されてきた乳幼児の社会的学習の能力の発達に関する知見の応用された研究について紹介する。最後に第4節では，乳幼児の社会的学習について，今後の研究に求められる問いを整理し，本章のまとめとしたい。

2　これまでの研究の流れ──乳幼児による模倣と共同注意

（1）乳幼児の模倣

① 延滞模倣と意図模倣

　「学ぶ」という言葉には，よく知られている「まなぶ」という読み方のほかに，「まねぶ」という読み方がある。この「まねぶ」には，「学問や技芸などを，教えを受けて身につける。習う」という意味があるが，この語源が「真似る」であるという説

がある（吉田，2008）。他者の行為を目にし，その行為を真似ることは，他者の技術を習得する主要な方法の1つである。道具的条件づけよりもすばやく成立し，独力の試行錯誤による学習と比較して認知負荷が少ない（Meltzoff & Marshall, 2018）ことから，模倣による学習は新規な行為を習得する上でとても効率的である。

　ヒトの模倣能力のなかでも，モデルとなる他者の行為を記憶し，しばらく時間をおいてから模倣する「延滞模倣」や，相手の不完全な行為から，その行為の意図を読み取り，その意図に沿うモデルの行為を再現する「意図模倣」はとりわけ重要な能力である。こういった高度な模倣能力はいつ頃から可能なのだろうか。

　メルツォフ（Meltzoff, 1988）は14ヵ月齢児を対象に延滞模倣に関する実験を実施した。14ヵ月齢児はランダムに実験群と2種類の統制群とに分けられた。実験群では，いくつかの新奇な物体に対して，偶然には生じえないような働きかけを実験者がするのを14ヵ月齢児が目にした。実験者による働きかけには，例えば手で触れると点灯するタッチライト（図2-1）を，実験者が額で押す，といったものが含まれていた。統制群でも同様の物体が準備されたが，実験者がその物体に触れない，あるいは実験群とは異なる働きかけをするよう統制された。そして，実験が行われた1週間後，再び，実験で用いられた新奇な物体を前にした際にどのように振る舞うかが記録された。分析の結果，実験群の14ヵ月齢児は，実験者がかつて見せた働きかけを再現していた。タッチライトを額で灯すという行為に関しては，実験群の14ヵ月齢児のうち，実に60%以上が再現した。統制群ではこのような点灯方法を見せた14ヵ月齢児がいなかったことから，実験群の14ヵ月齢児による額でライトを灯すという行為は偶然に生じたとは考えられない。したがって，14ヵ月齢児は実験者の不自然なライトの点灯方法を1週間にわたって記憶し，再びライトを目

図2-1　実験で使用されたタイプの手で触れると点灯するタッチライト

の当たりにした際，その記憶を想起することで実験者の行為を再現できたのである。この研究はクラインとメルツォフ（Klein & Meltzoff, 1999）に引き継がれ，1歳代の乳幼児が約1ヵ月後であっても，実験者の不自然な働きかけを再現できることが示された。

　ところで，乳幼児はモデルの行為を模倣する際，そのモデルの行為の「目的」や「意図」をどの程度，理解できているのであろうか。例えば，野球コーチが実際にはボールを投げずピッチングフォームだけを提示しても，ピッチャーはそこからコーチの意図を把握し，実際にボールを投げられる。ボールの投げ方をピッチャーが模倣する上で，実際にはボールを投げないコーチの行為は不完全である。にもかかわらず，そのコーチの行為からピッチャーがボールの投げ方を模倣できるのは，ピッチャーがコーチの行為そのものではなく，コーチの意図を推測し，その意図に沿う行為が可能であるからである。行為は目視することが可能であるが，意図は目には見えない。このように，不完全な行為のモデルから，目視できないそのモデルの意図を推測し行為を再現できるようになるのはいつ頃からだろうか。

　モデルの不完全な行為から，乳幼児がモデルの行為の目的や意図を推測し，モデルのなそうとしている完全な行為を再現できるのかどうかを検討する上でよく用いられる手法に「行動再演法（behavioral re-enactment technique）」と呼ばれるものがある（Meltzoff, 1995; 大藪，2005）。この手法では，乳幼児が2群に分けられる。一方では，物体に対して実験者が働きかけるところを乳幼児が目にする。例えば，小型の亜鈴の先端を実験者が引き離す，というものである。もう一方においても，同様の物体に対して実験者が働きかけるが，このとき，意図した目的を果たせない実験者の様子を乳幼児が目にする。例えば，小型の亜鈴の先端を引き離そうとするが引き離せない，というものである。そして，実験者が物体に働きかける様子を目にした乳幼児に，実験者の働きかけていた物体を手渡した後，乳幼児の行為が観察された。そして，実験者が物体に働きかけ，目的を達成するまでの一連の行為が乳幼児に再現されるかどうかが比較された。後者の群では，モデルにより目的は達成されていない。それにもかかわらず前者の群と同じように実験者の目的完遂までの一連の行為が再現されるのであれば，乳幼児は実験者の意図を推測し，模倣をしたことになる。

　メルツォフ（Meltzoff, 1995）は18ヵ月齢児を対象に行動再演法を実施し，18ヵ月齢児が相手の意図を推測して模倣できるのかどうか検討した。その結果，実験者が目的を達成できない様子を見た18ヵ月齢児であっても，目的を達成する様子を見た18ヵ月齢児と同程度，実験者の目的を達成する一連の行為を再現した。このことから，18ヵ月齢児でも，相手の意図を推測し，その意図に沿うよう，行為を再

現できることが示された。なおこの研究の後，行動再演法を用いた検討はさまざまな形で実施されており，先行研究（Meltzoff, 1995）よりも月齢の低い 15 〜 17 ヵ月齢児においても，実験者の意図を推測し，実験者の不完全な行為から完全な行為を再現できることが示されている（Sanefuji et al., 2004）。

② 過剰模倣と合理的模倣

　ここまで 1 歳代の乳幼児が相手の意図を読み取ることで，相手の不完全な行為から完全な行為を再現できることを紹介した。このことに関して近年，より年齢の高い幼児の模倣について興味深い現象が報告されている。ホーナーとホワイトゥン（Horner & Whiten, 2005）の実験では，仕掛けの隠された箱から報酬を得る上で必要な行為と不必要な行為を混ぜて大人の実験者が提示するのを，3 〜 4 歳齢児ならびに若いチンパンジーが目にした。箱が不透明である場合，実験者のどの行為が報酬を得る上で必要かはわからない。このとき，ヒトの幼児もチンパンジーも，実験者によってなされた，報酬を得る上で必要な行為だけでなく，不必要な行為も模倣した。一方，箱が透明で，報酬を得るために必要な行為が明確な場合に，箱が不透明な場合と同様，実験者が報酬を得る上で必要な行為と不必要な行為を混ぜて提示すると，報酬を得る上で不要な行為を模倣することをチンパンジーは止め，報酬を得る上で必要な行為だけを模倣した。ところがヒト幼児は，報酬を得る上で必要な行為だけでなく，不必要な行為まで模倣したのである。このように，ある目的を達成するためになされる一連の行為を提示された際，その目的を達成する上で不必要な部分まで模倣することを「過剰模倣」という（Hoel et al., 2019）。

　過剰模倣が生じる詳細なメカニズムについてはわかっていないが，その原因を明らかにする上でヒントの 1 つとなるのは，14 ヵ月齢頃の乳幼児の見せる「合理的模倣」と呼ばれる現象である（Hoel et al., 2019）。ゲルゲリーら（Gergely et al., 2002）は，14 ヵ月齢児に対し，次の 2 種類の大人の行為のうちの一方を見せた。2 種類とも，着席した大人が背中に毛布を羽織った状態でタッチライトを額で点灯させるが，一方では，大人の両手が机の上に置かれ，自由に動かせる状態となっていた。もう一方では，大人の手が毛布の下に隠れており両手が自由には動かせなかった。この状態を目にした乳幼児に，1 週間後，タッチライトを手渡した際，どのような反応が見られるか比較された。分析の結果，大人がタッチライトを額で点けた際に，両手が机の上に置かれていた場合，14 ヵ月齢児の 69％が大人と同様，額でタッチライトを灯した。一方，タッチライトを額で点けた大人の手が羽織った毛布の下に隠れていた場合，額でライトを点けた 14 ヵ月齢児の割合は 21％に過ぎず，残りの 79％の 14 ヵ月齢児は自分の手でライトを点けた。

　この結果は，14ヵ月齢児が模倣をする際に，「相手の行為を模倣する上での合理性の判断」という，複雑な推論の過程が含まれている可能性を示唆している。というのは，そもそも，ライトを額で点けるという行為は大変奇妙である。なぜなら，相手が自身の両手を机の上におき，自由に動かせる状態にあるにもかかわらず，その手を使用せず，額でライトを点けるからである。ゲルゲリーら（Gergely et al., 2002）は，この奇妙な行為を見せる相手を前に，14ヵ月齢児は「手が自由に使えるにもかかわらず額で点けるのは，『わざわざ』そのようにするには合理的な意味があるからである」と推論し，14ヵ月齢児自身も，相手と同じようにライトを額で点けたと主張する。すなわち，「相手の行為の合理性が不明な場合には忠実に模倣をする（copy-when-uncertain）」という原理が，子どもには備わっていると考えられる。この根拠は，彼らの研究で設けられたもう1つの条件の結果である。羽織った毛布の下に手が隠れている状態で額で大人がライトを点けるのは奇妙ではない。なぜなら大人の手が毛布に隠れ「手が塞がった」状態であったからである。手が塞がっていて自由に動かせないなら，ライトをそれ以外の手段，例えば額で点ける，というのは合理的である。この状況では相手の行為の合理性が明確であり，「相手の行為の合理性が不明な場合には忠実に模倣をする」の原理に合致しない。模倣する側の14ヵ月齢児は当然，手が塞がっていないので，14ヵ月齢児がライトを点ける上で最も合理的な手段は手を使用することとなる。このため，手が毛布で隠れてしまっている大人がライトを点けるのを見た14ヵ月齢児は，手によってライトを点けたと考えられるわけである。

　14ヵ月齢児による合理的模倣の現象から，過剰模倣についても示唆を得られるかもしれない。箱が透明で，報酬を得る際に大人のとる不要な行為まで子どもが模倣してしまうのは，わざわざ大人がその不要な行為をとることには，子どもの側にはわからない合理的な意味がある可能性を推論し，目的を達成する上でその行為が必要であると判断してしまった結果かもしれない。過剰模倣は，模倣の際，相手の行為の目的に合理性を見出そうとする子どもの心的な傾向の結果である可能性がある。

③ 新生児模倣を巡る議論

　ここまで，乳幼児の模倣に，複雑な推論過程が介在している可能性を紹介してきた。ところで，こうした乳幼児の模倣能力の起源は，どこまでさかのぼれるのであろうか。

　これについて，多くの方は新生児模倣を思い浮かべるかもしれない。メルツォフとムーア（Meltzoff & Moore, 1977）は，生後12日から21日の新生児が，実験者による「舌を出す」「口を開ける」「口をすぼめる」などのそれぞれの顔表情に対して，

それぞれに対応した表情を，それ以外の表情と比較して多く提示することを報告した。大人の3種類の表情と，それに対応する3種類の表情とが対で示されている写真を教科書などでご覧になった方も多いのではないかと思うが，これは Science 誌に掲載された論文（Meltzoff & Moore, 1977）の図と同じである。乳幼児の能力は低く，相手の行為を模倣する能力の発達は生後ゆっくりと発達すると考えられていた 1977 年当時，生後間もなくの新生児に模倣が可能というこの研究のインパクトは大きく，世界中の多くの専門書や教科書に掲載されるほどであった。

　ところが近年，この新生児模倣という現象について疑問が示されるようになった。メルツォフとムーア（Meltzoff & Moore, 1977）の研究の追試を実施したいくつかの研究において，新生児模倣が再現されなかったことが報告されたのである（Oostenbroek et al., 2016; 森口，2016）。新生児模倣を最初に報告したメルツォフら（Meltzoff et al., 2018）は，新生児模倣が再現されなかったことを報告する論文に対し，反論する論文を発表しているが，当初信じられていたほど，新生児模倣という現象の再現性は高くないことが明らかとなってきた。さらに，デイビズら（Davis et al., 2021）は，これまでに実施されてきた新生児模倣に関し，統計解析の情報の詳しい 26 の研究結果をメタ分析により統合し，新生児模倣の有無に関するすべての研究結果の効果量を精査した。その結果，効果量自体は「新生児模倣はある」という結果を支持するものであったが，その結果は一部の研究結果に引きずられて生じたものの可能性が高いこと，新生児模倣の有無に関する一連の研究結果の齟齬が，さまざまに指摘されてきた方法論上の違いでは説明ができないこと，そして，新生児模倣があることを支持する研究が偏って公表される「出版バイアス」の存在が示唆された。これらの結果を受け，デイビズら（Davis et al., 2021）は，新生児模倣に関する個々の研究結果の違いが，まだ知られていない方法論上の問題か，あるいは，新生児模倣そのものが存在せず，新生児模倣が存在するとする研究結果が研究者の思い込みで生じてしまったアーティファクトであるために生じたとしている。

　新生児模倣の有無に関する議論はまだ続いている（Slaughter, 2021）。今後，新生児模倣の有無についてさらなる検討が求められるとともに，新生児模倣の研究の世界的動向を注視しつつ，この現象の取り扱いには慎重さが求められると考えられる。

（2）乳幼児の共同注意

　社会には数多の物が存在する。物の名称はその社会ですでに流通しており，その社会の他者が口にすることも多いと考えられるが，そこに生まれ落ちたばかりの子どもの周囲には物が無限に存在し，自分以外の他者の発した物の名称が，それらの

物のうちのどれであるのかを1つに同定することは困難である。どうすれば，自分以外の他者が口にした名称の指す物を，子どもは把握することができるだろうか。

　他者の発した名称の指す物を同定するには，他者が何について喋っているかを把握する必要がある。子どもが他者の喋っている話題について知る方法の1つは，相手が何に注意を向けているかを知ることである。というのは，他者が何かの話題について子どもに対して話す場合，たいていは，その話題の対象を見ながら話すためである（Baldwin, 1991）。

　他者と同じ対象に自身も注意を向ける，あるいは，自身の注意を向けている対象へ，他者の注意を向けさせることで，同じ対象へ注意を向けることを「共同注意」という。本節ではまず，乳幼児期の共同注意の能力の発達について概観する。次に，乳幼児の共同注意が，乳幼児の後の言葉の発達と関連していることを示し，共同注意が乳幼児の社会的学習の手段として重要であることを説明する。そして最後に，共同注意のなかでもとりわけ言葉の学習との関連の指摘されている乳幼児の指差しに関する研究の新展開について紹介する。

① 共同注意の発達

　生後間もない新生児であっても，自分に視線を向けている顔を，そうでない顔と見分けることができる（Farroni et al., 2002）が，生後半年を過ぎる頃から，相手の視線方向へ自身も視線を向ける「視線の追従」が生じるようになる。ここで注意したいのは，生後半年頃の乳幼児は相手の視線の「方向」を追従できるが，まだ相手が視線を向け，注意を定位している「対象」へ視線を向けるとは限らないことである。相手の注意を向けている「対象」へ自身も注意を向けられるようになることを，特に「共同注視」という（Emery, 2000; 常田，2007）。バタワースとジャレット（Butterworth & Jarrett, 1991）は，次のような実験を実施し，6ヵ月齢から18ヵ月齢の間に生じる視線追従から共同注視への移行を検討した。まず，養育者は乳幼児とアイコンタクトを形成し，その後，実験室内の特定のターゲットへ視線を向けた。このとき，生後6ヵ月齢児では，視野内の左右どちらかにあるターゲットの方へ養育者が視線を向けると，その方向へ自身の視線を向けることができた。ただ，例えば養育者が視線方向を変化させて2番目に見える対象がターゲットであったとしても，乳幼児は1番目に見える対象に注意を奪われてしまい，2番目の対象へ注意を向けることができなかった。一方，9ヵ月齢児を対象とした場合，2番目に見える対象がターゲットであった場合でも，1番目に見える対象に注意を奪われることなく，2番目に見える対象へ注意を向けることができた。このことから，6ヵ月齢から9ヵ月齢の間に，相手の視線方向の理解は「視線の追従」から「共同注視」へと発達

的変化を遂げることがわかった。さらに 18 ヵ月齢児では，自身の背後にあるター
ゲットへ養育者の視線が向けられても，振り返り，そのターゲットへ注意を向ける
ことが可能となった。すなわち，18 ヵ月齢に至るまでに，乳幼児が養育者と共同注
視を形成できる範囲が，乳幼児の背後など，彼らの視野を超えた広範囲へと広がり
を見せるのである。

　共同注視の範囲が大きく拡大する 1 歳齢頃から，乳幼児と養育者との間で注意の
共有が始まる。注意の共有とは，自分と相手とが同じ対象へ注意を向ける「共同注
視」が成立しており，かつ，自分と相手とが互いに，同じ対象へ注意を向けている
ことを認識している状態をいう。注意の共有と共同注視の違いは，自分と相手とが
同じ対象へ注意を向けていることを互いに認識できているかどうかの違いである。
例えば写真を見ながら友人と談笑している状態を思い浮かべてほしい。このとき，
あなたも友人もともに，相手が同じ写真に注意を向けていることを認識している。
これが注意の共有である。一方，相手が写真を見ているのを見つけたあなたが，相
手の見ている写真が何であるのかを覗き見ている状態では，自分が相手の見ている
写真を見ていることを，相手は認識できていない。この状態は共同注視である。

　乳幼児が指差しを産出し，養育者との間で情緒的な交流を展開しているとき，両
者の間では注意が共有されている状態であると考えられる。乳幼児の指差しは 12
ヵ月齢頃から開始される。リシュカフスキら（Liszkowski et al., 2004）は，12 ヵ月
齢児の指差しに対し，指差した対象について養育者が注意を向けずに情緒的に反応
する，あるいは，養育者が注意を向けても情緒的な反応を示さなければ，養育者が
12 ヵ月齢児の指差した対象に注意を向け，情緒的な反応を示した場合と比較して指
差しをしなくなっていくことを明らかにした。この研究により，指差し開始直後の
12 ヵ月齢時から，乳幼児は養育者と同じ対象に注意を向け，情緒的に交流する，つ
まり養育者との注意の共有を目的として指差しを産出することが示された。

　乳幼児の指差しが何をきっかけに始まるのかについてはよくわかっていない。た
だ，乳幼児との相互作用時に産生される乳幼児の指差しに対し，養育者が間をおか
ず指差しによって応答するほど，後の乳幼児自身の指差しの量が多くなることが示
されている（Kishimoto, 2017）。乳幼児の指差しによる他者との注意共有の能力は，
養育者との間で注意の共有を形成する経験を積むことで育まれると考えられる。

② 共同注意と社会的学習

　乳幼児による養育者との共同注意が社会的学習において活躍するのは，養育者か
ら言語を学習する場面である。先にも述べたように，子どもの周囲には物が無限に
存在する。養育者が物の名称を教えるために，「これはゾウだよ」と発話しても，養

育者の話す「ゾウ」が，子どもの周りの物のどれであるか同定できなければ，子どもはゾウを意味する物とゾウの呼称を結び付けることができない。養育者が発話をするとき，その視線の先にある物について共同注視を形成し，養育者の発話した内容をその物と結び付けることで，子どもの言語学習はスムーズに進むと考えられる。

　乳幼児による共同注意の能力と言語学習との関連性については数多くの研究がなされている。例えばトマセロとトッド（Tomasello & Todd, 1983）は，12 ～ 13 ヵ月齢の乳幼児と養育者の間の相互作用を観察し，そこで形成された共同注意の継続時間と，乳幼児が 18 ヵ月齢に至った際の語彙量との間に，高い正の相関関係を見出した。またブルックスとメルツォフ（Brookes & Meltzoff, 2005）では，養育者の膝に座り実験者と机を隔てて対面した 10 ～ 11 ヵ月齢児が，左右に置かれた玩具のうち，実験者の視線を追従し実験者の視線を向けた方へ正しく自身の視線を向けられることが，その乳幼児の 14 ヵ月齢時，18 ヵ月齢時の語彙量を予測できることを示した。これらの研究結果は，1 歳齢頃の乳幼児がある物に対して養育者と共同注意を形成し，その間に耳にした養育者からの発話を，その物と結びつけることで語彙の習得を進めていることを示唆している。

③ 乳幼児による指差しと言葉の発達

　乳幼児による指差しの産出もまた，乳幼児の言語学習と関連している（Colonnesi et al., 2010）。これは，指差しが，養育者との間で共同注意の状態を形成するからだけではない。乳幼児が指差しを産出すると，それを目にした周囲の養育者は，乳幼児の指差した対象に関して言語的に応答する（Kishimoto et al., 2007; Olson & Masur, 2015）。こういった乳幼児の指差し直後になされた養育者からの言語的応答を，乳幼児はそれ以外のタイミングでなされたものよりよく記憶することが実験的に確認されている（Begus et al., 2014; Lucca & Wilbourn, 2016）。加えて，16 ヵ月齢の乳幼児は，自分自身の知っている玩具の名称（実際には，乳幼児が名称を知っていることを保護者から報告を受けている玩具の名称）を適切にいえる実験者を相手にした場合に，新奇な物に対してより指差しを向けることも示されている（Begus & Southgate, 2012）。このことは，1 歳代の乳幼児が，物の名称を受動的に教わるだけの存在ではなく，指差しによって能動的に他者から物の名称に関する言語的応答を引き出し，学ぼうとする存在であることを示している。

3　乳幼児の社会的学習に関する最新の動向――教育への応用

　乳幼児の社会的学習の能力について，ここまで模倣能力と共同注意の能力について紹介してきた。近年では，これらの能力を教育分野へ応用する試みが見られるようになってきた。ここではこれらの試みについて紹介したい。

（1）「粘り強さ」の模倣

　教育分野では，IQ（知能指数）をはじめとする認知的スキルだけではなく，社会情動的スキル（いわゆる非認知能力）をいかに子どもに身につけさせるかが注目を集めている（小塩，2021）。非認知能力は共感性や誠実性など広範な概念を含んでいるが，このなかでもとりわけ注目を集める能力の1つに「グリット」がある。グリットとは，「長期的な目標に対する忍耐力と情熱」と定義され（Duckworth, & Quinn, 2009），グリットの高い人は低い人と比較して，入念に訓練に取り組むため，課題の成績が高くなる（Duckworth et al., 2011）。こういったグリットを子どもが身につける上で，養育者が課題に対して粘り強く取り組む様子を目にすることが重要であることが指摘されている。レオナルドら（Leonard et al., 2017）は，実験者が透明の容器から玩具を取り上げるなどの課題に対し，「どうやったらできるのかなー？」と言いながら懸命に取り組む様子を見た15ヵ月齢児が，その後，ボタンを押してもなかなか音の出ない玩具を渡された際，根気強くボタンを何度も押すことで，玩具の音を鳴らそうとすることを示した。一方で，課題に懸命に取り組まず，すぐに成功してしまう実験者を見た15ヵ月齢児には，何度もボタンを押すような根気強さは見られなかった。この結果は，15ヵ月齢児が，実験者が課題に向き合う際の粘り強さを模倣し，自身が新奇な課題に取り組む際にその粘り強さを再現することを意味している。粘り強く課題に取り組む養育者を見て，その粘り強さを自身が新奇な課題に取り組む際に再現し，成功を収めることができれば，乳幼児は課題に粘り強く取り組むことの意義を見出し，グリットを高めるかもしれない。この研究結果は，子どものグリットを高める教育プログラムを検討する上で示唆的である。

（2）言語発達を促すための介入

　子どもの言葉の発達の遅れは，その子どもの人生の長きにわたって悪影響を与える。先行研究（Schoon et al., 2010）によると，5歳時点での言葉の発達の遅れは，29年後，その子どもが34歳齢になったときの社会適応（雇用状態など）や心理的健康（人生の満足感など）に悪影響を与えるという。このため，子どもの言葉の発達の遅

れの予兆を早期に見出し，適切な介入を実施することは重要である。

　1歳齢頃の乳幼児による指差しが，後の言語発達と関連することは紹介したとおりである。乳幼児の指差しの発達のパターンから後の言葉の遅れの予兆を見出すことができれば，言葉が本格的に発達するようになる前に介入することができる。ルクら（Lüke et al., 2017）は，指差し産出を促すような状況（ポスターや玩具で装飾された室内など）で指差しを産出せず，手差し（人差し指だけでなく，すべての指を伸展させる）だけを産出する12ヵ月齢児では，後に言語発達が遅れることを見出した。この結果は，1歳齢時点で手差しだけを産出し，指差しを産出しないことが，乳幼児の後の言語発達の遅滞を予測する手がかりになる可能性を示している（研究紹介参照）。

　12ヵ月齢時に指差し産出をしないことが後の言語発達の遅れへとつながるのであれば，この時期の乳幼児の指差しの発達を促すことによって，言語発達の遅れを予防できるかもしれない。乳幼児の指差しは養育者による指差しによって促されることが示されている（Kishimoto, 2017; Liszkowski & Tomasello, 2011）。このことをふまえ，ロウとリーチ（Rowe & Leech, 2018）は，10ヵ月齢児のいる養育者に対し，乳幼児との相互交渉の際の指差し産出を増やす介入を実施した。具体的には，乳幼児の言葉の発達にとって指差しが重要であること，そして乳幼児の言語能力はよい方向へ変化させることが可能であり，養育者にその手助けが可能であることを繰り返し伝える動画を養育者に視聴してもらった。その結果，介入を受けなかった養育者と比較して，介入を受けた養育者では，乳幼児との相互作用時に指差しを産出することが多く，さらに12ヵ月齢時の乳幼児の指差しも多かった。介入を受けた養育者の乳幼児では，全体としては，介入を受けなかった養育者の乳幼児と比較して，18ヵ月齢時点での言語発達に違いは見られなかった。ただ，養育者のうち，「乳幼児の言語能力をよい方向へ変容させることが可能である」ということを当初，信じていなかった養育者の乳幼児では介入の効果があり，言葉の発達が促されていた。この結果は，乳幼児の能力の発達が固定化されているとイメージし，自分自身の働きかけに意味を見出していない養育者ほど，介入が効果を持つことを意味している。

　乳幼児の指差しの発達，そして言語発達を促すことを目的とした養育者への介入の試みはまだ始まったばかりである。この介入の効果が実証されれば，言語発達の遅れの予防につながるかもしれない。

研究紹介　物を指し示す際の手の形が言語発達の遅れを予測する

Lüke et al.（2017）

　2 歳齢から 3 歳齢頃の子どものなかには，聴覚などに問題がないにもかかわらず，言葉の遅れを見せる子どもが一定の割合で存在する。幼児期の言葉の遅れは成人に至ってからの社会適応（結婚や雇用の状態）や心理的健康（幸福感や人生満足度）に悪影響を与えることから，できるだけ早期に適切な介入を実施することが求められている。

　言葉が出始める前の乳幼児期に，言語発達の遅れの予兆として扱うことのできる信頼できる指標の候補の 1 つは，物を指し示す際の手の形である。12 ヵ月齢児が物を指し示す際，腕とともに人差し指を伸展させる「指差し」を産出する場合と，すべての指を伸展させる「手差し」を産出する場合がある。そして，12 ヵ月齢には，指差しと手差しの両方を産出する者（人差し指ポインター）と手差しのみを産出する者（ハンドポインター）がいる。乳幼児の指差しの頻度などが後の言葉の発達と関連していることを勘案すると，12 ヵ月齢児がハンドポインターであることは，後の言葉の遅れを予測する指標となり得る可能性があるが，これを確かめた研究はなかった。そこでこの研究では，人差し指ポインターと手差しポインターを縦断的に追跡し，人差し指ポインターと比較してハンドポインターで言語発達の遅れの見られる割合が高いのか検討された。

　方法：59 名の 12 ヵ月齢児が実験に参加した。12 ヵ月齢児は，たくさんのポスターや玩具によって装飾された「デコレーテッドルーム」を含む 3 つの実験場面で，物をどのように指し示すか観察された。そして，参加者のうち，3 つの実験場面のうちのいずれか 1 つでも指差しを産出した者を「人差し指ポインター」，いずれの場面においても指差しせず，手差しだけを産出した者を「ハンドポインター」とした。そして，24 ヵ月齢時点での児の言語能力を，妥当性・信頼性の確認されている，保護者の回答する複数のチェックリストにより計測し，人差し指ポインターとハンドポインターで比較した。

　結果：59 名の 12 ヵ月齢児のうち，人差し指ポインターは 47 名（80%），残りの 12 名（20%）はハンドポインターであった。人差し指ポインターとハンドポインターで，養育者の学歴などに違いは見られなかった。一方で，24 ヵ月齢時点での言語能力については，単語と文章の理解，および産出のすべてにおいて，人差し指ポインターと比較してハンドポインターではスコアが有意に低かった。加えて，チェックリストの基準により言葉の遅れが見られると判定された児は，ハンドポインターでは 12 名のうち 9 名であったのに対し，人差し指ポインターでは 47 名中 6 名にとどまった（表）。

　考察：12 ヵ月齢児がハンドポインターなのかどうかが，後の言葉の遅れの指標として有効である可能性が示唆された。手の形は外部から観察することが可能なので，多くの人により判断の可能な指標として利用価値も高いと考えられる。一方で，指差しがなぜ言葉の発達と結びつき，手差しがなぜ言葉の発達と結びついていない（あるいは言葉の発達を阻害する）のかは不明であり，今後の研究が待たれる。

表　12ヵ月齢時点での指差しの有無と24ヵ月齢時点での言葉の遅れの有無との関連性

	24ヵ月齢時点での言葉の遅れ		
	遅れあり	遅れなし	合計
12ヵ月齢時点での指差しの有無			
なし（ハンドポインター）	9	3	12
あり（人差し指ポインター）	6	41	47
合計	15	44	59

4　まとめと今後の展望——これまでの「社会的学習」研究を越えて

　ここまで，乳幼児の社会的学習の能力の発達の一端として，模倣能力と共同注意の能力の発達について，研究の動向を概観してきた。この世に無力で生まれてくるヒトの乳幼児は，成人に至るまでに膨大な知識や情報を効率よく身につけられるよう，社会的学習の能力を進化させてきた。模倣能力や共同注意の能力はその一端である。最後に，乳幼児の社会的学習について，今後，取り組まねばならない研究の方向性について記述し，まとめに代えたい。

① 模倣と技術革新
　道具を使用する動物はヒトだけではない。例えば東アフリカ・ゴンベのチンパンジーはシロアリを釣るために木の枝を使用し，西アフリカ・ボッソウのチンパンジーはアブラヤシの硬い種を割るためのハンマーとして石を使用する（松沢，1995）。このように，チンパンジーの道具使用行動には地域差が見られることが知られており，ある道具の使用に卓越した個体から，まだ不得手な個体が社会的に学習することで，道具の使用方法が伝播・維持される「文化」がチンパンジーにも存在している（Yamamoto et al., 2013）。しかし，ヒトの文化の複雑さ，多様さは，チンパンジーの文化と大きく異なっている。このような違いの理由は，これまで，チンパンジーと比較してヒトが高い社会的学習の能力を有するためであると考えられてきた（Tomasello, 1996）。しかし，近年の研究では，チンパンジーもまたヒトと比肩するような模倣能力を有する可能性があることが示されてきている（Whiten et al., 2009）。ならば，何がヒトとチンパンジーの文化の違いを生じさせたのであろうか。
　道具使用の技術などが発展を遂げるためには，技術革新（イノベーション）が生じる必要がある（Lagare & Nielsen, 2015）。相手の行為を模倣し忠実に再現するだ

けでは，技術革新は生じない。では，技術革新はいかに生じるのか。そして，それ
はヒトとチンパンジーで異なるのだろうか。模倣と技術革新の関係性の解明は，高
度な文化を有するヒトの由来を明らかにする上で重要であると考えられる。

② 乳幼児の社会的学習に関する研究の社会実装

　「持続可能な開発目標」(Sustainable Development Goals: SDGs) という言葉が広
く聞かれるようになった。世界中の人々の直面している問題に対し，2030 年までに
達成すべき 17 の目標が掲げられたが，この第 1 番目に挙げられたのが「貧困をなく
そう (End poverty in all its forms everywhere)」である。貧困をなくすための具
体的な目標の 1 つとして，「2030 年までに，それぞれの国の基準でいろいろな面で
『貧しい』とされる男性，女性，子どもの割合を少なくとも半分減らす」がある
(United Nations, 2015)。

　SES（社会経済的地位）の低い貧困家庭の子どもは学校適応に問題を抱えること
が多いが，その理由の 1 つは，SES の高い家庭の子どもと比較して，低い家庭の子
どもの語彙量が少ない状態で学齢期を迎え，学習や友人関係の形成が困難となるた
めである（Snow et al., 1998)。

　それではなぜ，SES の低い家庭の子どもは，学齢期に至るまでに獲得した語彙の
量が少ないのであろうか。ロウとゴールデンメドウ（Rowe & Goldin-Meadow,
2009）は，14 ヵ月齢児のいるさまざまな SES の家庭を訪問し，養育者と 14 ヵ月齢
児の相互作用を観察した。そして，そこで見られた乳幼児，養育者の指差しなどの
身振りの量と，その児が学齢期に差し掛かる 54 ヵ月齢に至った際の語彙量との関
連性を検討した。その結果，SES の高い家庭では，養育者の身振り産出が多く，そ
れゆえ，14 ヵ月齢児もまた，高い頻度で身振りを使って養育者と意思疎通を図って
いた。そして，14 ヵ月齢時点で身振りをよく産出する乳幼児ほど，54 ヵ月齢時点で
語彙量が多かった。つまり，SES の高さは家庭で乳幼児と相互作用を展開する養育
者の身振りの量を規定し，それが乳幼児の身振りの量に影響する。SES の低い家庭
では，養育者が乳幼児との相互作用の際に身振りを使用しないために，乳幼児が身
振りを発達させず，それが学齢期における語彙量の低さにつながっていると考えら
れる。第 3 節 (2) において，乳幼児の指差しの発達を促すための試みの 1 つとして
養育者への介入について紹介したが，SES の低い家庭への介入は，学齢期ですでに
生じている語彙量に関する SES の格差を埋めることにつながるかもしれない。そ
れは SDGs の掲げる「貧困をなくす」ための取り組みとなりうる。

　乳幼児には高い社会的学習の能力が備わっている。その能力を応用し，介入法を
検討する取り組みは，貧困をはじめとする子どもを取り巻く社会問題の解決に役立

つかもしれない。乳幼児の社会的学習に関しては，基礎研究の成果の蓄積がある。これらの研究成果の社会実装に向けた応用研究が，いま求められている。

参考図書

奥村優子（2020）．乳児期における社会的学習——誰からどのように学ぶのか——東京大学出版会

　本章では扱えなかった「ナチュラル・ペダゴジー仮説」の実証をはじめ，トップジャーナルに掲載された著者による乳幼児の社会的学習に関する一連の研究が網羅されている。

引用文献

Baldwin, D. A. (1995). Understanding the link between joint attention and language. In C. Moore, & P. J. Dunham (Eds.), *Joint Attention: Its origins and role in development* (pp.131-158). Hillsdale, NJ: Lawrence Erlbaum Associates.

Begus, K., Gliga, T., & Southgate, V. (2014). Infants learn what they want to learn: Responding to infant pointing leads to superior learning. *PloS One, 9*, e108817.

Begus, K., & Southgate, V. (2012). Infant pointing serves an interrogative function. *Developmental Science, 15*, 611-617.

Bjorklund, D. F., & Pellegrini, A. D. (2002). *The origins of human nature: Evolutionary developmental psychology*. Washington, DC: American Psychological Association.（無藤　隆（監訳）松井愛奈・松井由佳（訳）（2008）．進化発達心理学——ヒトの本性の起源——　新曜社）

Brooks, R., & Meltzoff, A. N. (2005). The development of gaze following and its relation to language. *Developmental Science, 8*, 535-543.

Butterworth, G., & Jarrett, N. (1991). What minds have in common is space: Spatial mechanisms serving joint visual attention in infancy. *British Journal of Developmental Psychology, 9*, 55-72.

Colonnesi, C., Stams, G. J. J., Koster, I., & Noom, M. J. (2010). The relation between pointing and language development: A meta-analysis. *Developmental Review, 30*, 352-366.

Davis, J., Redshaw, J., Suddendorf, T., Nielsen, M., Kennedy-Costantini, S., Oostenbroek, J., & Slaughter, V. (2021). Does neonatal imitation exist? Insights from a meta-analysis of 336 effect sizes. *Perspectives on Psychological Science, 16*, 1373-1397.

Duckworth, A. L., Kirby, T. A., Tsukayama, E., Berstein, H., & Ericsson, K. A. (2011). Deliberate practice spells success: Why grittier competitors triumph at the National Spelling Bee. *Social Psychological and Personality Science, 2*, 174-181.

Duckworth, A. L., & Quinn, P. D. (2009). Development and validation of the Short Grit Scale (GRIT–S). *Journal of Personality Assessment, 91*, 166-174.

Emery, N. J. (2000). The eyes have it: The neuroethology, function and evolution of social gaze. *Neuroscience & Biobehavioral Reviews, 24*, 581-604.

Farroni, T., Csibra, G., Simion, F., & Johnson, M. H. (2002). Eye contact detection in humans from birth. *Proceedings of the National Academy of Sciences, 99*, 9602-9605.

Gergely, G., Bekkering, H., & Király, I. (2002). Rational imitation in preverbal infants. *Nature, 415*, 755-755.

Hoehl, S., Keupp, S., Schleihauf, H., McGuigan, N., Buttelmann, D., & Whiten, A. (2019). 'Over-imitation': A review and appraisal of a decade of research. *Developmental Review, 51*, 90-108.

Horner, V., & Whiten, A. (2005). Causal knowledge and imitation/emulation switching in chimpanzees (Pan troglodytes) and children (Homo sapiens). *Animal Cognition, 8*, 164-181.

Kishimoto, T. (2017). Cross-sectional and longitudinal observations of pointing gestures by infants and their caregivers in Japan. *Cognitive Development, 43*, 235-244.

Kishimoto, T., Shizawa, Y., Yasuda, J., Hinobayashi, T., & Minami, T. (2007). Do pointing gestures by infants provoke comments from adults? *Infant Behavior and Development, 30*, 562-567.

Klein, P. J., & Meltzoff, A. N. (1999). Long□term memory, forgetting, and deferred imitation in 12□month□old infants. *Developmental Science, 2*, 102-113.

Legare, C. H., & Nielsen, M. (2015). Imitation and innovation: The dual engines of cultural learning. *Trends in Cognitive Sciences, 19*, 688-699.

Leonard, J. A., Lee, Y., & Schulz, L. E. (2017). Infants make more attempts to achieve a goal when they see adults persist. *Science, 357*, 1290-1294.

Liszkowski, U., Carpenter, M., Henning, A., Striano, T., & Tomasello, M. (2004). Twelve□month□olds point to share attention and interest. *Developmental Science, 7*, 297-307.

Liszkowski, U., & Tomasello, M. (2011). Individual differences in social, cognitive, and morphological aspects of infant pointing. *Cognitive Development, 26*, 16-29.

Lucca, K., & Wilbourn, M. P. (2018). Communicating to learn: Infants' pointing gestures result in optimal learning. *Child Development, 89*, 941-960.

Lüke, C., Grimminger, A., Rohlfing, K. J., Liszkowski, U., & Ritterfeld, U. (2017). In infants' hands: Identification of preverbal infants at risk for primary language delay. *Child Development, 88*, 484-492.

松沢哲郎（1995）．野生チンパンジーの石器使用にみる「教示」　日本ロボット学会誌，*13*, 584-587.

Meltzoff, A. N. (1988). Infant imitation after a 1-week delay: long-term memory for novel acts and multiple stimuli. *Developmental Psychology, 24*, 470.

Meltzoff, A. N. (1995). Understanding the intentions of others: Re-enactment of intended acts by 18-month-old children. *Developmental Psychology, 31*, 838.

Meltzoff, A. N., & Marshall, P. J. (2018). Human infant imitation as a social survival circuit. *Current Opinion in Behavioral Sciences, 24*, 130-136.

Meltzoff, A. N., & Moore, M. K. (1977). Imitation of facial and manual gestures by human neonates. *Science, 198*, 75-78.

Meltzoff, A. N., Murray, L., Simpson, E., Heimann, M., Nagy, E., Nadel, J., Pedersen, E., Brooks, R., Messinger, D. S., PasCalis, L. D., Paukner, A., & Ferrari, P. F. (2018). Re□examination of Oostenbroek et al.(2016): Evidence for neonatal imitation of tongue protrusion. *Developmental Science, 21*, e12609.

森口佑介（2016）．発達科学が発達科学であるために──発達研究における再現性と頑健性──　心理学評論，*59*, 30-38.

Olson, J., & Masur, E. F. (2015). Mothers' labeling responses to infants' gestures predict vocabulary outcomes. *Journal of Child Language, 42*, 1289-1311.

Oostenbroek, J., Suddendorf, T., Nielsen, M., Redshaw, J., Kennedy-Constantini, S., Davis, J., Clark, S., & Slaughter, V. (2016). Comprehensive longitudinal study challenges the existence of neonatal imitation in humans. *Current Biology, 26*, 1334-1338.

小塩真司 (編) (2021). 非認知能力──概念・測定と教育の可能性──　北大路書房

大藪　泰（2005）．赤ちゃんの模倣行動の発達──形態から意図の模倣へ──　バイオメカニズム学会誌，*29*, 3-8.

Rowe, M. L., & Goldin-Meadow, S. (2009). Differences in early gesture explain SES disparities in child vocabulary size at school entry. *Science, 323*, 951-953.

Rowe, M. L., & Leech, K. A. (2019). A parent intervention with a growth mindset approach improves children's early gesture and vocabulary development. *Developmental Science, 22,* e12792.

Sanefuji, W., Hashiya, K., Itakura, S., & Ohgami, H. (2004). Emergence of the understanding of the other's intention: Re-enactment of intended acts from "failed-attempts" in 12-to 24-month olds. *Psychologia, 47,* 10-17.

Schoon, I., Parsons, S., Rush, R., & Law, J. (2010). Children's language ability and psychosocial development: A 29-year follow-up study. *Pediatrics, 126,* e73-e80.

Slaughter, V. (2021). Do newborns have the ability to imitate? *Trends in Cognitive Sciences, 25,* 377-387.

Snow, C. E., Burns, S., & Griffin, P. (1998). *Preventing reading difficulties in young children.* Washington, DC: National Academy.

Tomasello, M. (1996). Do apes ape? In J. Galef, & C. Heyes (Eds.), *Social learning in animals: The roots of culture* (pp.319-343). Cambridge, UK : Academic Press.

Tomasello, M., & Todd, J. (1983). Joint attention and lexical acquisition style. *First Language, 4,* 197-211.

常田美穂（2007）．乳児期の共同注意の発達における母親の支持的行動の役割　発達心理学研究，*18,* 97-108.

United Nations (2015) Transforming our world: the 2030 agenda for sustainable development. Retrieved from http://www.un.org/ga/search/view_doc.asp?symbol=A/RES/70/1&Lang=E (August 15, 2022)

Whiten, A., McGuigan, N., Marshall-Pescini, S., & Hopper, L. M. (2009). Emulation, imitation, over-imitation and the scope of culture for child and chimpanzee. *Philosophical Transactions of the Royal Society B: Biological Sciences, 364,* 2417-2428.

Yamamoto, S., Humle, T., & Tanaka, M. (2013). Basis for cumulative cultural evolution in chimpanzees: Social learning of a more efficient tool-use technique. *PLoS One, 8,* e55768.

吉田永弘（2008）．学ぶ　山口佳紀（編）　暮らしのことば　新語源辞典（p.818）　講談社

第3章 乳幼児期の親子関係と社会性の発達

1 「乳幼児期の親子関係と社会性の発達」研究の概要

　本章では，誕生から幼児期頃までに着目し，人間関係のなかでも生後間もなく始まる親子関係に焦点化して，子どもの社会性の発達との関係を扱うこととする。そもそもヒト乳児は，生存のために，出生後に養育されることを必要としている。進化の過程で起こった人の二足歩行と姿勢の変化，そして大脳の増大化は人の出産にも影響を及ぼした。胎児の頭は大きくなって産む側にとって出産は「難産」化し，生まれる側からすると身体移動能力や栄養摂取能力は発達途上のまま出生する「生理的早産」（Portmann, 1951）となった。乳児は出生後に手厚く養育されることによって脳をはじめとする身体の発育，成長が叶えられるとともに，多分にそうした発育と影響し合いながら，社会的経験を積み心理社会的発達が進む。

　本章では乳幼児期の養育者との関係の発達と，その関係の中で進む社会的発達を概観する。なお，親子関係という表現も用いるが，さまざまな養育者との関係にも当てはまる点があることを付しておく。そこで，養育に携わるさまざまな大人についても，後に触れる。発達早期の親子関係ついての研究には，少なくとも2つの大きな意義がある。1つ目はそれ自体の特徴を詳らかにし，その時点における意味を検討することである。2つ目は，発達早期の親子関係が，後の親子関係に，そしてまた子どもの幅広い発達に対して持ちうる影響を検討することである。発達を生から死までの連続する時間軸上における変化と捉えるとき，先行時点の状態や経験が後続の時点における姿や経験に及ぼす影響について，縦断研究によって知見が集められてきた。これらの知見は発達早期における養育，教育や支援，介入が人生全体にもたらす影響の可能性を示唆しうるものであり，研究成果の社会的還元が期待される側面でもある。本章では2つの視点から乳幼児期の親子関係と社会性に関する研究を取り上げ，その概要を示す。

　なお，親子関係の形成や在り様には，子ども側の身体能力やコミュニケーション

能力，社会性の能力の発達が関係しているが，子ども側における発達の様相については本書の各章に詳述されている。代わって本章では，親子関係の経験が，乳幼児期の心理社会的発達，特にそこにおける個人差や特徴にどう関係，あるいは影響するのかという点を中心的に扱う。親子関係に関しては代表的，中心的理論であるアタッチメント理論を取り上げ，乳幼児期の心理社会的発達とのつながりについて示す。

2　これまでの研究の流れ──アタッチメントと乳幼児期の発達

(1) アタッチメント理論とその背景

　アタッチメントという概念は，イギリスの児童精神科医，ジョン・ボウルビー（Bowlby, 1969/1982）により提唱され，人と人の情緒的で緊密な絆を指すものとして知られている。アタッチメントは「ゆりかごから墓場まで」と表されるように，一生涯にわたって心身双方の健康や社会的適応に極めて重要な機能を持つと論じられてきた。現在までの研究蓄積によりボウルビーの論考は実証的証左を得るものになると同時に，見直しや生産的批判も示され，世界中で精力的に研究がなされるテーマである。

　ボウルビーは精神分析家としての訓練を受けて臨床的活動と研究を展開し，大きな功績を残した。当時の精神分析においてはすでに，発達早期の経験がその個人の一生涯に大きく，長期的な影響をもたらすこと，そしてそれゆえに乳幼児期の経験の重要性が指摘されていた。ボウルビー自身も子どもが人生早期に経験する人間関係，特にその喪失が大きな影響を持ちうると論じている。ただし，当時の精神分析においては人の発達早期の経験が，本人（より年長になった子どもや成人）の幼少期に関する回顧的記憶や，それへの分析家による解釈に基づいて検討されていた。これに対して，ボウルビーは，自身の理論の構築，精緻化にあたり，実際の子どもを対象に観察可能な現実を捉え，より科学的な方法で検討することを選んだ。その過程では比較行動学からさまざまな生物種に関する実証的研究の知見も収集し，人の乳幼児の姿の理解につなげている。

　比較行動学から引用された有名な研究は，ハーロウ（Harlow, 1965）がアカゲザルの子どもを用いて行った実験であり，子ザルが母親に近接するのは，乳，栄養の摂取が目的なのではなく（さらにその結果として母親への親密さが生じるのではなく），母親に触れていること自体が，そしてその近接を通して心理的安心を得ること自体が目的であることを示唆するものである。ボウルビーは，養育者への希求性は，

生存のための根源的な欲求として人間の乳児にも共通していると考えた。殊に，乳児が不安や恐怖を感じるとき，あるいはそれを感じる可能性があるとき，乳児には養育者に近接しようとする強い欲求が活性化され，その達成のために行動することが動機づけられる。アタッチメントは，養育者に近接することで安心，安全の感覚を取り戻そうとする心理的，行動的な傾向であり，すべての乳児が生得的に持つと論じられる。

　子どもの中でアタッチメント欲求が活性化し，その後，近接欲求が充足されて，安心と安全の感覚を取り戻す過程は，子どもの情動状態の崩れを養育者との関係を通して共同的に立て直して調整する，情動制御のシステムとも考えられる。アタッチメントは短期的にはこのように，養育者への近接，養育者から保護されることを通して子どもの安心と安全の感覚を高度に支えるが，それはより長期的な意味でも，子どもの生存と心理社会的発達を支える。ボウルビーは第二次世界大戦時に WHO の要請で行われた孤児たちに関する調査などを経て，母性的養育の剥奪（maternal deprivation）による子どもへの甚大な影響を指摘している。子どもにとって，必要を感じた際に近接し，保護してくれる相手が存在しないこと，また，そうした相手との情緒的関係を喪失することは，仮に居住空間や食事の提供により物理的には生活が支えられていても，子どもの身体的，心理的発達，社会的適応に，長く大きな難しさを残す。これは翻って，子どもにとって，親密で情緒的な対人関係を経験できることの意味の大きさを物語る。より近年において，ルーマニアの施設児を対象に行われた，ブカレスト早期介入プロジェクト（BEIP）に関するアタッチメント理論に基づく分析と考察（Nelson et al., 2014）も参照されたい。

（2）アタッチメントの発達

　生後間もなく養育者との間に形成され始めるアタッチメント関係について，その発達の概要を3点示す。1点目に子どもが近接を希求しアタッチメント関係を築く対象（アタッチメント対象）は，誕生後最初の2ヵ月前後はまだ特定されていない。この時期の乳児が泣いているときに誰があやしたとしても，特段の差はなく泣き止むことだろう。徐々に，アタッチメント対象は特定の人物（例えば，毎日接する養育者など）に特定され，生後半年頃には子どもにとって特別な対象が存在するようになる。この対象は子どもの「安全な避難所」として機能し，不安や恐れが生じた際には近接し保護を求める。同時にアタッチメント対象は「安心の基地」として，子どもが自律的に周囲の物事や人に興味関心を向けて探索活動を行うことを支える。もし何かがあっても確実に自分を保護してくれる存在がいるという確信が，ずっとくっついていなくとも大丈夫だという子どもの自律的探索を促すという点は，アタ

ッチメント理論における重要な示唆である。

　2点目に，乳児はアタッチメント対象に物理的，身体的に近接することで安心や安全の感覚を得るが，より年長になり対象の表象が発達すると，その存在やその相手との関係を想起して感じることでも，一定の安心を感じられるようになる。子どもは，自分が近接を求めた際にアタッチメント対象がどう応じてくれるか，その対象から自分はどのように接してもらえるかという，自分と相手の関係について主観的な信念（思い込み，予測）を持つようになる。これは内的作業モデルと呼ばれ，子どもの中で安心の拠り所となると同時に，人間関係に関する判断や記憶，感情など社会的情報処理の仕方に大きく影響を持つ。

　3点目に，アタッチメント関係は乳児期以降も長く続くが，その姿は変化する。乳児期にアタッチメント対象が特定化された後，自らの近接欲求に従い対象に近接を求めていくが，3歳前後になるとその時々の対象の様子や状況を理解して，少し待ったり近づき方を変えたりと自らの行動を調整し，相手と協調して関係を築く段階に進む。また，乳幼児期は子どもが一方的にアタッチメント対象から保護されていたのに比して，児童期には，アタッチメント対象との関係がより共同的なものになっていく。自律性や認知発達が高まってきた子どもを大人が見守り，支え，教えながら，両者で一緒に取り組む関係へと変化していく（Koehn & Kerns, 2018）。

（3）アタッチメントの個別性

　ボウルビーはアタッチメントをすべての子どもが持つ普遍的な傾向と考えたが，その後，エインズワースによって子どもの養育者へのアタッチメントの向け方や養育者の応え方の個別性が見出され，アタッチメント理論とその研究はさらに大きく展開されていくことになる。その個別性を測定する実験的観察法として，ストレンジ・シチュエーション法（以下，SSP）が考案された（Ainsworth et al., 1978）。これは，子ども（生後12〜18ヵ月前後）と養育者を実験室などに招き，分離場面と再会場面などを実験的に設定して，子どもの様子を観察しその養育者との間のアタッチメントタイプを評価，分類するものである。

　安定型（Bタイプ）に分類される子どもは，養育者との分離時に多少の泣きや混乱を見せるが，実験者による慰めを受け入れて気持ちを立て直し，再会場面で養育者を喜んで迎えるとともに，養育者を安心の基地として実験室内で落ち着いて探索活動を行う。不安定型には回避型（Aタイプ）とアンビヴァレント型（Cタイプ）がある。前者は観察場面全体において養育者との間に距離があり，一人で遊ぶ，過ごす様子が観察され，分離場面と再会場面で大きな感情的反応が表現されない。後者は反対に，子どもが養育者から終始離れず，分離場面では激しい抵抗や混乱を示

す。再会時には安堵と同時に，自分を部屋に残して離室したことへの怒りを示すかのような振る舞いも見せる。なおその後，4つ目の無秩序・無方向型（Dタイプ）の存在も指摘された。観察場面で，養育者に近接したいのかあるいは拒絶しているのか解釈が難しい矛盾した行動を見せたり，養育者が近づくと怯え混乱する様子を見せたりするという特徴がある（Main & Solomon, 1990）。

　SSPは世界中で実施され，場所や地域を超えて上記4つのタイプは存在し，いずれのサンプル内においてもBタイプが最も多い。Dタイプは虐待や精神的疾患を抱える臨床群の親子において多いことが指摘される一方，非臨床群の親子でも15%程度認められるという報告もあり，心理的，社会的問題との関連が注意深く検討されている（Solomon & George, 1999）。なお，乳幼児期アタッチメントの測定方法には他に，日常場面での行動観察に基づくアタッチメントQソート法（Waters & Deane, 1985；以下AQS）も開発され，これは安定性の程度で関係の特徴を記述するものとなっている。

（4）アタッチメントと社会的発達

　アタッチメントと子どもの社会性の発達の関係について，先行研究からは全体として，発達早期に養育者との間に安定したアタッチメント関係を有する子どもは，安定していないアタッチメント関係を持つ子どもよりも，①養育者以外の相手とも良好な対人関係を経験し，②社会的認知能力に優れる，あるいはその認知の仕方が友好的で肯定的であり，③人生の後の段階においても良好な対人関係を持ちやすいことが示唆されている。

　①について，親子間に安定したアタッチメントを持つ子どもは，友達との間で否定的やりとりが少なく，人気があり，友好的で良好な関係を持ち，家庭外で出会う保育者とも肯定的関係を築く（Raikes & Thompson, 2008; Booth et al., 2003; DeMulder et al., 2000など）。子どもはアタッチメント関係の中で自他への基本的信頼感を育むが，養育者との間に安定したアタッチメントを持つ子どもは，相手が自分に肯定的に関わり，自分も相手に有効に関わることができるという内的作業モデルを持つと想定される。こうしたモデルが，アタッチメント対象以外の相手と関係を築く際にも活用されると考えられる。なお，早くも1歳時点で，養育者とのアタッチメント関係の安定，不安定によって異なる内的作業モデルを形成していることが，期待違反法を用いた実験で検討されている（Johnson et al., 2007）。

　②について，アタッチメントが安定している子どもは他者の意図や欲求，信念を推測することの理解や，心の理論の獲得，感情理解や感情制御に長けている様子が報告されている（de Rosnay & Harris, 2002; Steele et al., 1999；Meins et al., 1998

など）。また，アタッチメントが安定している子どもは，他者の行為を好意的に解釈して敵意を帰属しにくく（Raikes & Thompson, 2008；Dykas & Cassidy, 2011），肯定的感情が生起される物語をよりよく記憶し（Belsky et al., 1996），他者の否定的感情（悲しみなど）を推測できる（Laible & Thompson, 1998）といった特徴が見出されている。アタッチメントの安定に関わる個人差は，他者に関する表象の持ち方や，他者の感情状態の予期の仕方，そして，防衛的になることなく否定的感情にアクセスできる態度の形成に関係すると考えられる。

③について，乳児期に養育者と安定したアタッチメント関係を持つ子どもは後の幼稚園や保育園など子ども同士の集団生活場面でも良好な人間関係を持って適応的に過ごし（Howes et al., 1994），さらに長期的な縦断研究からは，発達早期に測定された養育者とのアタッチメントの質が，その子どもが児童期や青年期，成人期に至って形成する人間関係の良好さとも関連することが報告されている（Sroufe, 2005; Sroufe et al., 2009）。なお，この関連の背景には，②で示した社会的認知能力の発達による媒介も考えられる。

3　最新の動向――社会的発達を支えるさまざまな大人たちとその特徴

　アタッチメント理論の提唱後，特にアタッチメントの個別性との関連に着目して，今日までに子どもの社会的発達との関連を検討する実証研究が多く実施されている。以下では，より最近の研究動向として，（1）子どもの社会的認知能力の発達を促す養育者の特徴，（2）多様な相手との間に築くアタッチメントについての議論を紹介する。

（1）子どもの社会的認知能力の発達と養育者の特徴

　アタッチメントの個別性に着目したエインズワースらは，その個別性の規定因として，子どものアタッチメント対象である養育者が持つ敏感性（Sensitivity）に着目した。これは，乳児のシグナルに気づき，それを正確に解釈して，適切かつすみやかに反応するという特徴を指し，高い敏感性を備えた養育者との間に，子どもは安定したアタッチメント関係を築くとされる（Ainsworth et al., 1978）。ただし敏感性は複数の要素を同時に含む複雑な概念であることや，養育者自身のアタッチメントの安定さが，敏感性の高さを媒介して子どもに伝達される（世代間伝達）という理論的予測に対して，敏感性による子どものアタッチメントの説明力が小さいことから，安定したアタッチメントの予測因としてより中核的な特徴が探求されてい

る。他方，子どもの社会的発達に関して，アタッチメントのタイプや安定性との間に直接的関連があるというよりも，安定したアタッチメント形成を促しうる養育者の特徴が，同時に，子どもの種々の社会的発達にも促進的に機能していることを示唆する実証研究が集積されつつある。

　こうした議論を経て，現在特に注目されている養育者の特徴が，メンタライジングである。これは，養育者が，自分や他者の心的世界について目を向けて考える，人の行動を心理的状態と結び付けて捉える，すなわち，人を心的行為者と考える傾向を指す。養育者のメンタライジングは，親子間に安定したアタッチメントを育み，それはまた，子どものメンタライジング（これは社会的能力の根幹部分でもあろう）を育むことが想定されている（Fonagy et al., 2007; Slade et al., 2005）。以下では，養育者のこうした特徴に着目した概念と実証研究をいくつか概観する。

① 内省機能（Reflective Function; 以下 RF）

　これは養育者が自他の心の状態について内省する，心を思う心の能力である。私たちは，心について考えることで自他を理解し，他者の反応や行動を予測することができる。RF は自他への全体的特徴を指すが，養育者が自分の子どもとの間で発揮する関係特異的な Parental RF（PRF）は，安定したアタッチメント関係を育み，その親子関係という文脈の中で子どもの感情制御，自己の感覚と制御の発達を促進することが研究されている（Fonagy et al., 2007; Fonagy et al., 2011；Gordo et al., 2020; Schultheis et al., 2019）。特に感情やその調整能力の発達にとっては，子どもの感情状態が PRF を働かせる養育者によって適切に映し出されること（mirroring）が促進的影響を持つと想定されている。自分の感情状態を十分に自覚し，扱うことができない幼い子どもの泣きに対して，養育者自身も悲しげな表情を浮かべて「悲しいのね」と子どもの感情を言語化することは，子どもにとって，自己の感情状態を養育者という鏡を通して見つけ，見つめる機会となる。さらに養育者は，悲しみの中にある子どもに対して，泣き叫ぶことを映し出すのではなく，悲しみを認めつつも同時に「大丈夫よ」「今度はこれで遊んでみようか」などと，その感情を「扱い」，「整える」ことをも同時に教える。感情に対する子どもの自己統制感が育まれることは，自己感そのものの発達にも肯定的に関わる。

　PRF に関して，これまで面接で得られた語りの分析や観察法などによって養育者の特徴が測定されてきたが，近年ではより簡便な方法として質問紙尺度も開発されている（Luyten et al., 2017）。尺度で測定された PRF の否定的状態（子どもの心的状態を内省できない，または誤った心的帰属など）は，子どもの感情制御の不得手さと関連することなどが報告されている（Ghanbari et al., 2022）。

②マインド・マインデッドネス（Mind-Mindedness：MM）

　養育者が幼い子どもをも心的行為者とみなし，その心の状態につい目を向けてしまう傾向を指す。もともとアタッチメントと社会的認知能力の発達との関連を検討する研究のなかで注目された養育者の特徴であり，子どもの欲求理解，誤信念理解の発達への促進的影響が報告されている（Meins, 1997）。MMの測定方法として，養育者に自由に自分の子どもについて描写するように求める面接法では，子どもの身体的，物理的特徴ではなく心理的特徴に注目した説明の行いやすさがMMの指標とされている（Meins, 1998）。また，生後半年の乳児に関する研究では，親子相互作用場面で観察された，養育者が乳児の心的状態に適切に言及する量がMMの指標とされる。これは1年後のアタッチメントの安定さを予測するほか，3年後，4年後の子どもの誤信念理解，他者の心的状態の推測能力を予測している（Meins et al., 2001, 2002, 2003）。一方で，養育者による，内容として適切ではないMMには，そうした予測力はない。

　ただし，発達早期の乳児の心理的状態，また，それを表現するコミュニケーション能力も発達途上であることを鑑みると，乳児の心の読み取りに関する適切性の程度とは別に，そもそも乳児に心を見出そうとするか，乳児に心なるものの存在を想定しようとするかどうかにおける養育者間の個人差も大きいと想定される。

　筆者はこうした視点から，ときに実際の発達的状態に照らして過剰であっても乳児を心的行為者とみなし，心を絡めた社会的相互作用を行うことが，子どもの社会的発達に促進的影響を持ちうるのではないかという仮説を立て，縦断研究を行った。生後6ヵ月時に，母親のMMとして，乳児の共通ビデオ刺激に対する心的帰属の量的豊富さ（適切性は問わない）を測定した（篠原, 2006）。このMMは，子どもが生後6〜48ヵ月に至るまでの間の6時点で定期的に観察された母子相互作用場面において，母親が子どもの心的状態に言及する頻度と一貫して正の関連を持ち続けた。さらに，子どもの感情語の理解，他者の表情理解の発達，語彙能力発達に肯定的影響を持つことを示した。ただし，3歳時点の欲求理解，4歳時点の誤信念理解は，相対的に中程度のMMの高さを持つ養育者の子どもにおいて最も優れていた。乳児への心的帰属の多さには偏りや不適切さが含まれているのか，あるいは，すべてを言語化し過ぎない中程度のMMが，子ども自身に心について探索させる機会を提供することで独自の促進的意味を持つのか，双方の可能性が考えられる。また，社会的認知能力のなかでも感情理解と信念理解のそれぞれに，養育者のMMによる異なる影響が見られたのも興味深い点である（篠原, 2009, 2011, 2013）。

③ 情緒的利用可能性（Emotional Availability: 以下，EA）

　EA は，子どもにとって親が物理的に傍にいるかということではなく，情緒的に交流でき安心を得る存在となっているか，利用可能であるかという点の重要性を指摘する。EA は関係固有的であり，親子間で双方向の情緒的交流と調整の仕合いを想定することから，EA の測定方法においては親子相互作用を実際に観察して評定する点が特徴的である（Biringen, 2008）。

　子どもにとっての養育者の EA としては，子どもの感情への敏感性，やりとりを構成する構造化，子どもの心理や活動を侵害しない非侵入性，敵意を向けない非敵意性の 4 つがある。養育者にとっての子どもの EA としては，やりとりに養育者を巻き込むこと，養育者に応じることの 2 つがある。養育者の EA と子どもの安定したアタッチメントとの関連が示されている（Ziv et al., 2000; Sagi et al., 2002）。子どもの社会的能力の発達との関連も多く検討され，例えば感情制御能力の発達への肯定的影響が報告されている（Little & Carter, 2005; Volling et al., 2002）。

　なお近年，EA についても養育者の自記式による質問紙尺度が開発されており（Vliegen et al., 2009），養育者の養育行動レベルというよりも自己知覚が可能な信念レベルでの特徴を捉えた検討も行われている。

　この他にも洞察性（insightfulness; Oppenheim & Koren-Karie, 2002）など，養育者のメンタライジングと，それによる子どもの社会的発達への影響がアタッチメントの研究領域では精力的に展開されている。なお，紹介した養育者の特徴には類似点も多いものの，子どもの心的世界をどう考えるかという認知的特徴（RF や MM）と，具体的な養育行動に現れる特徴（EA）といった違いもあり，各概念の特徴の整理については篠原（2015）も参照されたい。

　また現在，養育者による子どもの心に対する視点や捉え方に着目して教育的介入を行い，子どもの安定したアタッチメント形成を育むとともに，子どもの心理社会的問題のリスクを減じていこうとする臨床的支援も行われている。養育者への支援プログラムには「安心感の輪」子育てプログラム（COS）などがあり，北川・工藤（2017）などに詳しい。

（2）さまざまな相手とのさまざまな関係──父親，保育者とのアタッチメント

　ここまで親子関係に関する複数の研究に依拠して論じてきたが，それらは実のところほとんどが母子関係に関する，そして母親が持つ特徴に関する調査や実験によるものであった。元来アタッチメント理論は母子に限定されるものでは決してない（先述した母性的養育の剥奪という概念においても，それは「母親」あるいは「母親

による養育」の剥奪を意味するものではない）。ただし，ボウルビー自身においても
理論提唱の早期には，子どもがまず主たる養育者としての母親との間に築く関係，
それに基づき形成された内的作業モデルに特別な重要性を置いていたようである。
ただし，この点については，現代の多様な子育てという現実に照らして見直しが進
んでいる。

　原初的なアタッチメント対象である特定の1人，もしくはごく少ない特定他者と
の近接関係がまず存在するという考え方はモノトロピーと呼ばれる。その主たる関
係（それに基づく内的作業モデル）がその子どもの中で上位に位置づき，それを他
の人間関係に適用しながら，いろいろな人間関係が階層的に作られるという考え方
は，階層的組織化モデル（Bretherton, 1985）と呼ばれている。しかしながら乳児の
日常にはごく早期から，ボウルビーも後に認めるように，母親，父親，祖父母など
と複数の大人が存在し，家庭外の教育や保育の場で先生と一緒に過ごすこともある。
子どもが持ちうる人間関係の多様さという現実から，現在，原初的アタッチメント
対象を1人に絞り込まない考え方がより主流になっている。

　この考え方によれば，早期の特定の関係（例えば母子関係というたった1つの人
間関係の質）による後の幅広い人間関係の方向付けは強くなく，また，内的作業モ
デルも子どもの中で生涯を通して変容しうるものであり，「統合的組織化モデル」
（van Ijzendoorn et al., 1992）や「独立並行的組織化モデル」（Howes, 1999）が提唱
されている。前者ではさまざまな他者とのアタッチメント関係の質は対等の意味を
持ち，それらが子どもの中で1つの表象として統合されていくとともに，内的作業
モデルの改善や修復も行われていくことが想定される。後者においてはさまざまな
他者との関係は独立してそれぞれの内的作業モデルを形成し，子どもの発達にもそ
れぞれに影響を持ちうることが想定されている（Howes & Spieker, 2008）。本節で
は続いて，乳幼児にとって重要なアタッチメント対象となりうる父親，そして家庭
外で出会う保育者に関する研究知見を紹介したい。

① 父親とのアタッチメントと子どもの社会的発達

　父子間アタッチメントに関するメタ分析の結果によると，母子間，父子間のアタ
ッチメントタイプの分布に違いはなく，子どもにとって父親はアタッチメント関係
を形成する重要な相手として存在している（Bretherton, 2010）。父親の敏感性に関
する研究によると，父子相互作用はそもそも遊びや何かの活動を一緒に行う場面に
生起することが多く，子どもが遊びの中で新しいことに挑戦したり試行錯誤をした
りしているときに，父親が子どもの気持ちを読み取り，必要な手助けを提供すると
いった敏感性が，父子間の安定したアタッチメント関係の形成に関連する

(Grossmann et al., 2002)。これに対して母親は日常の養育，世話の場面における相互作用内の敏感性が安定した母子間のアタッチメント関係と関連しており，父母それぞれの特徴が指摘されている。とはいえ，より現代においては父母が子どもに関わる場面の差は小さくなっている可能性があり，後の章でも考察する。

　子どもの発達について，複数の研究から父子関係は子どもの友人関係，仲間関係の幅広さや良好さに関連することが指摘されている（Verschueren & Marcoen, 1999; Veríssimo et al., 2011）。母子間ではなく父子間の安定した関係が独自に幼児期の行動面や情緒面の問題の少なさと関連し，特に遊びなど探索的活動場面における父親の敏感性が高いことが，子どもの問題の少なさを説明するという報告もある（Bureau et al., 2017）。安定した父子関係は，児童期以降の子どもの社会的適応を予測することも示されている（Verschueren & Marcoen, 2005）。先述の養育者のメンタライジングに関する父親の検討も徐々に報告され，例えば子どもが 12 ヵ月時と 30 ヵ月時に父母の MM を測定した研究では，父親の MM のみが 4 歳半になった子どもの行動的な自己制御能力と関連し，30 ヵ月時における父親の MM の不適切さは 4 歳半の子どもの行動問題を予測した（Colonnesi et al., 2019; Nikolić et al., 2022）。

　父子，母子関係を単独に検討するのみならず，父母が双方いる場合の子どもの発達との関連を検討した研究も行われている。乳児期に両親それぞれと安定したアタッチメント関係を持つ子どもは，児童期に至った際の調査で行動上の問題を持つことが最も少なく，反対に両親双方との間に不安定なアタッチメント関係を持つ子どもにおいてその問題が最も多く報告された。ただし，両親いずれかとの間に安定したアタッチメント関係を持つ場合，問題を抱えるリスクは低減されるという（Kochanska & Kim, 2013：研究紹介も参照）。

　父子関係には，敏感性が発揮される場面や，予測する子どもの発達の側面に母子関係とは異なる特徴があり，子どもは父親から，母親とはまた別の肯定的影響を受け取っていると考えられる。それに加えて家庭内で複数の人間関係を経験することは，仮にその 1 つが不安定なものであっても，別の人間関係が保護あるいは起こりうる否定的影響を緩衝する機能を果たし，子どもの発達の支えるという点でも大きな意味を持つと考えられる。

② 保育者とのアタッチメントと子どもの社会的発達

　子どもの日常生活の中に継続的に，また一貫して存在する大人であり，また，子どもの心身の世話をして子どもと情緒的に関わりを持つ大人は，その子どもにとってのアタッチメント対象になりうると考えられている（Howes, 1999）。この意味で，

研究紹介	父母それぞれへのアタッチメントと子どもの行動問題

Kochanska & Kim（2013）

　両親がいる子どもの場合，それぞれの親へのアタッチメントが形成され，それが子どもの社会的発達に影響を持つ可能性がある。しかし父子関係に関する研究はまだ少なく，父母双方へのアタッチメントを同時に検討したものはさらに少ない。本研究は1歳時点における父母それぞれへのアタッチメントが，児童期に至った後の子どもの行動上の問題を予測しうるのかを縦断的に検討したものである。児童期の子どもの状態を複数のインフォーマントから多角的に捉えた設計も注目される。

　方法：対象は両親がいる家庭の乳児（101名）とその父親，母親であった。生後15ヵ月時点でSSPにより父子間，母子間のアタッチメントタイプがそれぞれ測定された。その後，6歳半時点の追跡調査で，教師への質問紙により子どもの行動上の問題の状態が測定された。さらに8歳時点の調査にて，父母への質問紙と子ども自身への面接により，子どもの行動上の問題の状態が測定された。

　結果：1歳時点の父母へのアタッチメントについて，父子関係の質と，母子関係の質の間には関連が認められなかった。父母との関係の組み合わせに基づき，子どもたちは双方ともに安定（安定群：40名），双方ともに不安定（不安定群：18名），いずれか一方と安定（混合群：42名）に分類された。1歳時点の父母との関係は，後に子どもが示す行動上問題の状態と関連していた。不安定群は，安定群と混合群よりも，教師報告による外在化された問題，ならびに，子どもの自己報告による全体的な行動上の問題が多かった。安定群と混合群の間に有意差は認められず，混合群を「母子間が安定で父子間は不安定な群」（16名）と，「父子間は安定で母子間は不安定な群」（26名）に細分類化しても，これらの群間に差はなかった。子どもの自己報告による行動上の問題の多さについて，父子関係が不安定な場合には母子関係が安定であることがリスクを低め，また反対に，母子関係が不安定な場合には父子関係が安定していることがリスクを減じることが示された（図参照）。

　考察：子どもはそれぞれの親との間にそれぞれのアタッチメント関係を形成しており，少なくとも父母のどちらか一方との関係が安定していることが，後の行動上の問題に対する保護因子になると考えられる。父子関係と母子関係は子どもにとってどちらが優位，あるいは重要とは一概にはいえず，いずれも他方の不安定さによるリスクから子どもを保護する機能を持つことが示唆される。

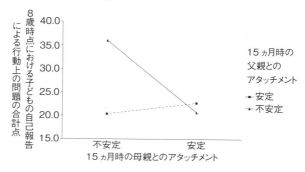

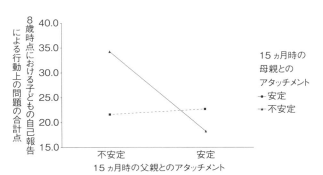

図　子どもの行動上の問題とアタッチメントの関係
（Kochanska & Kim, 2013 をもとに作成）

一方の親とのアタッチメントが不安定である場合，もう一方の親とのアタッチ
メントが安定していると，8歳時の事故報告による行動上の問題の合計点が低
くなる。実線は有意な傾きを，破線は有意でない傾きを示す。

　幼児教育や保育の場で子どもが出会う先生（以下，保育者）は，重要なアタッチメ
ント対象になりうると考えられる。令和元年版少子化社会対策白書（内閣府，2019）
によると，総務省統計局の人口推計年報に基づく年齢人口を用いて推計される平成
30年度の幼稚園，保育所などの利用者の割合は，2歳児で51.5%，3歳児で94.7%，
4歳児で97.4%，5歳児で98.3%にのぼる。現在の日本の多くの子どもは乳幼児期
に保育者との交流経験を持ち，それが子どもの発達を支えるものとして機能してい
ることが想像される。
　子どもは保育者との間にも安定した関係を築きうるのかという点について，AQS
を使用した研究のメタ分析の結果からは，子どもは家庭の養育者に対してとほぼ同
様の割合で，保育者に対しても安定したアタッチメント関係を持つことが示されて
いる（Ahnert et al., 2006）。日本でも，小さなサンプルに基づくものだが母親との
間と，保育者との間のアタッチメントの安定性に差はなく（近藤，2007），保育者が
子どもにとってのアタッチメント対象に現実的になっていることが示唆される。そ
して，保育者とのアタッチメントは，子どもが母親や父親との間に形成するそれと
は独立していることを示す研究が複数ある（Goossens & van Ijzendoorn, 1990;
Howes & Hamilton, 1992）。特に，親子間のアタッチメント関係が不安定でも，保
育者との間に安定した関係を持つ子どもたちの存在（Howes et al., 1998）は，子ど
もが保育者との間に固有の関係を築きうることを教えてくれる。
　保育者との安定したアタッチメント関係は，幼稚園における子どもの友達関係の

良好さ，社会的な振る舞いと関係することが見出されているが，そうした子どもの発達の姿に対して親子間のアタッチメント関係との関連を同時に分析すると，こちらは説明力を持たなかったという知見も注目される（Howes, Hamilton, & Matheson, 1994）。子どもにとって，教育や保育という家庭外の場で出会う保育者との関係は，その場における子どもの社会的振る舞いや能力の発揮を，多分に親子関係とは独立して支えており，保育者は子どもの探索活動を促し，必要な際には安全な避難所として機能していることが示唆される。さらに，乳幼児期の保育者とのアタッチメント関係の質は，その後の小学校の学級担任との関係の質や，小学校への適応を予測することが示されている（Howes, Hamilton, & Phillipsen, 1998; O'Connor & McCartney, 2006；Pianta et al., 1995）。乳幼児期に出会う保育者，すなわち幼い子どもにとっての「先生」との関係は，その後，子どもが学童期に至り学校で出会うことになる「先生」という人との関係における内的作業モデルとなって機能し，子どもと先生の関係に影響を持ち続けていく可能性が考えられる。子どもにとって，保育者は決して家庭の養育者の代替ではなく固有の意味を持ち，社会的発達を支える役割を担う重要な存在となっている。

4　まとめと今後の展望
——子どもの社会的発達を支える豊かな社会作りに向けて

　本章では，乳幼児期の親子関係としてアタッチメントに着目し，子どもの社会性の発達との関連について概観した。これまでに多くの研究が，人生早期に出会う大人，特に養育者や保育者との間に安定したアタッチメント関係を経験できることが，同時期のみならず，長く続く人生全般における，豊かで良好な社会的生活に肯定的影響を持ちうることを示唆している。とはいえいまだ十分に明らかになっていない点もあり，今後の研究の必要性と期待されることを示して本章のまとめとしたい。

　まず，アタッチメントを含む親子関係については，今後，特に日本においても，父親を対象とする研究が幅広く展開され，より豊富な知見が蓄積されることが望まれる。特に近年になって報告されている縦断研究の成果から，父親が子どもの発達に及ぼす影響について多くのことを知ることができるようになった一方で，縦断研究という性質上，乳幼児期のデータは現在から十数年，あるいは数十年前の時点で測定されたものであるという限界がある。数井（2021）が指摘するように，近年においては夫婦共働き世帯も多く，父親の育休取得も促進されるなど，父親が乳幼児の世話，養育を行うことが現実的に増加していると考えられる。父親の家事や育児への関わり方，そして，それらへの意識は変化しつつあり，「母親は養育や世話，父親

は遊び」といった旧来想定されてきた子どもと関わる場面の差は，現在においてはより小さくなっているだろう。父親も子どもの養育，世話の場面に現実的に関与する機会が増えることで，父親が発揮する敏感性の機能が子どもにもたらす影響について，過去に得られたデータからとは異なる知見が見つかる可能性が考えられる。また加えて，家族の在り様が多様化するなかで，子どもが関係を取り結びうるいろいろな養育者との関係についても今後研究が展開されることにより，子どもの社会性発達を支える人間関係の様子が詳らかになっていくことが期待される。

　また，乳幼児期の社会的発達は，家庭の親子関係の質のみならず，その家族内の他の人間関係や家庭や養育者を取り巻く物理的環境，経済的状況，ソーシャルサポートの状況などからもさまざまに影響を受けうるものである。本章では十分に取り上げられなかったが，親子間のアタッチメントが子どもの発達に持ちうる影響の大きさは，そうした他の環境要因の状況によって異なることも指摘されている。ある程度物理的環境が整っており，経済的状況にも大きな問題がない場合，親子間のアタッチメントが子どもの社会的発達に持ちうる影響力は，必ずしも「大きい」とは表現しえないかもしれない。

　しかしながら一方で，家庭の物理的，経済的状況や養育環境に困難さや厳しい問題がある場合，親子間の安定したアタッチメントは，子どもの心理社会的発達に及びうるリスク，否定的影響から子どもを保護する，あるいは，その影響を和らげるような緩衝効果を持つ意味で重要であることが，近年の縦断研究から示唆されている。この意味で，物理的，経済的支援のみならず，子どもが経験する社会的環境，人間関係の改善を目的とした親や家庭への支援，教育は極めて重要になってくると考えられる。さらに加えて，家庭外で子どもが経験する幼児教育，保育の質の向上も，特に難しさを抱える家庭に育つ子どもたちの発達への影響を鑑みると，重視し続けていかねばならない課題となろう。

　子どもの社会性の発達を親子関係や人間関係という文脈と絡めて考えるとき，その影響機序に関する丁寧な基礎研究の積み上げとともに，その成果を，子どもが関係を取り結ぶ相手である大人側，社会の側にいかに伝え，実装していくかという研究もまた，豊かに展開されることが期待される。

参考図書

遠藤利彦（編）（2021）．入門アタッチメント理論——臨床・実践への架け橋——
　　日本評論社
　　アタッチメント理論の解説からアタッチメントの生涯発達の姿，保育や教育場面

の様子や臨床実践までを含むわかりやすい解説書である。

数井みゆき（2021）．養育者としての男性——父親の役割とは何か—— ミネルヴァ書房

「父親」について，心理学的考察のみならず進化論的な考察や社会制度設計の視点など多角的な考究が示され，父親，そして親について広く，深く学ぶことができる。

引用文献

Ahnert, L., Pinquart, M., & Lamb, M. E. (2006). Security of children's relationships with nonparental care providers: A meta-analysis. *Child Development*, 77, 664-679.

Ainsworth, M. D. S., Blehar, M. C., Waters, E., &Wall, S. (1978). *Patterns of attachment: A psychological study of the strange situation*. Hillsdale, NJ: Lawrence Erlbaum Associates.

Belsky, J., Spritz, B., & Crnic, K. (1996). Infant attachment security and affective-cognitive information processing at age 3. *Psychological Science*, 7(2), 111-114.

Biringen, Z. (2008). Emotional Availability (EA) Scales manual. Unpublished manual. Boulder: Colorado State University.

Biringen, Z., Derscheid, D., Vliegen, N., Closson, L., & Easterbrooks, M. A. (2014). Emotional availability (EA): Theoretical background, empirical research using the EA Scales, and clinical applications. *Developmental Review, 34* (2), 114-167.

Booth, C. L., Kelly, J. F., Spieker, S. J., & Zuckerman, T. G. (2003). Toddlers' attachment security to child-care providers: The Safe and Secure Scale. *Early Education and Development, 14*(1), 83-100.

Bowlby, J. (1969/1982). *Attachment and Loss*, Vol.1, *Attachment*. New York: Basic Books.

Bowlby, J. (1973). *Attachment and Loss*, Vol.2, *Separation*. New York: Basic Books.

Bretherton, I.（1985）. Attachment theory: Retrospect and prospect. In I. Bretherton, & E. Waters (Eds.), *Growing points of attachment theory and research. Monographs of the Society for Research in Child Development*, *50*(1-2) Serial No. 209, 3-35.

Bretherton, I. (2010) Fathers in attachment theory and research: A review. *Early Child Development and Care, 180*(1-2), 9-23.

Bureau, J. F., Martin, J., Yurkowski, K., Schmiedel, S., Quan, J., Moss, E., Deneault, A., & Pallanca, D. (2017). Correlates of child-father and child-mother attachment in the preschool years. *Attachment & Human Development, 19* (2), 130-150.

Colonnesi, C., Zeegers, M. A., Majdandžić, M., van Steensel, F. J., & Bögels, S. M. (2019). Fathers' and mothers' early mind-mindedness predicts social competence and behavior problems in childhood. *Journal of Abnormal Child Psychology, 47*(9), 1421-1435.

DeMulder, E. K., Denham, S., Schmidt, M., & Mitchell, J. (2000). Q-sort assessment of attachment security during the preschool years: Links from home to school. *Developmental Psychology, 36*(2), 274.

De Rosnay, M. D., & Harris, P. L. (2002). Individual differences in children's understanding of emotion: The roles of attachment and language. *Attachment & Human Development, 4*(1), 39-54.

Dykas, M. J., & Cassidy, J. (2011). Attachment and the processing of social information across the life span: Theory and evidence. *Psychological bulletin, 137*(1), 19.

Fonagy, P., Gergely, G., & Target, M. (2007). The parent-infant dyad and the construction of the subjective self. *Journal of Child Psychology and Psychiatry, 48*, 288-328.

Fonagy, P., Luyten, P., & Strathearn, L. (2011). Borderline personality disorder, mentalization, and the neurobiology of attachment. *Infant Mental Health Journal, 32*(1), 47-69.

Ghanbari, S., Vahidi, E., Behzadpoor, S., Goudarzi, Z., & Ghabezi, F. (2022). Parental reflective functioning and preschool children's psychosocial functioning: The mediating role of children's emotion regulation. *European Journal of Developmental Psychology*, 1-22.

Goossens, F. A., & van IJzendoorn, M. H. (1990). Quality of infants' attachment to professional caregivers: Relation to infant-parent attachment and day-care characteristics. *Child Development, 61*, 832-837.

Gordo, L., Martínez-Pampliega, A., Iriarte Elejalde, L., & Luyten, P. (2020). Do parental reflective functioning and parental competence affect the socioemotional adjustment of children? *Journal of Child and Family Studies, 29*(12), 3621-3631.

Grossmann, K., Grossmann, K. E., Fremmer-Bombik, E., Kindler, H., Scheuerer-Englisch, H., & Zimmermann, A. P. (2002). The uniqueness of the child-father attachment relationship: Fathers' sensitive and challenging play as a pivotal variable in a 16-year longitudinal study. *Social development, 11*(3), 301-337.

Harlow, H. F., & Harlow, M. K. (1965). The affectional systems. In A. M. Schrier, H. F. Harlow, & F. Stollnitz (Eds.), *Behavior of nonhuman primates* (pp.287-334). New York: Academic Press.

Howes, C. (1999). Attachment relationships in the context of multiple caregivers. In J. Cassidy, & P. R. Shaver (Eds.), *Handbook of attachment* (pp.671-687). New York: The Guilford Press.

Howes, C., Galinsky, E., & Kontos, S. (1998). Child care caregiver sensitivity and attachment. *Social Development, 7*, 25-36.

Howes, C., & Hamilton, C. E. (1992). Children's relationships with child care teachers: Stability and concordance with parental attachments. *Child Development, 63*, 867-878.

Howes, C., Hamilton, C. E., & Matheson, C. C. (1994). Children's relationships with peers: Differential associations with aspects of the teacher-child relationship. *Child Development, 65*, 253-263.

Howes, C., Hamilton, C., & Philipsen, L. (1998). Stability and continuity of child-caregiver and child-peer relationships. *Child Development, 69*(2), 418-426.

Howes, C., & Spieker, S. (2008). Attachment relationships in the context of multiple caregivers. In J. Cassidy, & P. R. Shaver (Eds.), *Handbook of attachment: Theory, research, and clinical applications* (pp.317-332). New York: The Guilford Press.

Johnson, S. C., Dweck, C. S., & Chen, F. S. (2007). Evidence for infants' internal working models of attachment. *Psychological Science, 18*(6), 501-502.

数井みゆき（2021）．父子関係と子どもの発達　数井みゆき（編）養育者としての男性――父親の役割とは何か――　ミネルヴァ書房

北川　恵・工藤晋平（2017）．アタッチメントに基づく評価と支援　誠信書房

Kochanska, G., & Kim, S. (2013). Early attachment organization with both parents and future behavior problems: From infancy to middle childhood. *Child Development, 84*(1), 283-296.

Koehn, A. J., & Kerns, K. A. (2018). Parent-child attachment: Meta-analysis of associations with parenting behaviors in middle childhood and adolescence. *Attachment & Human Development, 20*(4), 378-405.

近藤清美（2007）．保育所児の保育士に対するアタッチメントの特徴――母子関係と比較して――　北海道医療大学心理科学部研究紀要，*3*, 13-23.

Laible, D. J., & Thompson, R. A. (1998). Attachment and emotional understanding in preschool children. *Developmental Psychology, 5*, 1038-1045.

Little, C., & Carter, A. S. (2005). Negative emotional reactivity and regulation in 12-month-olds following emotional challenge: Contributions of maternal-infant emotional availability in a low income sample. *Infant Mental Health Journal,26*(4), 354-368.

Luyten, P., Mayes, L. C., Nijssens, L., & Fonagy, P. (2017). The parental reflective functioning questionnaire: Development and preliminary validation. *PloS One, 12*(5), e0176218.

Main, M., & Solomon, J. (1990). Procedures for identifying infants as disorganized/disoriented during the

Ainsworth Strange Situation. *Attachment in the Preschool Years: Theory, Research, and Intervention, 1*, 121-160.

Meins, E. (1997). *Security of attachment and the social development of cognition.* East Sussex, UK: Psychology Press.

Meins, E. (1998). The effects of security of attachment and maternal attribution of meaning on children's linguistic acquisitional style. *Infant Behavior and Development, 21*, 237-252.

Meins, E., Fernyhough, C., Fradley, E., & Tuckey, M. (2001). Rethinking maternal sensitivity: Mothers' comments on infants' mental processes predict security of attachment at 12 months. *Journal of Child Psychology and Psychiatry and Allied Disciplines, 42*, 637-648.

Meins, E., Fernyhough, C., Wainwright, R., Clark-Carter, D., Das Gupta, M., Fradley, E., & Tuckey, M. (2003). Pathways to understanding mind: Construct validity and predictive validity of maternal mind-mindedness. *Child Development, 74*, 1194-1211.

Meins, E., Fernyhough, C., Wainwright, R., Das Gupta, M., Fradley, E., & Tuckey, M. (2002). Maternal mind-mindedness and attachment security as predictors of theory of mind understanding. *Child Development, 73*, 1715-1726.

内閣府（2019）．令和元年版少子化社会対策白書

Nelson, C., Fox, N., & Zeanah, C.(2014). *Romania's abandoned children: Deprivation, brain development, and the struggle for recovery.* Cambridge, MA, London, England: Harvard University Press.

Nikolić, M., Zeegers, M., Colonnesi, C., Majdandžić, M., de Vente, W., & Bögels, S. M. (2022). Mothers' and fathers' mind-mindedness in infancy and toddlerhood predict their children's self-regulation at preschool age. *Developmental Psychology*, *58*(11), 2127-2139.

O'Connor, E., & McCartney, K. (2006). Testing associations between young children's relationships with mothers and teachers. *Journal of Educational Psychology, 98*, 87-98.

Oppenheim, D., & Koren-Karie, N.(2002). Mothers' insightfulness regarding their children's internal world: The capacity underlying secure child-mother relationships. *Infant Mental Health Journal, 23*, 593-605.

Portmann, A.(1951). *Biologiche Fragmente zu einer Lehre vom Menschen.* Basel: Schwabe.（高木正孝（訳）（1961）．人間はどこまで動物か──新しい人間像のために──　岩波新書）

Pianta, R. C., Steinberg, M. S., & Rollins, K. B. (1995). The first two years of school: Teacher-child relationships and deflections in children's classroom adjustment. *Development and Psychopathology, 7*, 295-312.

Raikes, H. A., & Thompson, R. A. (2008). Attachment security and parenting quality predict children's problem-solving, attributions, and loneliness with peers. *Attachment & Human Development, 10*(3), 319-344.

Sagi, A., Koren-Karie, N., Gini, M., Ziv, Y., & Joels, T. (2002). Shedding further light on the effects of various types and quality of early child care on infant-mother attachment relationship: The Haifa study of early child care. *Child development, 73*(4), 1166-1186.

Schultheis, A. M., Mayes, L. C., & Rutherford, H. J. (2019). Associations between emotion regulation and parental reflective functioning. *Journal of Child and Family Studies, 28*(4), 1094-1104.

Slade, A., Grienenberger, J., Bernbach, E., Levy, D., & Locker, A. (2005). Maternal reflective functioning, attachment, and the transmission gap: A preliminary study. *Attachment & Human Devlopment, 7*(3), 283-298.

篠原郁子（2006）．乳児を持つ母親における mind-mindedness 測定方法の開発──母子相互作用との関連を含めて──　心理学研究，*77*(3), 244-252.

篠原郁子（2009）．母親の「子どもの心に目を向ける傾向」の発達的変化について──生後 5 年間に亘る縦断的検討──　発達研究，*23*, 73-84.

篠原郁子（2011）．母親の mind-mindedness と子どもの信念・感情理解の発達──生後 5 年間の縦断調査──　発達心理学研究，*22*(3), 240-250.

篠原郁子（2013）．心を紡ぐ心――親による乳児の心の想像と心を理解する子どもの発達――
　　　ナカニシヤ出版

篠原郁子（2015）．Sensitivity の派生概念と子どもの社会的発達――アタッチメント研究からの
　　　展望―― 心理学評論, *58*(4), 506-529.

Solomon, J. E., & George, C. E. (1999). *Attachment disorganization.* Guilford Press.

Sroufe, L. A. (2005). Attachment and development: A prospective, longitudinal study from birth to
　　　adulthood. *Attachment & Human Development, 7*(4), 349-367.

Sroufe, L. A., Egeland, B., Carlson, E. A., & Collins, W. A. (2009). *The development of the person: The
　　　Minnesota study of risk and adaptation from birth to adulthood.* Guilford Press.

Steele, H., Steele, M., Croft, C., & Fonagy, P. (1999). Infant-mother attachment at one year predicts
　　　children's understanding of mixed emotions at six-years. *Social Development, 8*, 161-178.

Van IJzendoorn, M. H., Sagi, A., & Lambermon, M. W. (1992). The multiple caretaker paradox: Data from
　　　Holland and Israel. *New Directions for Child Development: A Quarterly Sourcebook, 57*, 5-24.

Veríssimo, M., Santos, A. J., Vaughn, B. E., Torres, N., Monteiro, L., & Santos, O. (2011). Quality of
　　　attachment to father and mother and number of reciprocal friends. *Early Child Development and Care,
　　　181*(1), 27-38.

Verschueren, K., & Marcoen, A. (1999). Representation of self and socioemotional competence in
　　　kindergartners: Differential and combined effects of attachment to mother and to father. *Child
　　　Development, 70*(1), 183-201.

Verschueren, K., & Marcoen, A. (2005). Perceived security of attachment to mother and father:
　　　Developmental differences and relations to self-worth and peer relationships at school. In K. A. Kerns,
　　　& R. A. Richardson (Eds.), *Attachment in middle childhood* (pp.212-230). The Guilford Press.

Vliegen, N., Luyten, P., & Biringen, Z. (2009). A multimethod perspective on emotional availability in the
　　　postpartum period. *Parenting: Science and Practice, 9*(3-4), 228-243.

Volling, B. L., McElwain, N. L., Notaro, P. C., & Herrera, C. (2002). Parents' emotional availability and
　　　infant emotional competence: predictors of parent-infant attachment and emerging self-regulation.
　　　Journal of Family Psychology, 16(4), 447.

Waters, E., & Deane, K. E. (1985). Defining and assessing individual differences in attachment
　　　relationships: Q-methodology and the organization of behavior in infancy and early childhood.
　　　Monographs of the Society for Research in Child Development, 41-65.

Ziv, Y., Aviezer, O., Gini, M., Sagi, A., & Karie, N. K. (2000). Emotional availability in the mother-
　　　infant dyad as related to the quality of infant-mother attachment relationship. *Attachment & Human
　　　Development, 2*(2), 149-169.

第4章 感情の発達

1 「感情の発達」研究の概要

　感情（feeling）とは，何かを感じること，私たちが自ら主観的に感じ取る心の動きのことである（遠藤，2013）。この心の動きに生理的変化や表情表出などを伴う比較的強い一過性の反応を，情動（emotion）という。感情の機能として，他者とのコミュニケーションがあり，自分の表情表出によって自分の感情を他者へ伝え，相手の表情から他者の感情を理解する。このため，感情の発達は社会性の発達と関連する。感情の発達は，感情が生得的に備わっているとする立場と，社会構成主義的な立場があり，喜怒哀楽のような基本的な感情の後に自己意識的感情を表出するようになる。また，感情コンピテンスの発達により，他者の感情の理解および自己の感情制御の発達が見られ，他者との関係の調整が次第に行われるようになる。

2 これまでの研究の流れ──乳幼児期・児童期の感情の発達

（1）感情の機能

　感情の機能の1つとして，自分の表情や声の表出によって自分の感情を他者へ伝え，相手の表情から他者の感情を理解するという他者とのコミュニケーションがある。乳児は自分の感情を表情や声で表出し，養育者はそれに対応して，子どもの感情を養育者自身の表情・声・言葉に映し出すような行動（mirroring）をとる（Fonagy et al., 2007）。

　また，子どもが養育者などの他者の感情を読み取っていることを示す行動として，社会的参照（social referencing）がある。社会的参照とは，乳幼児が新奇で曖昧な状況や対象に直面した際に，養育者などの他者の表情や声のトーンなどの感情の手がかりに基づいて自分の行動を決めることである。この行動は，初めて見るおもち

ゃに接したときや，視覚的断崖による実験で見られる（Klinnert, 1984; Source et al., 1985）。

　視覚的断崖の装置は，実際には強化ガラスがあるので安全であるが，断崖があり下へ落ちるように見えるものである。この装置の強化ガラスの上に乳児を乗せて，乳児が断崖の向こう側にあるおもちゃの方へ移動するかどうかを観察した。養育者に協力してもらい，養育者の表情を変化させたところ，養育者が笑顔または興味の表情を示した場合は，多くの乳児が視覚的断崖を渡っておもちゃの方へ移動した。一方，養育者が恐怖または怒りまたは悲しみの表情を示した場合は，ほとんどの乳児は視覚的断崖を渡らなかった（Source et al., 1985）。この研究から，乳児が他者の表情とその意味を理解して，感情を通じてコミュニケーションを取っていることがわかる。

（2）感情の発達理論

　感情の発達理論には，感情が生得的に備わっているとする立場と，社会構成主義の立場がある。個別情動理論（discrete emotion theory）では，喜び，悲しみ，怒り，恐れ，驚き，嫌悪，興味などの基本情動（basic emotions）は，乳児に生得的に備わっており，文化を越えて普遍である（Izard, 1991）。それに対して，社会構成主義の立場では，乳児の情動は発達の早期には個別には分かれておらず，成熟や社会とのやりとりによって徐々に分化していくと考えている。例えば，ルイス（Lewis, 2016）によると，生後 6 ヵ月頃までに外界への関与や接近・回避などを通じて，喜び，怒り，興味，嫌悪，悲しみ，恐怖などの一次的情動（primary emotions）が生じる。そして，1 歳半を過ぎると，照れ，羨望，共感などの他者の目を意識した自己意識的情動が生じる。さらに，2 歳半から 3 歳頃になると，誇り，恥，罪悪感などの基準や規則から自分の行動を評価した自己意識的評価情動が生じる。

（3）感情知能と感情コンピテンス

　感情の知覚，表出，同化，理解，制御を促進する能力のことを，感情知能（Emotional Intelligence: EI）という（Mayer & Salovey, 1997）。感情知能は，次の 4 つのブランチから構成されている。①感情の認識（自他の感情の読み取り），②感情の利用（思考を促進するために感情を利用できる），③感情の理解（入り混じった複雑な感情の理解，感情の推移の理解），④感情の調整（他者の感情の調整，自己の感情の調整）。これらの感情知能を測定する方法として，サロヴェイは MSCEIT（Mayer-Salovey-Caruso Emotional Intelligence Test）を開発した。実際に課題を実施してもらい，得点を算出するものである。

　また，感情に関するスキルを社会的やりとりの際に適応的に用いる能力のことを，感情コンピテンスという。サーニ（Saarni, 1999）によると，感情コンピテンスには次の8つのスキルが含まれている。(a) 自分の感情状態への気づき，(b) 他者の感情を識別し理解する能力，(c) 感情とその表出に関する語彙を使用する能力，(d) 他者の感情経験に共感的に関わる能力，(e) 内的状態と外的表出が一致しないことを理解する能力，(f) 嫌な感情や苦痛な感情に，自己制御方略を使うことによって適応的に対処する能力，(g) 人間関係の中での感情コミュニケーションへの気づき，(h) 感情自己効力感の能力。

（4）他者の感情理解

　子どもは，いつ頃から他者の感情を理解するのだろうか。新生児が他の新生児の泣き声を聞くと，自分も泣き出すことがある。これは情動伝染と呼ばれ，子どもには生得的に他者の感情への感受性が備わっていると考えられている。乳児期になると，子どもが他者の表情を区別していることは，いくつかの実験から示されている。生後4ヵ月頃に乳児はうれしい表情と怒りの表情を区別できること（Kaneshige & Haryu, 2015）や，生後7ヵ月頃には乳児がさまざまな表情を区別していること（Phillips et al., 1990）がわかっている。

　乳児が，他者の表情の単なる区別ではなく，他者の感情の意味を理解している例として，スティル・フェイスの実験（Tronick et al., 1978）や第2節 (1) ですでに述べた社会的参照の実験がある。スティル・フェイスの実験では，養育者にあらかじめ依頼して，乳児といつものやりとりをした後，乳児からの発声や働きかけがあっても養育者は応答せずに無表情のままでいてもらうようにして，その際の乳児の反応を観察した。乳児は無表情の養育者に積極的に働きかけるが，養育者が無表情のままであると，泣き出す様子が見られた。

　1歳以降の子どもの他者の感情理解の発達について見ていく（Pons & Harris, 2019）。1〜2歳頃から，言語発達に伴い，他者の表情や姿勢や声の調子から，うれしい，怒っている，悲しい，怖いなどの基本的な感情のラベル付けができるようになる。4〜5歳頃から，見かけ（表情）と実際（本当の感情）の違いを理解し始める。例えば，「笑顔の人が喜んでいるとは限らない」ことがわかる。7〜8歳頃から複雑な感情を理解し始め，10〜11歳頃には多くの子どもが複雑な感情を理解できるようになる。例えば，「ジェットコースターは怖いけれど楽しい」というように，同時に2つの感情が起こることを理解する。7〜8歳頃から道徳的内省的感情（罪悪感，恥，誇り，嫉妬など）を理解し始め，10〜11歳頃には多くの子どもが道徳的内省的感情を理解できるようになる。

　次に，子どもの感情の先行条件の理解（何によって感情が生じるのか）について見ていく。2〜3歳頃になると，子どもが他者の感情を理解する際に，状況が感情に影響することを理解し始め，4〜5歳頃までには，ほとんどの子どもが典型的な状況が感情に影響することを理解する。例えば，「誕生日プレゼントをもらうと，うれしい」と感じるなどである。また，子どもは2〜3歳から個人的な欲求が感情に影響することを理解し始め，4〜5歳頃までには，ほとんどの子どもは欲求が感情に影響することを理解する。例えば，「ミルクが好きな人とミルクが嫌いな人では，ミルクをもらったときの感情が異なる」ことがわかる。また，4〜5歳頃から，子どもはリマインダーが感情に影響することを理解し始め，7〜8歳頃までには，ほとんどの子どもがリマインダーの感情への影響を理解する。例えば，「愛する人の持ち物を見ると，過去の感情が喚起される」ことなどである。さらに，4〜5歳頃から，子どもは知識や信念（誤信念）が感情に影響することを理解し始め，7〜8歳頃までにほとんどの子どもは信念が感情に影響することがわかる。例えば，「キツネが隠れていることを知らずに，ニンジンを食べているウサギはうれしいと感じる」などである。なお，他者の知識や信念（誤信念）の理解については，「他者理解の発達（第7章）」を参照。

　発達心理学で他者の感情の理解を測定する方法の1つに，デンハムの感情視点取得課題がある（Denham, 1986）。この課題では，パペットを使ってお話を聞かせ，典型的な状況から他者（登場人物）の感情を推測させる課題と，登場人物と研究参加児の特性が異なる場合にその状況から他者（登場人物）の感情を推測させる課題がある。また，最近ではポンスとハリスの感情理解テスト（Test of Emotion Comprehension: TEC; Pons & Harris, 2000）が開発されている。TEC1.2では，子どもの感情理解の9つの要素を測定する。感情理解の9つの要素とは，①5つの基本感情の表情の理解とネーミング，②外的状況の感情への影響の理解，③欲求の感情への影響の理解，④リマインダーの感情への影響の理解，⑤信念の感情への影響の理解，⑥感情表出の制御の理解，⑦心理的方略を通した感情経験の制御の理解，⑧感情の複雑な性質の理解，⑨道徳的内省的感情（誇り，恥，罪悪感）の理解である。

3　　　　　　　　　　**最新の動向——感情制御の発達**

　最新の動向では，感情制御の発達に関する研究を取り上げる。感情制御の定義は研究者によってさまざまであるが，トンプソン（Thompson, 1990, 1994）によれば，

感情制御は，感情反応（強度と時間的特徴）についてのモニタリング，評価，修正
に関わる外的・内的プロセスである。また，感情喚起を抑制するだけではなく感情
喚起を維持し促進すること，感情制御には内的プロセス（自己制御）だけではなく
外的影響（他者からの制御）を受けることなどが含まれている。また，グロス
（Gross & Thompson, 2007）は，状況，注意，評価，反応というプロセスで感情が
生じるというモデルを示している。

（1）乳児期の感情制御

　乳児期には，養育者による感情制御が多く見られる。乳児が泣くと養育者は乳児
を抱いて声をかけ，あやして気分転換ができるように働きかける。蒲谷（2013）に
よると，乳児がネガティブな感情を表出すると，母親は笑顔で乳児に接し，乳児の
感情を言葉にしていることが観察された。養育者は，乳児の感情に対して共感的・
応答的に反応しつつ，乳児の感情制御も行っている。このように乳児期の感情制御
は養育者によるものが中心となるが，乳児自身での感情制御も観察される。

　コップ（Kopp, 1982）によると，生後2〜3ヵ月頃は神経生理学的調整と呼ばれ
る時期で，乳児の指しゃぶりや自分の身体を触るなどの自己慰撫的行動が見られる。
また，反射的な行動ではあるが，目を閉じる，自分で頭を動かすことで嫌なものを
見ないこともある。生後3〜9ヵ月頃は感覚運動的調整と呼ばれる時期で，乳児の
随意的行動が増え，自分の頭を意図的に動かしたり，自分からおもちゃをつかんだ
りするようになる。実験研究でも，スティル・フェイスの実験（Tronick et al.,
1978；第2節参照）の際に，乳児が働きかけても養育者から反応がなかった場合，
養育者を見るのをやめて別のものを見る，指しゃぶりをする，身体をゆするなど，
注意を逸らし，自己慰撫的な行動をすることがある。

　生後9ヵ月を過ぎると，乳児はハイハイができるようになり，自分自身で物との
距離を調節できるようになる。乳児は興味のあるものや好きなものには接近し，嫌
なものからは回避することができるため，自分の行動を調整することによって状況
を変えることができ，自己の感情制御を行えるようになる。

　歩行開始期（toddlerhood）になると，自分の感情経験について言葉で表現するこ
とが始まる。また，子ども自身の意図や要求と周囲の大人からの介入の間に葛藤が
生じ，子どもが自己の感情を制御することも増えていく。歩行開始期の感情制御は，
気晴らしや慰撫行動などの感情焦点型対処から，他者に援助を要請するなどして問
題自体を解決しようとする問題焦点型へと移行していく（Lazarus & Folkman,
1984; 坂上, 1999）。

（2）幼児期の感情制御

　幼児期になると，子どもは幼稚園・保育所で過ごす時間が増え，養育者以外の大人（保育者）や仲間からの影響を受けながらも，子どもが自分で意図的な感情制御を行うことも増えてくる。

　幼児の感情制御において表情に着目した研究として，プレゼント課題がある（Cole, 1986; Ip, Miller et al., 2021）。期待はずれのプレゼントをもらったときの幼児の表情を観察したところ，3歳児の一部は本当の感情とは異なる表情を示した（Cole, 1986）。期待はずれのプレゼントをもらうという対人的な場面で，幼児が本当の感情を表すのか，それとも異なる感情を表すのかについては，4歳児でも文化差が見られる（研究紹介参照，Cole, 1986; Ip, Miller et al., 2021）。

　また，感情を喚起させるようなポジティブな出来事やネガティブな出来事を含む映像（MISC: Mood Induction Stimulus for Children）を視聴してもらい，幼児の表情や生理的指標を測定する方法もある。映像の視聴時に表情表出が過度に少ない子どもや過度に多い子どもは，表情表出が適度な子どもよりも，日常生活での問題行動が多いことが示された（Cole et al., 1996）。しかし，日本の子どもの場合，特定の感情を表情で表出しないこと（無表情）や，表情の表出までの潜時が長くなる（表情を抑制しようとする）ことも多いため，日本の幼児の表情の測定には注意が必要であることが指摘されている（中道，2021）。

　幼児の感情制御の際の生理的な変化を調べるために，コルチゾール，心拍数，血圧，呼吸性洞性不整脈（RSA）などの指標が使われる。また，脳波や近赤外分光装置（NIRS）から幼児の感情制御の際の脳活動を調べる試みも進められている。感情制御場面でのコルチゾール反応を調べると，日本の幼児はプレゼント課題のような対人場面でのコルチゾール反応が多く，表情を抑制している際にストレスが多く生じることが示唆された（Ip, Felt et al., 2021）。また，感情制御場面での脳波を測定すると，恐れを感じやすいと養育者が評定した幼児ほど，怒り表情を見たときに敏感に反応し，事象関連電位（ERP）のN2の振幅が大きく，反応潜時が短いことが示された（Lewis et al., 2007）。

　幼児期には，子どもの感情制御の個人差も見られるようになる。幼児の気質が感情制御に関連しており，養育者や保育者による幼児期の気質を評定する尺度としてCBQ（Children's Behavior Questionaire）（Rothbart et al., 2001; Kusanagi, 1993; 草薙・星，2017）が用いられる。CBQは，「外向性・高潮性」「ネガティブな感情性」「エフォートフル・コントロール」の3つに分かれており，「外向性・高潮性（強い刺激への好み，活動水準など）」は主にポジティブな感情と関連し，「ネガティブな感情性（なだめにくさ，反応性の低さなど）」はネガティブな感情と関連し，「エフ

研究紹介　子どものネガティブな感情の制御——プレゼント課題と文化
Cole (1986); Ip, Miller et al. (2021)

　子どものネガティブな感情の制御は, 年齢や性別によって違いがあるのだろうか。また, ひとりのときと実験者がいるときで違いが見られるのだろうか。Cole (1986) は, Saarni (1984) の期待はずれのプレゼント課題を改良し, 検討した。

研究 1

　方法：幼児 20 人（平均 4.4 歳）, 小学 1 年生 20 人（平均 6.8 歳）, 小学 3 年生 20 人（平均 8.8 歳）を対象に実験を行った。(1) 実験者 1 は, 複数のプレゼントを子どもに見せて, 最も良いプレゼントからそうでないプレゼントまで子どもに順位を付けてもらう（良いプレゼントとしてキャンディ, ガム, 鉛筆, 定規など, 期待はずれのプレゼントとして赤ちゃん用のおもちゃ, 壊れているおもちゃなど）。そして, 子どもは実験者の手伝いをした後に最も良いプレゼントをもらえるといわれる。(2) 実験者 2 の手伝いをした後に, 子どもは最も良いプレゼントをもらう。(3) 実験者 2 の手伝いをした後に, 最も期待はずれのプレゼントをもらう。(4) その後, 子どもは一番自分が欲しいプレゼントを選べる。子どもの表情の分析は, Ekman & Friesen (1978) の FACS (Facial Coding System) を使用した。また, 子どもの言葉についても分析した。

　結果：子どもは, (3) のときにポジティブな表情や言葉を表出してネガティブな感情をコントロールした。女児は, 男児よりもポジティブな表出が多く, 年齢による違いは認められなかった。

研究 2

　方法：幼児（女児のみ）20 人（平均 3.9 歳）を対象に, 研究 1 と同様の期待はずれのプレゼントを受け取る課題を実施した。(a) ひとりでプレゼントを開けるグループと, (b) 実験者の前でプレゼントを開けるグループのどちらかに女児をランダムに割り当てた。

　結果：3~4 歳の女児でも, 実験者の前でプレゼントを開けるグループでは, ネガティブな表出を抑制することが示された。

　同様の方法（期待はずれのプレゼントを受け取る）を用いて, 子どものネガティブな感情の制御についてアメリカ・中国・日本の 4 歳児を対象に文化による違いを検討した研究がある (Ip, Miller et al., 2021)。

　アメリカの子どもは, 中国, 日本の子どもよりもネガティブな表情表出が多く, 日本の子どもよりもポジティブな表情表出も多かった。また, 中国, 日本の子どもは, アメリカの子どもよりもニュートラルな表情表出が多かった。これらの結果から, 4 歳児で文化による感情制御（表情表出コントロール）の違いが見られることが示された。

ォートフル・コントロール（注意の焦点化，注意の移行，抑制的コントロールなど）」は自己制御と関連している。

　幼児期の感情制御と社会適応との関連についても研究が進められている。幼児の感情制御の低さが問題行動の多さと関連すること（Eisenberg et al., 2001）や，幼児の感情制御の高さが仲間からの受容と関連することが示されている（Nakamichi, 2017）。また，幼児期の感情制御の児童期以降への影響についても，縦断的研究により検討されている。幼児期のエフォートフル・コントロールの高さが，児童期の問題行動の低さを予測し（Eisenberg et al., 1997），児童期の問題行動の低さを媒介して児童期から青年期前期の学業成績の高さと関連する（Valiente et al., 2011）。日本の研究では，幼児期の感情的制御（Hot EF）の高さと幼児期の社会的問題解決の高さが関連し，それが幼児期の仲間からの受容を予測すること，幼児期の仲間からの受容と小学1年生の時点での仲間からの受容が関連することが示された（Nakamichi et al., 2021）。

（3）児童期の感情制御

　児童期には子どもの感情制御への理解が進み，社会的表示規則（ソーシャル・ディスプレイルール：文化や社会と結びついた，感情の表出や抑制に関するルール）や感情制御の理由（動機），感情の種類や相手によって感情制御が異なることなどを理解するようになる。社会的表示規則の理解については，感情制御が必要となるような状況（仮想場面）を子どもに提示し，その場面の主人公がどのような表情をするのか，その表情をするのはなぜか（理由）を尋ねる研究がある。「期待はずれの誕生日プレゼントを受け取る」場面や「スケートが上手なことを自慢していたら，転んでしまった」場面など，4つの場面を子どもに提示し，子どもに主人公が示す表情とその理由を尋ねた（Saarni, 1979）。6歳，8歳よりも10歳の子どものほうが，「がっかりしたのを隠して微笑む」や「平気なふりをする」など，主人公がより多く感情制御することを理解していた。

　感情制御の理由（動機）の理解の発達については，小学生と高校1年生を対象に，感情制御の理由（動機）が異なると想定される場面を提示した（Gnepp & Hess, 1986）。感情制御の理由（動機）は，相手との関係の維持や行動規範を維持するための「向社会的動機（prosocial motives）」と，自分にとって否定的な結果を避け，自尊心を維持するための「自己保護的動機（self-protective motives）」の2つがある。感情制御の理解の発達は，学年が上がるにつれて進み，児童では向社会的動機に基づく感情制御のほうが，自己保護的な動機に基づく感情制御よりも早くから理解されることが明らかになった。これに対して，場面を統一して感情制御の理由（動機）

の部分のみを変えたシナリオを使用すると，「向社会的動機」と「自己保護的動機」の理解には発達的に差がないという研究もある。6〜7歳児と10〜11歳児のいずれも，「向社会的動機」と「自己保護的動機」の動機の理解に違いがないことがわかった（Gosselin et al., 2002）。

　感情の種類別に児童期の感情制御を検討した研究によると，怒り，悲しみ（未知：相手が状況を知らないとき）とも，小学校低学年のほうが小学校高学年よりも感情を表出する（制御しない）ことが明らかになった。怒りは低学年では男子のほうが女子よりも多く表出し（制御しない），悲しみは女子のほうが男子よりも多く表出する（制御しない）ことが示された（塙，1999）。

　児童期には，相手によって自分の感情を表出したり制御したりを変化させていることがある。怒り，悲しみ，苦痛を感じたときに，子どもは，母親や父親に対して感情を表出し，仲間（友人）に対して感情を制御することが明らかになった（Zeman & Garber, 1996）。子どもが仲間（友人）に対して感情表出を制御する理由として，感情を表出するとネガティブな対人的相互作用が予測されることが挙げられた。日本の研究では，喜び，悲しみの感情は，友人よりも家族（特に母親）に対して多く表出することがわかった。しかし，怒りの感情は，父親よりも友人に対して多く表出することがわかった（塙，1999）。

　次に，児童期の感情制御方略について見ていく。感情表出を制御する方略として，感情表出の強調化，最小化，中立化，代用がある（Ekman & Friesen, 1975）。感情表出の最小化は，例えば競争相手に勝ったときに喜びを抑え，喜びの表出を少なくすることである。中立化は，いわゆるポーカーフェイスのことであり，感情表出を抑えて平静を装うことである。代用は，感情を他の情動に置き換えることによって，本当の感情を隠す（マスキング）ことである。感情そのものを制御する方略として，反すう，気晴らし，問題解決，認知的再評価が挙げられる（Aldao et al., 2010）。反すうは，過去の出来事や感情に関する反復的思考である。ある対象に注意を向ける点と，持続的に繰り返し考える点が反すうの特徴である（松本，2008）。気晴らし（distraction）は，不快な感情やその原因となる状況から注意をそらすための行動や認知的活動のことである。他のことを考える，別の活動を行うなどによって，不快な感情や問題から注意をそらすことである。問題解決は，不快な感情やその原因となる状況を，意図的に変えようとすることである。認知的再評価（cognitive reappraisal）は，不快な感情を低減するために，状況や物事の解釈をネガティブではないものとして捉え直すことである（Gross, 1998）。

　感情制御方略は，感情制御尺度（ERQ: Emotion Regulation Questionnaire; Gross & John, 2003），認知的感情制御尺度短縮版（CERQ-short: Cognitive Emotion

Regulation Questionnaire-short; Garnefski & Kraaij, 2006），小学校高学年・中学生用情動調整尺度（ERS-EM: Emotion Regulation Scale for Elementary and Middle School Students；村山ほか，2017）などの質問紙によって自己評定される。日本の小学 4 年生から中学 3 年生を対象とした調査から，問題解決，反すう，認知的再評価は女子の得点が高いこと，気晴らしは男子の得点が高いことがわかった。また，学年が上の子どもは，どの情動調整方略も得点が高く，反すうは女子のほうが男子よりも得点が高いことがわかった。なお，反すうの高い子どもは抑うつが高いこと，問題解決，気晴らしの高い子どもは抑うつが低いことがわかった（村山ほか，2017）。

　感情制御方略のうち，認知的再評価は，問題そのものの解決にはならないものの，問題から注意をそらすことなく，問題に対する自分の認知や解釈を変えることで，感情制御を行うことができるため，大人でもよく使われる方略である。認知的再評価は児童期の後期から見られるが，児童期前半の子どもでも，大人が認知的再評価への足場かけ（scaffolding）を行うことによって感情制御を促進する可能性が事象関連電位（ERP）の研究から示された（Myruski et al., 2019）。養育者が子どもと一緒にいて再評価の説明を聞く，あるいは養育者が再評価の説明をするなどの支援をすれば，児童期初めの子どもでも認知的再評価の方略によって，感情制御を行うことが生理的指標から推察される。

（4）感情制御の発達要因

　感情制御の発達に関連する要因として，子どもの気質（temperament），実行機能，言語発達，他者の感情理解などの子ども自身の要因が挙げられる。子どもの気質については，「3 節（2）幼児期の感情制御」で触れたとおりであるが，児童用の気質尺度（TMCQ: Temperament in Middle Childhood Questionnaire）も開発されている。他者の感情理解については，児童期になると，他者が本当の情動を必ずしもそのまま表出するとは限らないこと，見かけの感情（表出した感情）が他者に誤った信念を抱かせることも理解する。児童を対象とした「泣き課題」と二次的誤信念課題（林，2002）を含む質問紙調査から，小学 1 年生でも大半の子どもが見かけの泣きを理解できること，見かけの泣きの理解と二次的誤信念の理解との間には，性別と学年を統制しても正の関連があることが示された（溝川・子安，2008）。

　感情制御の発達に関連する別の要因として，養育者や教師などの大人や，子どもの仲間など，子どもと直接関わる人の要因が考えられる。養育者は，子どもの感情制御に 3 つのメカニズムを通して影響する（Morris et al., 2017）。メカニズムのうちの 1 つ目は，「養育者の感情制御についての子どもの観察」であり，例えば，モデリング，社会的参照，情動伝染などである。2 つ目は「感情に関連する養育者のし

つけ」であり，感情のコーチング（Gottman et al., 1996）や子どもの感情への養育者の反応などである。3つ目は「家族の情動的雰囲気」であり，アタッチメント，養育者のしつけスタイル，情動表出性，家族関係などである。

4　まとめと今後の展望——これからの感情制御の発達研究

　乳児期から児童期にかけての子どもの感情制御の発達とその関連要因について見てきた。他者による感情制御が中心であった時期から，周囲の支えや働きかけはあるものの子ども自身の感情制御が中心になること，感情の種類や相手に応じて感情制御の仕方を変えること，ネガティブな感情への対処方略として問題解決や認知的再評価を行うようになることが示された。

　今後の展望として，次の側面の検討が必要であろう。第1に，これまであまり取り上げられてこなかったポジティブな感情の制御の発達やネガティブな感情の表出的な側面について検討し，感情の表出的機能への子どもの理解についても扱うべきであろう。第2に，子どもの感情制御の程度や方略にはばらつきがあるので，この個人差に関連する要因について検討していくべきであろう。先に述べた子ども個人のさまざまな要因や周囲の人的環境のほかに，生物学的要因（遺伝的多型）や生理的指標なども含めて，さらに検討していくべきであろう。その際には，1時点だけではなく2時点以上の子どもの感情制御の様子やその関連要因について測定する縦断的研究を行い，個人の感情制御の発達プロセスをたどっていくことが必要である。第3に，感情制御を育む支援についてのプログラムの開発と実践研究が必要である。

　児童の感情制御を育む方法として，社会性と感情の学習（Social and Emotional Learning: SEL）がある。社会性と感情の学習（SEL）とは，子どもや大人が社会性と感情の能力を獲得するために必要なスキル，態度，価値観を発達させる過程である（Elias et al., 1997）。社会性と感情の学習（SEL）のなかの「①ライフスキルと社会的能力」の領域のセルフ・コントロール，ストレス・マネジメントなどで，感情制御について学習できる。また，子どもの感情リテラシーを育むものとして，イエール大学のルーラー（RULER）プログラムがある（Bracket et al., 2015）。RULER は，感情の認識（Recognizing），理解（Understanding），ラベルづけ（Labelling），表出（Expressing），制御（Regulating）の5つのスキルを育むものである。これらの支援プログラムを，日本の子どもに適用する方法とその効果についての実践研究を重ねていくことも必要だろう。

参考図書

遠藤利彦（編）（2021）．情動発達の理論と支援　金子書房

　　感情発達の基礎について解説した上で，親子関係，園，学校などの他者との関係における感情について取り上げている。また，感情の非定型発達とその支援についても解説している。

上淵　寿・平林秀美（編著）（2021）．情動制御の発達心理学　ミネルヴァ書房

　　乳児期から老年期までの感情制御の発達について，最新の知見も含めて紹介している。感情制御と関連する心理機能として，実行機能，アタッチメントについても取り上げている。

引用文献

Aldao, A., Nolen-Hoeksema, S., & Schweizer, S. (2010). Emotion-regulation strategies across psychopathology: A meta-analytic review. *Clinical Psychology Review, 30*(2), 217-237.

Bracket, M. A., Elbertson, N. A., & Rivers, S. E. (2015). Applying theory to development of approaches to SEL. In A. Durlak, C. E. Domitrovich, R. P. Weissberg, & T. P. Gullotta (Eds.), *Handbook of social and emotional learning.* New York: Guilford Press.

Cole, P. M. (1986). Children's spontaneous control of facial expression. *Child Development, 57*(6), 1309-1321.

Cole, P. M., Zahn-Waxler, C., Fox, N. A., User, B. A., & Welsh, J. D. (1996). Individual differences in emotion regulation and behavior problems in preschool children. *Journal of Abnormal Psychology, 105*(4), 518-529.

Denham, S. A. (1986). Social cognition, prosocial behavior, and emotion in preschoolers: Contextual validation. *Child Development, 57*(1), 194-201.

Eisenberg, N., Cumberland, A., Spinrad, T. L., Fabes, R. A., Shepard, S. A., Reiser, M., Murphy, B. C., Losoya, S. H., Guthrie, I. K. (2001). The relations of regulation and emotionality to children's externalizing and internalizing problem behavior. *Child Development, 72*(4), 1112-1134.

Eisenberg, N., Fabes, R. A., & Guthrie, I. K. (1997). Coping with stress: The roles of regulation and development. In S. A. Wolchik & I. N. Sandler (Eds.), *Handbook of children's coping: Linking theory and intervention* (pp.41-70). New York: Plenum Press.

Ekman, P., & Friesen, W. (1978). *Facial action coding system: A technique for measurement of facial movement.* Palo Alto, CA: Consulting Psychologists Press.

Ekman, P., & Friesen, W. V. (1975). *Unmasking the face: A guide to recognizing emotions from facial clues.* Englewood Cliffs, N J : Prentice Hall.

Elias, M. J., Zins, J. E., Weissberg, T. P., Frey, K. S., Greenberg, M, T., Haynes, N. M., & Shriver, T. P. (1997). *Promoting social and emotional learning: Guidelines for educators.* Alexandria, VA: Association for Supervision and Curriculum Development.（小泉令三（編訳）（1999）．社会性と感情の教育——教育者のためのガイドライン 39——　北大路書房）

遠藤利彦（2013）．「情の理」論——情動の合理性をめぐる心理学的考究——　東京大学出版会

Fonagy, P., Gergely, G., & Target, M. (2007). The parent-infant dyad and the construction of the subjective self. *Journal of Child Psychology and Psychiatry, 48*(3-4), 288-328.

Garnefski, N., & Kraaij, V. (2006). Cognitive Emotion Regulation Questionnaire: Development of a short

18-item version (CERQ-short). *Personality and Individual Differences, 41*(6), 1045-1053.

Gnepp, J., & Hess, D. L. R. (1986). Children's understanding of verbal and facial display rules. *Developmental Psychology, 22*(1), 103-108.

Gosselin, P., Warren, M., & Diotte, M. (2002). Motivation to hide emotion and children's understanding of the distinction between real and apparent emotions. *The Journal of Genetic Psychology, 163*(4), 479-495.

Gottman, J. M., Katz, L. F., & Hooven, C. (1996). Parental meta-emotion philosophy and the emotion life of families: Theoretical models and preliminary data. *Journal of Family Psychology, 10*(3), 243-268.

Gross, J. J. (1998). The emerging field of emotion regulation: An integrative review. *Review of General Psychology, 2*(3), 271-299.

Gross, J. J., & John, O. P. (2003). Individual differences in two emotion regulation processes: Implications for affect, relationships, and well-being. *Journal of Personality and Social Psychology, 85*(2), 348-362.

Gross, J. J., & Thompson, R. A. (2007). Emotion regulation: Conceptual foundations. In J. J. Gross (Ed.), *Handbook of emotion regulation* (pp.3-24). New York: Guilford Press.

塙　朋子（1999）．関係性に応じた情動表出――児童期における発達的変化――　教育心理学研究，*47*(3)，273-282.

林　創（2002）．児童期における再帰的な心的状態の理解　教育心理学研究，*50*(1), 43-53.

Ip, K., Felt, B., Wang, L., Karasawa, M., Hirabayashi, H., Kazama, M., Olson, S., Miller, L., & Tardif, T. (2021). Are preschoolers' neurobiological stress systems responsive to culturally relevant contexts? *Psychological Science, 32*(7), 998-1010.

Ip, K. I., Miller, A. L., Karasawa, M., Hirabayashi, H., Kazama, M., Wang, L., Olson, S. L., Kessler, D., & Tardif, T. (2021). Emotion expression and regulation in three cultures: Chinese, Japanese, and American preschoolers' reactions to disappointment. *Journal of Experimental Child Psychology, 201*, Article 104972.

Izard, C. E. (1991). *The psychology of emotions.* New York: Plenum Press.（荘厳舜哉（監訳）（1996）．感情心理学　ナカニシヤ出版）

蒲谷槙介（2013）．前言語期乳児のネガティブ情動表出に対する母親の調律的応答　発達心理学研究，*24*(4), 507-517.

Kaneshige, T., & Haryu, E. (2015). Categorization and understanding of facial expressions in 4-month-old infants. *Japanese Psychological Research, 57*(2), 135-142.

Klinnert, M. D. (1984). The regulation of infant behavior by maternal facial expression. *Infant Behavior and Development, 7*(4), 447-465.

Kopp, C. B. (1982). Antecedents of self-regulation: A developmental perspective. *Developmental Psychology, 18*(2), 199-214.

Kusanagi, E. (1993). A psychometric examination of the children's behavior questionnaire. *Annual Report of the Research and Clinical Center for Child Development, 15*, 25-33.

草薙恵美子・星　信子（2017）．幼児用気質質問紙日本語短縮版の改訂　國學院大學北海道短期大学部紀要，*34*, 39-53.

Lazarus, R. S., & Folkman, S. (1984). *Stress, appraisal, and coping.* New York: Springer.

Lewis, M. (2016). The emergence of human emotions. In L. F. Barrett, M., Lewis, & J. M. Haviland-Jones (Eds.), *Handbook of emotions* (4th ed., pp.272-292). New York: The Guilford Press.

Lewis, M. D., Todd, R. M., & Honsberger, M. J. M. (2007). Event-related potential measures of emotion regulation in early childfood. *Cognitive Neuroscience and Neuropsychology, 18*(1), 61-65.

松本麻友子（2008）．反すうに関する心理学的研究の展望――反すうの軽減に関連する要因の検討――　名古屋大学大学院教育発達科学研究科紀要　心理発達科学，*55*, 145-158.

Mayer, J. D., & Salovey, P. (1997). What is emotional intelligence? In P. Salovey, & D. J. Sluyter (Eds.), *Emotional development and emotional intelligence: Educational implications* (pp.3-31). New York: Basic Books.

溝川　藍・子安増生（2008）．児童期における見かけの泣きの理解の発達――二次的誤信念の理解との関連の検討―― 発達心理学研究，*19*（3），209-220.

Morris, A. S., Criss, M. M., Silk, J. S., & Houltberg, B. J. (2017). The impact of parenting on emotion regulation during childhood and adolescence. *Child Development Perspectives, 11* (4), 233-238.

村山恭朗・伊藤大幸・高柳伸哉・上宮　愛・中島俊思・片桐正敏・浜田　恵・明翫光宜・辻井正次（2017）．小学高学年児童および中学生における情動調整方略と抑うつ・攻撃性との関連　教育心理学研究，*65*(1), 64-76.

Myruski, S., Birk, S., Karasawa, M., Kamikubo, A., Kazama, M., Hirabayashi, H., & Dennis-Tiwary, T. (2019). Neural signatures of child cognitive emotion regulation are bolstered by parental social regulation in two cultures. *Social Cognitive and Affective Neuroscience, 14*(9), 947-956.

Nakamichi, K. (2017). Differences in young children's peer preference by inhibitory control and emotion regulation. *Psychological Reports, 120*(5), 805-823.

中道圭人（2021）．幼児期の情動制御　上淵　寿・平林秀美（編）情動制御の発達心理学（pp.47-70）　ミネルヴァ書房

Nakamichi, K. Nakamichi, N., & Nakazawa, J. (2021). Preschool social-emotional competencies predict school adjustment in Grade 1. *Early Child Development and Care, 191*(2), 159-172.

Phillips, R. D., Wagner, S. H., Fells, C. A., & Lynch, M. (1990). Do infants recognize emotion in facial expressions? : Categorical and "metaphorical" evidence. *Infant Behavior and Development, 13*(1), 71-84.

Pons, F., & Harris, P. L. (2000). *Test of emotion comprehension*. Oxford: Oxford University Press.

Pons, F., & Harris, P. L. (2019). Children's understanding of emotions or Pascal's "error": Review and prospects. In V. LoBue, K. Pérez-Edgar, & K. A. Buss (Eds.), *Handbook of emotional development* (pp.431-449). Springer Nature Switzerland AG.

Rothbart, M. K., Ahadi, S. A., Hershey, K. L., & Fisher, P. (2001). Investigations of temperament at three to seven years: The children's Behavior Questionnaire. *Child Development, 72*(5), 1394-1408.

Saarni, C. (1979). Children's understanding of display rules for expressive behavior. *Developmental Psychology, 15*(4), 424-429.

Saarni, C. (1984). Observing children's use of display rules: Age and sex differences. *Child Development, 55*(4), 1504-1513.

Saarni, C. (1999). *The development of emotional competence.* New York: The Guilford Press.

坂上裕子（1999）．歩行開始期における情動制御――問題解決場面における対処行動の発達――発達心理学研究，*10*（2），99-109.

Source, J. F., Emde, R. N., Campos, J., & Klinnert, M. D. (1985). Maternal emotional signaling: Its effect on the visual cliff behavior of 1-year-olds. *Developmental Psychology, 21*(1), 195-200.

Thompson, R. A. (1990). Emotion and self-regulation. In R. A. Thompson (Ed.), *Socioemotional development: Nebraska symposium on motivation* (Vol. 36, pp.383-483). Lincoln: University of Nebraska Press.

Thompson, R. A. (1994). Emotion regulation: A theme in search of definition. *Monographs of the Society for Research in Child Development, 59* (2-3), 25052, 250-283.

Tronick, E. Z., Als, H., Adamson, L., et al. (1978). The infant's response to entrapment between contradictory messages in face-to-face interaction. *Journal of the American Academy of Child Psychiatry, 17*(1), 1-13.

Valiente, C., Eisenberg, N., Haugen, R., Spinrad, T. L., Hofer, C., Liew, J., & Kupfer, A. (2011). Children's effortful control and academic achievement: Mediation through social functioning. *Early Education and Development, 22*(3), 411-433.

Zeman, J., & Garber, J. (1996). Display rules for anger, sadness, and pain: It depends on who is watching. *Child Development, 67*(3), 957-973.

第5章 幼児期における自己制御の発達

1 「幼児期における自己制御の発達」研究の概要

　自己制御（self regulation）は，自分の認知や行動，情動などをその状況で適切な
レベル・方向で維持するプロセスである（Blair & Raver, 2015; Diamond, 2013）。
ヒトの社会生活の中では，自分の考えや気持ちをそのまま表現できる場面ばかりで
はない。社会生活を円滑に過ごすためには，周囲の人々や状況に応じて，自分の考
えや気持ちを制御することが求められる。つまり，自己制御は，ヒトの社会の中で
適応的に生活していくために必須の能力の1つといえる。この自己制御の発達は，
小さな子どもの時期からすでに始まっている。本章では，幼児期に焦点を当て，自
己制御の発達に関する研究を概観した後，幼児期の自己制御と適応の関連やその幼
児期の自己制御を育む要因について説明する。

2 これまでの研究の流れ──自己制御の認知的側面と情動的側面

（1）2000年頃までの幼児の自己制御の発達研究の概観

　初期の自己制御の発達研究では，「幼児がどのように行動を制御できるようにな
るのか」が中心的に検討されてきた。例えば，ルリア（Luria, 1961）は，行動の自
己制御における言葉の重要性に着目し，大人の言語的な教示によって行動を制御す
る段階（2歳頃）から，3歳頃からの「外言」（子どもの自分自身に対する言語的教
示）によって行動を制御する段階を経て，4〜5歳頃までに「内言」（子どもの心の
中での教示）によって行動を制御する段階への発達過程を想定していた。また，コ
ップ（Kopp, 1982）は自己制御の初期発達のモデルを提案した。生後3〜9ヵ月頃
の子どもたちは周囲の出来事や刺激に反応して自発的に行動を行う「感覚運動の調
整」段階にあり，生後12〜18ヵ月頃に，養育者の指示や社会的な期待・要求に気

づき，それに応えるために自らの行動を開始したり抑制する「コントロール」段階
に進む。その後，養育者がいない状況でも社会的な期待・要求に沿って意図的に行
動したり，我慢できるような「自己統制」段階（24ヵ月以降）へ，そして最終的に，
状況の中で変わりゆく期待・要求を満たすために柔軟に行動できるような「自己制
御」段階（36ヵ月以降）へ進んでいく。これらをはじめとする初期の研究では，自
己制御の発達は，他者からさまざまな手助けによって可能になる「外在的」な制御
から，自らが意識的に行う「内在的」な制御へと進んでいくことが示されてきた。
　このような国外の発達研究の進展を受けながら，日本でも幼児期の自己制御，特
に日常生活での行動の自己制御に関する発達研究が進められてきた。代表的な研究
として柏木（1988）は，幼稚園・保育所における自己制御を「自己抑制（自分の欲
求や行動を抑制する）」と「自己主張・実現（自分の意志や欲求を明確に持ち，それ
を適切な形で表出し，実現する）」の2側面に分けて検討した。例えば，自己抑制は
「遊びの中で自分の順番を待てる」「仲間と意見の違うとき，自分の意見だけを押し
通そうとしない」など，自己主張・実現は「嫌なことは，はっきりいやと言える」
「遊びたい玩具を友達が使っているとき，"貸して"と言える」などの行動である。
図5-1は，3～6歳クラスを担当する保育者に，担当する幼児それぞれの自己抑制
と自己主張・実現を5段階で評定してもらった結果を示している。自己抑制の評定
点は3～6歳で上昇するとともに，いずれの年齢でも女児が高くなっていた。一方，
自己主張・実現の評定点は3歳から4歳半までは上昇するが，それ以降は横ばいに
なっていた。
　この柏木（1988）による自己制御の2側面（自己抑制，自己主張・実現）に基づ
き，その後の日本の研究では，仮想場面課題を用いた自己制御行動に関する幼児の
認識や，その認識と実際の行動の関連を検討した研究（e.g., 伊藤ら, 1999；大内ら,
2008；鈴木, 2005），養育者・保育者評定による幼児の自己制御能力と親の養育態度
の関連を検討した研究（e.g., 中道, 2013; 西野, 1990）などが展開されている。

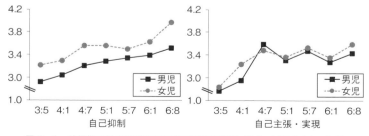

図5-1　幼児期の社会的場面での自己制御の発達（柏木, 1988をもとに作成）

　さらに 2000 年前後から，主に「内在的」な自己制御を可能にする要因として，実行機能やエフォートフル・コントロールへの関心が高まってきた。実行機能（exective function）は，ある目標を達成するために思考・行動を制御する能力で，大きく「抑制機能（目標達成と関係のない不適切な情報や衝動的な反応を抑制する）」「ワーキングメモリ（ある情報を処理しながら，必要な情報を覚えておく能力）」「シフティング（思考や行動を柔軟に切り替える）」といった 3 つの側面を持つ（森口，2015）。また，エフォートフル・コントロール（effortful control）は，気質に由来する意識的な自己制御能力のことで，必要に応じて優勢な反応を抑制し，非優勢な反応を活性化させること，注意をシフトさせたり，焦点化すること，計画を立てることなどに関わる能力である（Posner & Rothbart, 2007）。

　これらの実行機能とエフォートフル・コントロールは，それぞれの研究の歴史的な背景に加え，「実行機能と比べ，エフォートフル・コントロールは『情動の調整』を基盤的な要素とみなす」「実行機能はワーキングメモリの要素を含む」などの相違点がある。しかし，実行機能とエフォートフル・コントロールは「目標に達するための注意を管理し，プランニングやエラー検出に関与する」「前頭葉に生理学的基礎を置く」「抑制制御を含む」などの共通点を持ち，いずれも意識的で，一定の認知的負荷がかかる「トップダウン」の自己制御に関わる要因といえる。

　ここまで，2000 年頃までの幼児期の自己制御の発達に関わる研究を概観してきた。これらの研究の多くでは，幼児が制御する対象として「行動・認知」に注目してきた。しかし 2000 年以降の研究では，「行動・認知」だけでなく，「情動」にも焦点が当てられるようになっている。そこで次項では，まず幼児期の「内在的」で「トップダウン」な自己制御の認知的な側面と情動的な側面（認知的な自己制御，情動的な自己制御）について説明する。

（2）幼児期における認知的な自己制御と情動的な自己制御の発達

　認知的な自己制御の中核の 1 つは，実行機能である。以下では，実行機能の 3 側面（抑制機能，ワーキングメモリ，シフティング）に沿って，幼児期の研究において一般的に使用される課題や，その課題遂行の発達的変化について説明する。

　まず抑制機能に関して，代表的な測度の 1 つは昼－夜課題である。この課題では，「太陽」の絵カードや「月」の絵カードを幼児に提示し，それぞれの絵とは逆さまの言葉を言うように幼児に求める（例：太陽の絵に「夜」，月の絵に「昼」と言う）。幼児がこの課題に正しく反応するためには，それぞれの絵から喚起される情報を抑制しなければならない。また，別の抑制機能の測度として，クマ－竜課題がある。クマ－竜課題では，調査者はクマと竜のパペットを使い，優しいクマがある行動

（例：鼻を触って）をするよう言った場合には，その行動をするが，意地悪な竜が言った場合には行動しないように幼児に求める。この課題に正しく反応するために，幼児は運動的な反応を抑制する必要がある。

　次にワーキングメモリに関して，典型的な測度の1つが，数字あるいは単語の逆唱課題である。この課題では，調査者が読み上げた数列・単語を，読み上げた順番とは逆の順番で答えるように幼児に求める（例：調査者が「3，5，7」と言った場合，「7，5，3」と答える）。また，逆唱が難しい年少の幼児に実施する課題として，カウンティング・ラベリング課題がある。この課題では，調査者が一連の行為（3つの玩具を提示し，それぞれの名前を言い，次に玩具を数え，最後に"1は○○，2は××，3は□□"と数と名前を一緒に言う）を行い，その一連の行為を別の玩具で行うように幼児に求める。いずれの課題でも，幼児は正しい反応のために，必要なルールや情報を覚えておくと同時に，求められた情報の処理を行うことが必要になる。

　さらに，シフティングの測度として，DCCS（Dimensional Change Card Sort）課題がある。DCCS課題では，色と形の組合せが異なる事物（例：「黄色の車」「緑色の車」「黄色の花」「緑色の花」）が描かれたカードを幼児に提示する。最初は，カードをある属性（例：色）に基づいて分類し，途中で分類の仕方（ルール）を変更し，カードを異なる属性（例：形）に基づいて分類するよう求める。この課題では，幼児がルールに従って，柔軟に反応を切り替えることができるかを測定している。

　表5-1は，上記で紹介した5つの課題の遂行の発達的変化を示している。表5-1の数値は，各課題の通過基準を満たした幼児の割合（通過率）である。各課題の通過率が示すように，幼児期を通して実行機能の能力は向上する。しかし，これら

表5-1　認知的な自己制御課題の通過率（Carlson, 2005をもとに作成）

	3歳前半	3歳後半	4歳前半	4歳後半	5-6歳
昼-夜課題	50%	47%	48%	68%	-
		（昼-夜課題での通過基準：正反応が16試行中12試行）			
クマ-竜課題	51%	76%	88%	94%	100%
		（クマ-竜課題での通過基準：正反応が5試行中4試行）			
数字逆唱	9%	17%	37%	69%	
			（数字逆唱での通過基準：3桁以上）		
カウンティング・ラベリング	26%		55%	71%	77%
	（カウンティング・ラベリングでの通過基準：正反応が2試行中2試行）				
DCCS	10%	25%	48%	76%	-
		（DCCSでの通過基準：正反応が3試行中3試行）			

の課題は幼児期の終わり頃には天井効果を示す場合も多い。そのため，近年ではより長期的に発達を検討できる課題も開発されている（Zelazo et al., 2013）。さらに，文化比較の研究では，日本と米国の幼児の抑制制御課題の遂行（風間ら，2013）や，日本とカナダの幼児の DCCS 課題の遂行（Moriguchi et al., 2012）に違いはないことなどが示されている。

　情動的な自己制御の能力は，欲求や情動を生じさせる実験的場面あるいは日常の遊び場面での行動や表情の観察などによって測定される。実験場面での代表的な測度として，ミシェル（Mischel, 2014）が幼児を対象に行った満足遅延課題，通称「マシュマロ・テスト」がある。マシュマロ・テストでは，まず幼児にマシュマロを含む菓子のうち，どれが好きかを尋ねる。その後，実験者は幼児の好きな菓子（例：マシュマロ 1 個）を机の上に置いて退室するが，その際，実験者は「私が戻ってくるまで待つことができれば，より良い報酬（例：マシュマロ 2 個）をもらえる」ことを幼児に伝える。このような状況に直面した幼児がどれくらい満足を遅延できるのかを測定する課題である。ある実験では，待つための方略などを教えない場合，15 分以上我慢できた 4 歳児はいなかった。また別の実験では，我慢できた平均時間は幼児で 6 分 25 秒，小学 3 年生で 11 分 25 秒であった。特に年少の幼児にとっては，目の前の菓子を食べたい欲求を抑制することは困難なようであった。最近では，このような満足遅延には文化的な慣習も影響することも示されており，日本の幼児はマシュマロのような「食べ物」が報酬の場合は長く遅延できるが，玩具などの「プレゼント」が報酬の場合は遅延が困難になるようである（Yanaoka et al., 2022）。

　また，情動の自己制御に関わる別の課題として，期待外れのプレゼント課題（Cole, 1986; Josephs, 1994）がある。この課題では，複数のプレゼントのなかから幼児が最も欲しい物や欲しくない物を事前に尋ねておき，調査者は面接の最後に，幼児が最も欲しくない物をプレゼントする。その際に，幼児がどのような表情を表出し，どのように行動するかを観察する課題である。社会的な表示規則（例：プレゼントをくれた人の気持ちを考慮して，嫌な顔をしない）に沿って，自分の表情や行動を制御できるかを測定している。これまでの研究では，4 〜 5 歳頃までにはネガティブな表情や発言を抑制し，ポジティブな情動表出を行えること（Cole, 1986; Josephs, 1994）や，日本や中国の幼児はアメリカの幼児に比べてニュートラルな表情をすることが多いこと（Ip et al., 2021：4 章研究紹介を参照）などが示されている。

3　最新の動向——自己制御の発達の重要性とそれを育む要因

（1）幼児期の自己制御の発達と適応の関連

　幼児期の自己制御の能力は，同時期の適応と関連している。例えば，欧米の研究では，反社会的な行動（例：他者に対して攻撃する）が多い幼児は，認知的・情動的な自己制御課題の成績が低いことが示されている（e.g., Eisenberg et al., 2001; Hughes et al., 2000）。欧米と同様，日本の幼児を対象とした研究（Nakamichi, 2017）でも，認知的・情動的な自己制御課題の両方の遂行が低い場合にのみ，幼稚園・保育所での仲間関係に不和が生じやすいことが示されている。

　また近年，自己制御が注目された大きな理由は，幼児期の自己制御が後の適応に影響することが広く示されたことである。例えば，ニュージーランドで実施された大規模な縦断研究（Moffitt et al., 2011）では，乳児期から2～3年ごとに追跡調査を行い，幼少期の自己制御能力とその後の適応の関連を検討した。その結果，幼児期から児童期初期における自己制御能力の高かった人は，自己制御能力が低かった人と比べて，32歳時点での健康状態がよく，年収や社会経済的地位が高かった。また，前述のミシェルは，マシュマロ・テストを行った幼児を追跡調査した。その結果，幼児期のマシュマロ・テストで我慢できる時間の長さは，青年期や成人期のさまざまな認知的・社会的な能力や適応状態を予測した。例えば，幼児期に満足遅延した時間の長かった人は時間の短かった人と比べて，米国の大学進学適性試験（SAT）において平均で210点高かった（国語・数学で1600満点）。

　このような研究をはじめ，欧米の多くの研究が，幼児期の自己制御が後の適応に及ぼす影響を示している。日本でも，幼児期の自己制御が後の適応に及ぼす影響に関する研究が徐々に進められている。例えば筆者らの研究（Nakamichi et al., 2021）では，幼稚園の年長時点での認知的な自己制御（Cool-EF），情動的な自己制御（Hot-EF），心の理論（第7章参照），社会的な問題解決（特定の対人場面に適した行動を選択する能力）それぞれが，同時期や後の適応に及ぼす影響を検討している。その結果，幼児期の認知的・情動的な制御は，心の理論や社会的問題解決を介して，同時期の仲間関係の適応（仲間からの受容）を予測するとともに，小学校1年生時点での学業達成を直接的に予測した（図5-2）。さらに，それら幼児期の認知的・情動的な制御は，小学校4年生時点での学業達成や仲間関係の適応を予測した（Nakamichi, Nakamichi et al., 2022）。日本における自己制御の長期的な影響は検討されていないが，少なくとも，幼児期の認知的・情動的な制御能力はスクール・レディネスの1つになっている。

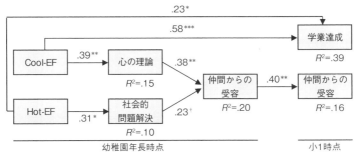

$^{†}p < .10, {}^{*}p < .05, {}^{**}p < .01, {}^{***}p < .001$

図5-2　幼児期の自己制御能力が小学校1年生時点の学校適応に及ぼす影響
(Nakamichi et al., 2021 をもとに作成)

（2）幼児期の自己制御を育む要因

　上記の研究をふまえると，「何が，幼児期の自己制御能力を育むのか」は大きな問いとなる。本項では，自己制御の発達に影響する要因として家庭・養育環境や教育・保育環境に関する知見を概観した後，特に日本の幼児教育・保育で重視している「遊び」や「仲間・教師との関係」に関わる最新の研究知見を概観する。

① 家庭・養育環境と自己制御

　家庭・養育環境に関する要因の1つとして，世帯収入などの家庭の社会経済的な状況（Socio-Economic Status: SES）が挙げられる。例えば米国では，家庭の SES が国勢調査局の貧困基準を下回る場合，家庭の SES が平均的な場合と比べて，幼児の抑制課題の成績が低いことが示されている（Noble et al., 2005）。しかし，この SES の影響は固定的ではなく，変動的である。同じ家庭でも SES が変化すれば，その家庭の幼児の課題成績も変化する（Hackman et al., 2015）。また，SES の影響は直接的というより，間接的なものである。家庭の SES の低さは，養育者の子どもに対する養育の質を低下させ，結果として，子どもの課題成績の低さをもたらす。つまり，家庭の SES は自己制御の発達に関わるリスクを査定する指標の1つとはなるが，それが決定的な原因ではないことに注意すべきであろう。

　また，別の要因として，養育態度が挙げられる。親の働きかけや養育態度と幼児の実行機能の関連に関する研究結果を概観すると，次のような養育態度・行動が幼児の実行機能の発達にポジティブに影響すると考えられる（e.g., Fay-Stammbach et al., 2014）：【1】子どもの反応への敏感性（例：子どもの要求に対して適切に，一

貫性をもって反応する）；【2】マインド・マインドネス（例：子どもや養育者自身の心の状態に言及する）；【3】課題に取り組む際の，子どもの主体性を重視した働きかけ（例：養育者がやるのではなくてヒントを与える，子どものペースに合わせて取り組む）；【4】取り組んでいる課題に対する子どもの注意を持続させる働きかけ，活動への注意が逸れた場合に再び注意を向けさせる働きかけ（例：活動に関して質問・コメントする，活動で使う事物への指差しや事物の手渡し）。

　これとは逆に，養育者が子どもへの過度に管理的で否定的な態度（例：子どもが望ましい行動をするまで話しかけない，身体的な罰を与える，子どもが煩わしいときに叱る）をとることが，抑制機能にネガティブな影響を持つようである（e.g., Olson et al., 2011; Roskam et al., 2014）。

② 教育・保育環境と自己制御

　いくつかの教育カリキュラムが，幼児の自己制御の発達に有効である可能性が示されている（Diamond & Lee, 2011）。そのなかには，伝統的な教育法の1つであるモンテッソーリ教育や，比較的新しい Tools of the Mind（ヴィゴツキーの考えに基づく，遊びを中心としたカリキュラム）などが含まれている。ダイアモンド（Diamond, 2012）は，それらの実行機能の発達を促しうるカリキュラムが以下のような特徴を含むことを指摘している：【1】実行機能を働かせるのを手助けし，より高いレベルへの挑戦を促している；【2】教室・保育室内でのストレスを減らしている；【3】人前での恥ずかしい思いを子どもにあまりさせない；【4】子どもの喜び，プライド，自信を培っている；【5】能動的で実用的な取り組みを行っている；【6】活動の進捗度合いの異なる子どもに余裕を持って対応している；【7】学業的能力の向上だけでなく，人格形成も重視している；【8】話し言葉を重視している；【9】子ども同士で教え合いをさせている；【10】社会的スキルや人との結び付きを育成している。

　このような欧米の知見はさらなる検証は必要ではあるものの，幼児の自己制御能力を育むために，実践者が自らの幼児教育・保育の内容を見直す上で，一定の示唆を与えている。しかし，教育制度は国によって異なる。例えば，日本の幼児教育・保育は，他国と比べて「子ども中心の関わり」や「環境設定」を重視する。保育所における「子ども中心の関わり」の多さ（Nakamichi, Takahashi et al., 2022）や，「環境設定」の質の高さ（中道ら，2022）は，日本の乳幼児の自己制御にポジティブに作用し，特に養育上のリスクを持つ子で，その効果が顕著なようである。幼児教育・保育環境の影響を検討する上では，その国の教育的な特徴をふまえることも重要となる。

③「遊び」「仲間・教師との関係」と自己制御

「子ども中心の関わり」や「環境設定」以外にも，国による幼児教育・保育の違いはいくつもある。日本の幼児教育・保育では，幼児の発達を促すために「幼児の自発的で主体的な遊び」や，「教師との信頼関係に支えられ，他の仲間と十分に関わって展開される生活」を重要視している（文部科学省，2018）。そこで本項では，「遊び」や「仲間・教師との関係」といった観点に沿って，幼児の自己制御に関わる最近の研究を概観する。

幼児期の遊びは多様なものだが，発達研究領域では 2010 年以降，幼児期のふり遊び・ごっこ遊び（以下，ふり遊び）への関心が高まっている。これまでの研究では，ふり遊びに関わる能力が実行機能と関連すること（Carlson et al., 2014; Hopkins et al., 2016）だけでなく，ふり遊びをすることが幼児の実行機能の発達を促す可能性が示されている（Thibodeau et al., 2016; Thibodeau-Nielsen et al., 2020a; White et al., 2021）。

例えば，シボドーら（Thibodeau et al., 2016）は，参加児を 3 群（空想的ふり遊び群，非想像的遊び群，統制群）に分け，それぞれの幼児の介入前・介入後の実行機能課題の遂行を比較した。空想的ふり遊び群では，幼児はテーマ（例：月に冒険に行き，宇宙生物と遭遇する）を与えられ，3 〜 6 名のグループで，そのテーマに沿った内容を自分たちで考え，ふり遊びを行った。この際，教師は幼児の主体性を重視した関わり方をした（例：求められたときだけ，手助けする）。非想像的遊び群では，幼児は実行機能をあまり必要としない活動（例：歌う，色塗り）を行った。統制群では，幼児は特別な活動ではなく，通常の活動を行った。介入前の課題遂行を考慮した分析の結果，空想的ふり遊び群の幼児は，非想像的遊び群と比べて，ワーキングメモリなどに関する実行機能課題の遂行が良かった。この結果は，現実とは異なるふりの設定を計画し，その設定に基づきながら活動したことや，自分とは異なる他の役割を経験すること（研究紹介参照）などによってもたらされたと考えられる。

加えて，幼児のふり遊びの経験は，家庭・養育環境上のリスクが自己制御に及ぼすネガティブな影響を調整するようである。シボドーらの別の研究（Thibodeau-Nielsen et al., 2020b）では，就学前施設での幼児のふり遊びへの関与の度合いと，家庭・養育環境のリスク（家庭収入の低さ，親の教育歴の低さ，親の抑うつ，ひとり親家庭など）が，実行機能の発達に及ぼす影響を縦断的に検討した。その結果，全体的に幼児期のふり遊びへの関与の多さは，2 年後の小学校 1 年生時点の実行機能課題の遂行の良さを予測した。また，幼児期にふり遊びへの関与が多かった子では，養育上のリスクの高低は後の実行機能課題の遂行に影響しないが，ふり遊びへ

研究紹介	「バットマン効果」──幼児の粘り強さを向上するもの

White et al. (2017)

　ヒトが何かを達成するためには，目標に向かって行動を持続する粘り強さが必要である。青年や成人を対象とした研究は，外部の視点で客観的に自分の状態を評価し，自分自身から心理的な距離を取ること（＝セルフディスタンス）が自己制御を促す可能性を示している。この研究では，セルフディスタンスの効果として，模範的なヒーローのふりをすることが幼児の粘り強さに与える影響を調べた。

　方法：4歳児と6歳児（180名）に，「これは重要な作業であり，もしあなたができる限り頑張ってくれたら，とても助かります」と説明し，退屈な作業（ボタンを押す単純な作業）を頑張ることを求めた。課題中，幼児の近くには魅力的なゲームがあり，幼児はいつでも作業を休憩してゲームで遊ぶことができる状況であった。セルフディスタンスの効果を調べるため，子どもたちを3つの条件に振り分けた。一人称条件では，幼児に「私は一生懸命頑張っているか」と課題中の自分の状態を内省させた。自己との心理的な距離がやや大きい三人称条件では，子ども自身の名前を使い「○○は一生懸命頑張っているか」と内省させた。自己との心理的な距離が最も大きいふり（Exemplar）条件では，粘り強い模範的なヒーロー（例：バットマン）の衣装を身につけ，「バットマンは一生懸命頑張っているか」と内省させた。粘り強さとして，幼児が10分間のうち退屈な作業に費やした時間を測定した。

　結果：4歳児は平均28.15％の時間を作業に費やしたのに対し，6歳児は平均45.87％の時間を作業に費やし，より長く退屈な作業に取り組んだ。重要なことは，いずれの年齢でも，ふり（Exemplar）条件の幼児は，一人称条件よりも長く退屈な作業に取り組んだ（図）。そして，自己との心理的な距離が大きくなるほど，幼児はゲームの誘惑に耐え，退屈な作業をより長く頑張ることができた。

　考察：模範的なヒーローになりきって自分の状態を内省することで，幼児は粘り強さを発揮することができた。この結果は，自分自身が直面している状況や感情状態からより大きな心理的な距離を取ることが，幼児の自己制御を促す可能性を示している。

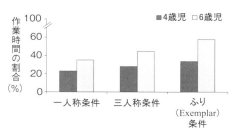

図　幼児が退屈な作業に費やした時間の割合
（White et al., 2017 をもとに作成）

の関与が少ない子では，養育上のリスクが高い家庭の出身である場合に，実行機能
課題の遂行が低かった。これらのふり遊びの効果に関する研究結果は，日本の幼児
教育・保育が「幼児の遊び」を重視することへのエビデンスを提供するものといえ
よう。

　また，幼児は 1 人ではなく，同年代の仲間と一緒に遊ぶことも多い。この同年代
の仲間が同じ場にいて自分の行動を見ている場合（Engelmann et al., 2012）はもち
ろんのこと，その場にいない仲間が自分の行動を知りうるかどうか（Ma et al.,
2020）や，「自分の所属する集団の仲間がどのように行動するか」といった集団規範
（Doebel & Munakata, 2018; Munakata et al., 2020）も，幼児の自己制御的な行動に
影響する。例えば，ある研究（Doebel & Munakata, 2018）では，参加児を特定の
グループに振り分け，同じグループの仲間（内集団）の以前の行動（満足遅延課題
で「仲間は皆，待っていた（遅延報酬を選択した）」あるいは「仲間は皆，待ってい
なかった（即時報酬を選択した）」）を参加児に伝えた後，実際に満足遅延課題を行
った。その結果，「仲間は皆，待っていた」と伝えられた幼児は，対照群と比べて，
より長い時間，満足を遅延することができ，特にその傾向はグループの仲間への同
一化傾向の強い幼児で見られた。このように，一緒に遊ぶ同年代の仲間や仲間集団
の存在は，幼児が適切な自己制御を行うための外在的な要因の役割も果たしている
ようである。

　さらに，このような仲間との遊びを通して，あるいは保育者・教師との関わりを
通して培われる「他者への信頼感」が，幼児期の自己制御を支える重要な要因の 1
つとなっている。例えば，満足遅延課題において，実験者が約束を破りそうな信頼
できない人物の場合より，実験者が約束を守りそうな信頼できる人物の場合に，幼
児はより長い時間，満足を遅延できる（Kidd et al., 2013; Michaelson & Munakata,
2016）。また，前述のミシェルの縦断研究の結果に対する追試研究の 1 つ
（Michaelson & Munakata, 2020）では，満足遅延課題で長く遅延できる幼児は，他
者のことをより信頼し，他者との関係が良好であるため，結果として後の適応がよ
くなる可能性が示されている。

　このように，近年の研究では，日本の幼児教育・保育が重要視している事柄を支
持するエビデンスが得られてきている。しかしながら，多くの研究は欧米圏の幼児
を対象としている。そのため，これらの研究知見が日本の幼児にも適用できるかは
いまだ不明確であり，さらなる検討が必要である。

4　まとめと今後の展望——日本国内での研究の必要性

　自己制御は，この社会で適応的に生活していくために必要な能力の1つである。この自己制御の能力は幼児期を通して発達し，この時期に自己制御が適切に発達することは，後の長期的な適応に大きく影響している。また，この幼児期の自己制御能の発達には，幼児自身の特性だけでなく，家庭での養育や幼稚園などでの教育・保育といった環境要因が相互に絡まり合っている。

　本章では，この幼児期の自己制御の発達に関する研究知見を概観した。重要な領域であるにもかかわらず，全体的に日本での研究は少ない。そのため，今後の研究の展望の1つは，まずは日本の幼児を対象とした研究を進めることである。特に，これまでの縦断研究では，アウトカムとして学業達成などの認知的な要因が取り上げられることが多かったことをふまえると，幼児期の自己制御と，学齢期の社会的な適応（友人関係の適応，など）との関連に注目することも重要な課題となろう。

　また別の課題は，どのような幼児教育・保育，どのような幼児の活動が，幼児期の自己制御の発達を支えるのかを明らかにすることである。幼児教育・保育の制度や内容は，国によって異なっている。それにもかかわらず，幼児教育・保育や幼児の活動の影響に関する検討は，日本国内ではほとんどなされていない。乳幼児の健やかな発達やその後の適応を支えるためにも，さらなる研究が求められている。

参考図書

ウォルター・ミシェル（著）柴田裕之（訳）（2015）．マシュマロ・テスト——成功する子・しない子—— 早川書房
　実行機能の発達やさまざまな適応との関連，さらに教育的・臨床的応用までを幅広く解説している。

マイケル・I・ポズナー，メアリー・K・ロスバート（著）無藤　隆（監修）近藤隆文（訳）（2012）．脳を教育する　青灯社
　エフォートフル・コントロールの発達やさまざまな適応との関連，さらに教育的・臨床的応用までを幅広く解説している。

引用文献

Blair, C., & Raver, C. C. (2015). School readiness and self-regulation: A developmental psychobiological approach. *Annual Review of Psychology, 66*, 711-731.

Carlson, S. M. (2005). Developmentally sensitive measures of executive function in preschool children. *Developmental Neuropsychology, 28*, 595-616.

Carlson, S. M., White, R. E., & Davis-Unger, A. C. (2014). Evidence for a relation between executive function and pretense representation in preschool children. *Cognitive Development, 29*, 1-16.

Cole, P. M. (1986). Children's spontaneous control of facial expression. *Child Development, 57*, 1309-1321.

Diamond, A. (2012). Activities and programs that improve children's executive functions. *Current Directions in Psychological Science, 21*, 335-341.

Diamond, A. (2013). Executive functions. *Annual Review of Psychology, 64*, 135-168.

Diamond, A., & Lee, K. (2011). Interventions shown to aid executive function development in children 4 to 12 years old. *Science, 333*, 959-964.

Doebel, S., & Munakata, Y. (2018). Group influences on engaging self-control: Children delay gratification and value it more when their in-group delays and their out-group doesn't. *Psychological Science, 29*, 738-748.

Eisenberg, N., Cumberland, A., Spinrad, T. L., Fabes, R. A., Shepard, S. A., Reiser, M., et al. (2001). The relations of regulation and emotionality to children's externalizing and internalizing problem behavior. *Child Development, 72*, 1112-1134.

Engelmann, J. M., Herrmann, E., & Tomasello, M. (2012). Five-year olds, but not chimpanzees, attempt to manage their reputations. *Plos One, 7*, e48433.

Fay-Stammbach, T., Hawes, D. J., & Meredith, P. (2014). Parenting influences on executive function in early childhood: A review. *Child Development Perspectives, 8*, 258-264.

Hackman, D. A., Gallop, R., Evans, G. W., & Farah, M. J. (2015). Socioeconomic status and executive function: Developmental trajectories and mediation. *Developmental Sciences, 18*, 686-702.

Hopkins, E. J., Smith, E. D., Weisberg, D. S., & Lillard, A. S. (2016). The development of substitute object pretense: The differential importance of form and function. *Journal of Cognition and Development, 17*, 197-220.

Hughes, C., White, A., Sharpen, J., & Dunn, J. (2000). Antisocial, angry, and unsympathetic: "Hard-to-manage" preschoolers' peer problems and possible cognitive influences. *Journal of Child Psychology and Psychiatry, 41*, 169-179.

Ip, K. I., Miller, A. L., Karasawa, M., Hirabayashi, H., Kazama, M., Wang, L., et al. (2021). Emotion expression and regulation in three cultures: Chinese, Japanese, and American preschoolers' reactions to disappointment. *Journal of Experimental Child Psychology, 201*.

伊藤順子・丸山愛子・山崎　晃（1999）．幼児の自己制御認知タイプと向社会的行動の関連　教育心理学研究，*47*, 160-169.

Josephs, I. E. (1994). Display rule behavior and understanding in preschool children. *Journal of Nonverbal Behavior, 18*, 301-326.

柏木惠子（1988）．幼児期における「自己」の発達——行動の自己制御機能を中心に——　東京大学出版会

風間みどり・平林秀美・唐澤真弓・Tardif, T.・Olson, S.（2013）．日本の母親のあいまいな養育態度と4歳の子どもの他者理解——日米比較からの検討——　発達心理学研究，*24*, 126-138.

Kidd, C., Palmeri, H., & Aslin, R. N. (2013). Rational snaking: Young children's decision-making on the marshmallow task is moderated by beliefs about environmental reliability. *Cognition, 126*, 109-114.

Kopp, C. B. (1982). Antecedents of self-regulation: A developmental perspective. *Developmental Psychology, 18*, 199-214.

Luria, A. R. (1961). *The role of speech in the regulation of normal and abnormal behavior.* Oxford: Pergamon.（松野　豊・関口　昇（訳）（1969）．言語と精神発達　明治図書）

Ma, F., Zeng, D., Xu, F. Compton, B. J., & Heyman, G. D. (2020). Delay of gratification as reputation management. *Psychological Science, 31*, 1174-1182.

Michaelson, L. E., & Munakata, Y. (2016). Trust matters: Seeing how an adult treats another person influences preschoolers' willingness to delay gratification. *Developmental Science, 19*, 1011-1019.

Michaelson, L. E., & Munakata, Y. (2020). Same data set, different conclusions: Preschool delay of gratification predicts later behavioral outcomes in a preregistered study. *Psychological Science, 31*, 183-201.

Mischel, W. (2014). *The marshmallow test: Understanding self-control and how to master it*. Great Britain: Bantam Press.（柴田裕之（訳）（2015）．マシュマロ・テスト——成功する子・しない子——　早川書房）

Moffitt, T. E., Arseneault, L., Belsky, D., Dickson, N., Hancox, R. J., Harrington, H., et al. (2011). A gradient of childhood self-control predicts health, wealth, and public safety. *Proceedings of the National Academy of Sciences, 108*, 2693-2698.

文部科学省（2018）．幼稚園教育要領解説　フレーベル館

森口佑介（2015）．実行機能の初期発達，脳内機構およびその支援　心理学評論, *58*, 77-88.

Moriguchi, Y., Evans, A. D., Hiraki, K., Itakura, S., & Lee, K. (2012). Cultural differences in the development of cognitive shifting: East-West comparison. *Journal of Experimental Child Psychology, 111*, 156-163.

Munakata, Y., Yanaoka, K., Doebel, S., Guild, R. M., Michaelson, L. E., & Saito, S. (2020). Group influences on children's delay of gratification: Testing the roles of culture and personal connections. *Collabra: Psychology, 6*, 1.

中道圭人（2013）．父親・母親の養育態度が幼児の自己制御に及ぼす影響　静岡大学教育学部研究報告（人文・社会・自然科学篇）, *63*, 109-121.

Nakamichi, K. (2017). Differences in young children's peer preference by inhibitory control and emotion regulation. *Psychological Reports, 120*, 805-823.

Nakamichi, K., Nakamichi, N., & Nakazawa, J. (2021). Preschool social-emotional competencies predict school adjustment in Grade 1. *Early Child Development and Care, 191*, 159-172.

中道圭人・砂上史子・髙橋実里・岩田美保（2022）．保育所における「環境設定の質」が1-2歳児の社会情動的能力に及ぼす影響　保育学研究, *60*, 45-56.

Nakamichi, K., Takahashi, M., Sunagami, F., & Iwata, M. (2022). The relationship between child-centered teaching attitudes in childcare centers and the socio-emotional development of Japanese toddlers. *Early Childhood Research Quarterly, 59*, 162-171.

Nakamichi, N., Nakamichi, K., & Nakazawa, J. (2022). Examining the indirect effects of kindergarteners' executive functions on their academic achievement in the middle grades of elementary school. *Early Child Development and Care, 192*, 1547-1560.

西野泰広（1990）．幼児の自己制御機能と母親のしつけタイプ　発達心理学研究, *1*, 49-58.

Noble, K. G., Norman, M. F., & Farah, M. J. (2005). Neurocognitive correlates o socioeconomic status in kindergarten children. *Developmental Science, 8*, 74-87.

大内晶子・長尾仁美・櫻井茂男（2008）．幼児の自己制御機能尺度の検討——社会的スキル・問題行動との関係を中心に——　教育心理学研究, *56*, 414-425.

Olson, S. L., Tardif, T. Z., Miller, A., Felt, B., Grabell, A. S., Kessler, D. et al. (2011). Inhibitory control and harsh discipline as predictors of externalizing problems in young children: A comparative study of U.S., Chinese, and Japanese preschoolers. *Journal of Abnormal Child Psychology, 39*, 1163-1175.

Posner, M. I., & Rothbart, M. K. (2007). *Educating the human brain*. Washington, DC: APA.（無藤　隆（監修）近藤隆文（訳）（2012）．脳を教育する　青灯社）

Roskam, I., Stievenart, M., Meunier, J. C., & Noël, M. P. (2014). The development of children's inhibition: Does parenting matter? *Journal of Experimental Child Psychology, 122*, 166-182.

鈴木亜由美（2005）．幼児の対人場面における自己調整機能の発達——実験課題と仮想課題を用いた自己抑制行動と自己主張行動の検討——　発達心理学研究, *16*, 193-202.

Thibodeau, R. B., Gilpin, A. T., Brown, M. M., & Meyer, B. A. (2016). The effects of fantastical pretend-play on the development of executive functions: An intervention study. *Journal of Experimental Child Psychology, 145*, 120-138.

Thibodeau-Nielsen, R. B., Gilpin, A. T., Nancarrow, A. F., Pierucci, J. M., & Brown, M. M. (2020a). Fantastical pretense's effects on executive function in a diverse sample of preschoolers. *Journal of Applied Developmental Psychology, 68*, 101137.

Thibodeau-Nielsen, R. B., Gilpin, A. T., Palermo, F., Nancarrow, A. F., Farrell, C. B., Turley, D., et al. (2020b). Pretend play as a protective factor for developing executive functions among children living in poverty. *Cognitive Development, 56*, 100964.

White, R. E., Prager, E. O., Schaefer, C., Kross, E., Duckworth, A. L., & Carlson, S. M. (2017). The "Batman effect": Improving perseverance in young children. *Child Development, 88*, 1563-1571.

White, R. E., Thibodeau-Nielsen, R. B., Palermo, F., & Mikulski, A. M. (2021). Engagement in social pretend play predicts preschoolers' executive function gains across the school year. *Early Childhood Research Quarterly, 56*, 103-113.

Yanaoka, K., Michaelson, L. E., Guild, R. M., Dostart, G., Yonehiro, J., Saito, S., & Munakata, Y. (2022). Cultures crossing: The power of habit in delaying gratification. *Psychological Science, 33*, 1172-1181.

Zelazo, P. D., Anderson, J. E., Richler, J., Wallner-Allen, K., Beaumont, J. L., & Weintraub, S. (2013). NIH Toolbox Cognition Battery (CB): Measuring executive function and attention. *Monographs of the Society for Research in Child Development, 78*(4), 16-33.

第6章　自　己

1　「自己」研究の概要

　社会は自己と他者がいることで成り立っている。社会性の発達心理学とは，自己の発達心理学でもあり，自己と他者との関わりの発達心理学でもあるだろう。本章は，自己がどのように発達していくのかに関して，まずは代表的な理論を紹介し，自己の主体的側面と客体的側面について解説する。次に最新の動向として，鏡に映った自己の認知と時間的拡張的自己について取り上げる。自己と鏡との関係においても，時間的な流れの中で自己を捉える上でも，それらの自己認知には他者の視点を理解することが重要な意味を持つ。特にそれらの自己認知過程における困惑や戸惑いにも焦点を当て，自己と他者について考えていきたい。

2　これまでの研究の流れ——自己とは何か

（1）IとMe

　自己の代表的な理論として，ジェームズの理論を挙げる。ジェームズ（James, 1890）は，I（主我）とMe（客我）の2つの側面から自己を捉えている。Iとは，自己の主体的側面であり，経験や行為の主体としての自己である。Meとは，自己の客体的側面であり，「人が自らのものと呼びうるものすべての総和」と仮定されており，物質的自己（physical me），社会的自己（social me），精神的自己（spiritual me）の3つの構成要素に分類される。このように自己をIとMeに分けて二分法的に捉えることは，現在でも基本的な考え方として踏襲されている。しかし100年以上前と現代では，乳児の持つ多様な能力への理解がかなり異なっている。ジェームズの時代は，新生児は混沌とした世界に生きているとみなされていたが，発達心理学や認知科学の発展に伴い，近年は乳児が自己と非自己（環境）を区別して知覚で

きることがわかっている。以下では，近年の代表的な理論をいくつか紹介する（表6-1）。

　認知科学的な立場から，ナイサー（Neisser, 1988）は，5つの自己を仮定している。生態学的自己（ecological self）と対人的自己（interpersonal self）は，ギブソンの生態学的アプローチ（Gibson, 1966）に基づいて物理的環境および対人的環境の中で直接知覚される自己の感覚を表している。ジェームズのIを環境や人との相互交渉を通して位置づけられた自己として捉えたものである。一方，概念的自己（conceptual self），時間的拡張自己（temporally extended self），私的自己（private self）は，想起や内省を伴う自己であり，ジェームズのMeに相当するものといえる。

　哲学者のギャラガー（Gallagher, 2000）は，主観的な経験に伴う前反省的な気づきとしての最小の自己（minimal self）と，過去の記憶や未来への展望から構成される時間的な連続性を持つ物語的自己（narrative self）に二分している。またロシャ（Rochat, 2013, 2018）も，最小の自己（minimal self）を仮定しており，さらに，客体化された自己（objectified self），人格化された自己（personified self）を含む3つの基本的なレベルに分類している。次項では，主体的側面（I）と客体的側面（Me）に分けて，それぞれの具体的な内容について，乳児を対象とした実験や観察から明らかになった姿と関連付けながら解説する。

（2）最小の自己

　心についての哲学と認知科学の対話が進み，特に自己の主体感の捉え方において理論的な深まりが進んでいる。ギャラガー（Gallagher, 2000）は，最小の自己として，所有感（sense of self-ownership）と運動主体感（sense of self-agency）を仮定している。所有感は「ある経験をしているのが私であるという感じ」であり，運動

表6-1　自己に関する理論

	I　主体的側面	Me　客体的側面
ジェームズ (James, 1890)		物質的自己（physical me） 社会的自己（social me） 精神的自己（spiritual me）
ナイサー (Neisser, 1988)	生態学的自己（ecological self） 対人的自己（interpersonal self）	概念的自己（conceptual self） 時間的拡張自己（temporally extended self） 私的自己（private self）
ロシャ (Rochat, 2013)	最小の自己（minimal self）	客体化された自己（objectified self） 人格化された自己（personified self）
ギャラガー (Gallagher, 2000)	最小の自己（minimal self）	物語的自己（narrative self）

主体感は「ある行為を引き起こしているのが私であるという感じ」のことを意味する。

　では最小の自己としてのこれらの感覚はいつから存在するのであろうか。ロシャ（Rochat, 2013, 2018）は，乳児は誕生時から，世界の他の実体の中で，区別され，実在し，（世界に影響を引き起こす）主体であり，空間に位置づけられた実体であるという暗黙の自己の感覚を持っていると仮定している。

　環境と自分を区別していることは，二重感覚を用いて調べられている。自分で自分の身体に触れることは，触れると触れられるを同時に感じる（二重感覚）という特徴を持つ。一方，他者が触れたときは，触れられる感覚しか生じない。これらを区別できることは，世界にある他の実体と自分の身体を区別しているといえるのである。新生児は自分の手で頬に触れたときよりも，他者の指が頬に触れたときのほうが，頭や口を向けてよりルーティング（口唇探索）をすることが示されている（Rochat & Hespos, 1997）。この結果から，新生児でも他のものと自分の身体を区別していると考えられる。また 2 ～ 11 週の新生児は，迫ってくる物体の影が衝突しそうなときは，頭をよけ，避ける行動をとるが，物体の影が後退したり衝突しないときは避けないこと（Ball & Tronick, 1971），生後 4 ヵ月になると手の届く範囲にある物体に手を伸ばし始めるが，物体が大きすぎてつかめないか，わずかに手の届かないところにあると，手を伸ばさない傾向があること（Rochat et al., 1999）が示されている。

　これらの観察結果は，乳児が空間を占める実質的な存在であり，他の移動物体にとって潜在的な障害物であることを暗黙のうちに経験していること，そして世界に影響を引き起こす主体であるという暗黙の感覚を持っていることを示している（Rochat, 2018）。

（3）自己の客体的側面

　自己の客体的な理解として，18 ヵ月頃に鏡に映った自己の姿を自分と認知できることが 1 つの通過点として捉えられている。しかしこの時期に急に客体的な視点が生じるわけではない。鏡像の自己認知よりも以前に，例えば，顔への選好，社会的微笑，スティルフェイスへの反応，第一次間主観性，さらに共同注意や社会的参照といった第二次間主観性などの他者との関わりの中で見られるさまざまな特徴は，最小の自己で述べた暗黙的な自己認識から，対象化された自己認識への移行の前兆として想定されている（Rochat, 2018）。これらは，本書の各章で取り上げられており，社会性の発達の基盤となるものである。つまり自己の客体的側面の理解は，他者との関わりの中で発達することを示しているだろう。

　ナイサーの概念的自己や時間拡張的自己，ギャラガーの物語的自己，ロシャの人格化された自己は，想起や内省を伴う自己であり，言語や記憶の発達が重要な役割を果たす。自伝的記憶が形成され，心的語彙や人格形容詞の使用などが可能になり，また自分自身について言葉で語ることができるようになると，子どもが自分自身についてどのように捉えているのかを，「あなたはどんな子？」と問うインタビューや親子の日常的な会話を通して捉えることができるようになる。これまでにいくつかの研究で，幼児期から青年期にかけての自己概念の発達的変化が明らかになっている（Damon & Hart, 1985; Harter, 1999; 佐久間，2004）。さらに過去から未来にかけての時間的な流れを自覚的に理解できることで，時間拡張的自己が形成され，自己の歴史性や独自性を理解することにつながる。

　このように自己をどの側面から捉えるかによってさまざまな研究課題が想定されるが，本章ではこれら自己の多様な特徴をすべて扱うことは難しい。そこで以下では自己の客体化の重要なポイントとなる，鏡に映った自己に対する認知と時間的拡張自己に焦点を当て，最新の動向をふまえ，自己認知とそこに関わる他者の存在を含め，説明していきたい。

3 最新の動向——鏡と時間から自己を探る

（1）鏡に映った自己の認知の発達

① マークテストと鏡の特性

　客体的自己の理解を調べる代表的な課題として，マークテストが挙げられる。このテストでは，子どもに気づかれないように鼻の頭に印を付けて，子どもに鏡を見せる。そのときに，自分の鼻の頭についている印を触ったら，鏡像を自己と認知していると判断する。頭にシールやポストイットを付けて，それを剥がすかどうかを見るものもある。これまでにヒト以外の動物（チンパンジーなど）も含め数多くの研究がなされている（Gallup, 1970; Amsterdam, 1972; Lewis & Brooks-Gunn, 1979; Zazzo, 1993）。

　では客体的自己の理解に鏡が用いられるのはなぜだろうか。鏡に映る自分は自分自身の像であるが，自分の視点から見た自己ではない。見るという行為において，私たちは自分の手を見ることはできるが，目が顔にあるという位置関係から，顔自体を見ることはできない。鏡に映っている自分の顔は，自分の視点から見た自分自身ではなく，他者の視点から見た自己の姿である。鏡像が自分であると判断できるのは，他者から見た自己，すなわち客体的自己の理解を意味するのである。

　また鏡というのは特殊な性質を持つ。鏡に映った像は，私が動くと同じように動き，手を伸ばすと同じように伸ばす。同期・同調が完全であり時間的なずれがない（田中，2017）。この完全な随伴性は，鏡像を他者ではなく，自分であると認知する上で非常に重要な要素である。

② 鏡像認知の発達過程

　子どもは18ヵ月を過ぎる頃に鏡像の自己認知ができるようになるが，どのような過程を経て，理解できるようになるのだろうか。アムステルダム（Amsterdam, 1972）は，生後3～24ヵ月の幼児88名を対象に，鏡の前での行動を観察し，子どもの反応の変化を明らかにしている。生後6～12ヵ月頃まで，鏡像に対して笑いかけたり，ほおずりをしたり，鏡像が「遊び相手」のような反応を見せる。この段階では，鏡像を他者とみなしていると考えられる。その後，鏡の後ろに周り，鏡像の性質を確かめようとする行動が出現する。次に警戒や回避，困惑した様子が見られ，これらの忌避反応は，生後20ヵ月以降は75％の参加者に見られる。そして生後20～24ヵ月には，65％の参加者が鏡像の認知を示すようになる。同様に，ザゾ（Zazzo, 1993）も自己像の発見につながる目安となる反応が，同じ順序で生じることを明らかにしている。また鏡像を自己と認知できていることを示す行動が見られる前に，鏡の前で身動きしなくなったり，困ったような表情をしたりといった忌避反応が，3～5ヵ月続くことを明らかにしている。

　さらに客体的な自己の理解をはかるマークテストを，今，目の前の自己像だけでなく，過去の録画映像を用いて検討した研究（遅延自己映像認知課題）も行われている（Povinelli et al., 1996）。子どもに気づかれないように頭にシールを貼り，その様子をビデオで録画し，3分後にその録画映像を見せたところ，3分前の映像を見て，頭に付いたシールを取ろうとする子どもは，2, 3歳では少なく，4歳になって増加することが明らかになった。この結果から過去の映像と現在の自己を結びつけ，時間的一貫性を持って自己を認知すること，すなわち時間的拡張的自己は，4歳頃に可能になることが明らかになっている（木下，2001）。

③ 鏡像を認知するとは

　これらの発達的変化をふまえ，自己の鏡像を自分であると認知することの意味を再考してみたい。鏡像は，1歳頃までは他者として認識されているようである。この状況は，他の動物では鏡像に対して威嚇をするような状況と同様だと考えられる。その後，非常に興味深いことに，困惑や回避などの忌避反応が示される。おそらくこのときには，鏡像が普通の他者ではないことに気づいているのではないだろうか。

鏡は自らの動きと同期しており，完全な随伴性を持つが，これは普通の他者ではありえないことである。他者とのやりとりにおいては，他者から働きかけられるという経験が生じるが，鏡像から先に働きかけられたり，鏡像がこちらの働きかけに答えたりすることはない。このような時期において，鏡像は「どんな他者とも違う奇妙な他者（Zazzo, 1993/1999）」であり，「他者でも自己でもないどっちつかずの状況（田中，2017）」が生じていると考えられる。忌避反応が生じる背景として，このような奇妙な状況が関連しているといえるだろう。

　ロシャとザハヴィ（Rochat & Zahavi, 2011）は，鏡の不気味さ（uncanny）について論考をまとめ，哲学者のメルロ＝ポンティ（Merleau-Ponty, 1964）が指摘したように，鏡の自己体験は深遠に疎外された自己体験であり，一種の「不気味な」体外離脱体験であると述べている。鏡の体験は普遍的に不安なものであり，他者から見た自己の客体化は，少なくとも人間においては恐怖と不安の源であること，他者から見られているという意識は，恥や照れ，そして誇りや傲慢さといった社会的気まずさ（social awkwardness）の普遍的原因であると述べている。

　自閉症児を対象とした研究からも，鏡像認知が自己理解だけでなく，他者の視点や他者の存在の理解に関連していることが示されている。例えば自閉症児が鏡像認知テストに合格するものの，照れや恥ずかしさを示さないこと（Hobson, 2002），鏡像を見た際に，笑顔消失，エコラリア消失，鏡回避行動などの戸惑い反応を示す自閉症児はいるが，それを他者に伝える行動が伴っていなかったこと（別府，2000）が示されている。

　さらに，チンパンジーを対象とした隔離実験によると，他者との関わりを絶たれた状態で育てられると，通常自己鏡像認知ができるような年齢に達しても，鏡像を認知できるようにならないが，鏡がない状況でも他者との関わりのある社会的環境で育てられたのであれば，自己鏡像認知はできるようになることが示されている（Gallup, 1977）。これらから，他者という存在が，自己の客体的側面の理解には不可欠であり，自己理解の発達のメカニズムを明らかにすることは，必然的に他者理解の発達を検討することを含むと考えられる。

④ 鏡像認知と関連する要因

　鏡像認知が可能となる 18 ～ 24 ヵ月は，言語，感情表出，他者との相互作用などさまざまな側面が発達する時期であり，自己鏡像認知と関連する要因についても検討がなされている。例えば，自己鏡像認知ができる子どものほうができない子どもより，一人称主語の使用頻度が高く，実験室での自由遊び場面で他者と関わるふり遊びの頻度が高いことが明らかになっている（Lewis & Ramsay, 2004）。

また，鏡像認知と関連 ZA する情動として，人に注目されて照れくさい，恥ずかしいなどの自己意識的情動が挙げられる。鏡像自己認知の成立が照れの表出と関連があることが示されている（Lewis et al., 1989）（第 4 章 2 節 (2) 参照）。

さらに，鏡像認知は，共感的に動機づけられた向社会的行動と関連することも示されている（Bischof-Köhler, 2012）。悲しんでいる他者に対して，鏡像自己認知なし群では，慰める行動は見られず，無視する子どもが多かったが，鏡像自己認知あり群では，慰める行動をとる子どもが多かった。この結果は対象児の月齢を統制しても見られたことが報告されており，鏡像自己認知が向社会的行動の生起に重要な役割を果たすことが示唆されている。

近年，鏡像自己認知課題において，自己像に気づくということだけでなく，鼻についたマークを取り除くことの意味についても検討されている。特に取り除く動機づけについて，その社会文化的要因が検討されている。加えて客体的自己の理解そのものに，地域や文化による差違が見られるのかについても，さまざまな研究が行われており，議論が続いている（研究紹介参照）。

(2) 時間的な連続性の中で自己の理解

これまで時間と自己に関しては，エピソード記憶や自伝的記憶といった自分の過去に経験した記憶に関する研究（Nelson, 1992; Fivush, 2010, 2019; Tulving, 1983; Uehara, 2015）がなされてきた。また過去から現在，そして未来に続く連続的な時間の流れの中で自己をどのように捉えているのか，すなわち時間的拡張自己に関して，日常生活場面での語りの詳細な日誌記録を通じて，その発達過程が明らかにされている（坂上，2012; 麻生，2020ab）。以下では，坂上（2012）による母親と息子 A との語りの事例（表 6-2）を参照しながら，時間的拡張自己の発達を説明する。

① 過去とつながる自己

子どもは自分が経験した過去の出来事をどのように語るのだろうか。上原（Uehara, 2015）は，乳幼児期の自伝的記憶に関して，9 名の対象児に対するインタビューや親による報告などの縦断的調査を用いて，1) 子どもが過去時制を用いてエピソード的な記憶を報告し始める年齢（1 歳 10 ヵ月～3 歳 4 ヵ月），2) 過去の出来事を言葉で再認し始める年齢（3 歳 1 ヵ月～4 歳 0 ヵ月），3) 記憶に関わる動詞を自発的に使い始める年齢（3 歳 5 ヵ月～4 歳 4 ヵ月）という 3 つの言語認知的通過点を明らかにしている。

1) 過去時制を用いた経験の報告に関しては，坂上（2012）による親子の語り（表6-2 事例①参照）においても，今日保育園であったことを語るというように，1 歳

研究紹介 マークテストでシールを剥がさないのはなぜか
Rochat et al. (2012)

問題：欧米の子どもは，18〜24ヵ月にかけて鏡像自己認知の兆候を示し，これが客体的な自己理解の形成の指標と捉えられている。このような兆候には，鏡を見ながら，マークを触ったり，剥がしたりする自己志向行動が含まれる。さまざまな国で簡略化した古典的なマークテストを行った研究によると (Broesch et al., 2011)，ケニア，フィジー，セントルシア，グレナダ，ペルーの子どもたちは，アメリカ都市部やカナダ農村部の子どもたちの大部分に見られるマークに対する自発的な自己志向的行動が著しく少ないことが示されている。子どもたちは，大人によってつけられたマークに触れないことで，いわば大人に従う姿勢を示したと考察されている。そしてこれらの結果は，マークテストの意味に異文化間の違いがあることを示唆しており，マークテストの不合格が偽陰性である可能性も示唆している。そこでロシャら（Rochat et al., 2012）は，マークを取り除く動機を検討するために，2つの異なる条件下で実験を行った。

方法：アメリカの都市部の幼児86名（14〜52ヵ月）を対象に，子どもが鏡を見る前に，①子どもだけに印が付けられた条件（古典的条件）と，②子ども，実験者，同伴する親に印が付けられた（規範条件）でマークテストを行った。大人のマークは子どもが目をそらしている間に付けられた。

結果と考察：どちらの条件でも，子どもは，ほぼ同じ割合でテストに合格し，その割合は年齢に応じて同じように増加した。古典条件ではテストに合格した子どもたちは，すぐにマークをはがしたが，規範条件では，マークテストに合格した69%がマークを剥がさずに触ったり，触ってもすぐに前髪に戻したりして，ためらいを示した。この結果は，マークテストに合格した子どもは，鏡に映った自分を，身体化された自己の観点からだけでなく，他者がどのように知覚し評価するかという観点からも解釈できること，すなわち鏡像自己認知がはじめから社会的認知を伴うことを示唆している。

さらなる研究：Cebioğlu & Broesch (2021) は，カナダ都市部とバヌアツの農村部という2つの異なる社会文化的背景を持つ幼児57名 (18〜22ヵ月) にマークテストを行った。あわせて体（膝）についたシールを取り除く課題も行った。その結果，全員が膝についたシールを剥がすことはできたが，バヌアツ人幼児のマークテストの合格率は7%であり，

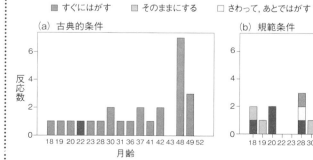
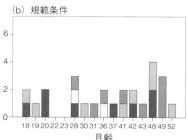

図　条件ごとの月齢と子どもの反応

カナダ人幼児（68％）に比べ有意に低かった。バヌアツの幼児の低い合格率は，鏡像自己認知に文化による真の差があることを指摘している。このように，異文化間の差についてはいまだ議論が続いている。

表6-2　A児と母親の会話に語りに見られる時間拡張的自己の発達（坂上，2012より）

事例① 2:11	過去の近時点に経験した特定の出来事に関する語り	布団に入ってから，「ママ，今日は何の遊び，楽しかったか，聞いて」という。そこで母が（何が楽しかった？）と尋ねると，「皆でぐるぐる【かごめかごめ】したしー，ピザ作った【葉っぱや石でピザ屋さんごっこをした】しー，でんぐり返ししたしー，あと何したっけ？　お化けのご本読んだしー」。【翌日担任保育者に確認すると，その通り，との返答】
事例② 3:6	誕生前や記憶にない自己の過去をめぐる語り	夜，絵本を見ていると，急に，「Aの赤ちゃんのときのご本見たい。いい？」と言って，棚からアルバムを引っ張り出し，自分で頁をめくってじーっと見ている。Aがまだ生まれていない頃の，父母2人だけの写真を貼った頁では，「ママ，このときAくんまだいなかったんでしょう？」と言い，Aが生まれた後の写真を貼った頁になると，「A,赤ちゃんのとき，かわいいねえ」と言う。（これはAが初めて立ったときの写真だよ）と母が言うと，うれしそうに「えー，すごいね」と言う。
事例③ 4:0	過去から現在への連続性に関する語り	家で数回しかTVアニメの「サザエさん」を見たことがないはずなのに，サザエさんの主題歌を歌えていたので，驚いた母が（すごいね，どこで覚えたの？）と尋ねると，「え？　3歳のときから知ってるよ。じゃなくて，もっともっと前，小さいときにサザエさん，見たでしょ？」と答える。
事例④ 4:1	時間的に隔たりのある過去の出来事に関する語り	夕食を食べているときに，母が（A，今度保育園のみんなで，「子どもの国」【郊外にある児童遊園】に行くんだって。前，夏に，パパとママと一緒に行ったの，覚えてる？）と尋ねると，「覚えてない」（ほら，馬に乗ったり，プールに入ったりしたの）「あー，覚えてる，覚えてる。Aが2歳のときでしょ。Aが滑り台【ウォータースライダー】，ぴゅーって滑ったら，パパがAのこと【を受けとめられずに】落っことしちゃって，Aが溺れたときでしょ。すぐに「パパー，来てー」って言ったの」（そうそう）「めっちゃ怖かった」。
事例⑤ 4:1	自己の未来に関する語り	夜，布団に入って，「A，大人になりたくない」（どうして？）「だって，パパとかママみたいに，お仕事いっぱいしたくない」。また，少しおいて，「A，大人になりたくないな」（なんで？）「だって，お仕事に行く道，わからない」（大丈夫，方向音痴のママでもわかるから。それに，大人になったら，好きなときに好きな所にいけるし，好きなときに好きなもの，食べられるよ）「でも，どうやってご飯作ったらいいか，わからない」。
事例⑥ 4:4	現在と過去との対比	前の晩にした塗り絵帳が机に置いてあるのを見て。新しいページを開き，クレヨンを持って「今度は葉っぱ，うまくやる【塗る】ぞ。これ，昨日はうまくできなかったんだよ」。
事例⑦ 4:7	現在と未来との対比が見られた語り	その日履いていたズボンがAにはまだ大きかったので，母が（これはまだ大きいから，来年にとっておこうか？）と言うと，「そうだね。でも，大人になったら小さいよね」（そうだね）「小学生になったら？」（うーん，どうだろう？　A，細いから小学生でもまだ履けるかな）と答えると，自分よりも小柄で細身のCの名前を挙げて，「じゃあ，Cだったらちょうどいいんじゃない？」（Cが小学生になったらちょうどいい，ってこと？）「そう」。

代の終わりから2歳代に見られることが示されている。ただしこの語りは，比較的近い過去についての報告に過ぎず，周囲の大人の助けを得て報告するという形がほとんどである（上原，2006）。また麻生（2020b）によると，親子の語りにおいて，1歳代の後半に自称詞を含む発話が増え，過去形での発話が見られることが示されている。ただしこの時期の出来事の記憶は，自己識的意識（自分がその出来事を経験したという意識：autonoetic consciousness）はある程度伴っているが，想起主体としての意識は明確ではなく，真性のエピソード記憶とは言い難いことから，原〈エピソード記憶〉と名付けられている。

3）の4歳頃には，記憶に関わる動詞（思い出す，忘れたなど）を自発的に使い始めることができ，また真のエピソード報告といえる「自分が体験した出来事を，ある特定の過去に，自分が体験したこと」として語ることができるようになる（上原，2006）。表6-2の事例③のように，過去から現在への連続性に関する語りや，事例④のように2歳のときの出来事やそれに伴う自身の感情を4歳になって思い出して語ることができ，かつその出来事が起こったときの年齢を自ら特定することもできる（坂上，2012）。またこの時期には，遅延自己映像認知課題にも正答できるようになり，時間的に拡張された自己が確立してきた時期といえる（木下，2001）。

加えて，自己の誕生や記憶に残っていない自己について語ることについても触れておきたい。家族の歴史を遡れば，自分が誕生する前の出来事や誕生後であっても記憶に残っていないが実際には経験した出来事が存在する。子どもはそれらの出来事を家族から聞いたり，自分が映っている（映っていない）写真や映像を見たりすることで知ることができる。表6-2事例②に示すように，3歳半頃に，自分が誕生していない，記憶していない過去についての語りが見られている。この時期に自己の過去への関心が生まれていると考えられ，それは4歳頃の時間的拡張自己の確立以前に生じているという点が興味深い。

木下（2008）は，哲学的な時間論の考察（中島，1996）に基づき，客観的な時間了解が成立するには，自分自身が経験しなかったあらゆる事象に対しても，それが過去に実在したということをいつでも承認しようとする態度，すなわち「不在への態度」が開かれている必要があると述べている。そして「不在への態度」は時間的拡張自己の形成において不可欠なものであり，「今，ここ」の自己視点からは見えない「不在」の過去や未来の出来事が起こりうることを想定できるようになることで，自他理解が深まっていくと論じている。

② 未来へつながる自己

4歳頃に過去の視点を獲得すると，過去の自分から現在の自分へより成長した自

分になることを願う語り（表6-2事例⑥）が見られるようになる。さらに，4歳代後半には，「大きくなったら」「大人になったら」というような現在との比較をふまえた未来についての語りが見られる（表6-2事例⑦）。一方で，未来は，何が起こるかわからず，未確定なことが多い。未確定な未来に対して，表6-2事例⑤のように，大人になることへの不安や心配が語られている。またメンタルタイムトラベルという観点から行われた研究でも，未来への認識と心配について検討されている。吉田（2011）は，3，4，5歳児が園で初めて経験する行事（お泊まり保育，山合宿，海合宿）について，楽しみなこと，心配なことがあるかを尋ねた。その結果，楽しみについては，3，4，5歳児のほぼ全員が回答したが，心配なことについては，3歳児は全員が答えられず，4，5歳児は半数以上が回答した（例：4歳児「山に登って迷子になる」，5歳児「カニに手を挟まれる」）。

　このインタビューにおいて，楽しみなことは，例えば「海で泳ぐこと」というように未来に起こる一般的な知識を答えれば回答として成立する。一方，心配では「海で溺れるかもしれない」というように未来に自己を投影する（Atance & O'Neill, 2001）必要がある。心配という感情は，自己を現在だけでなく未来という時間的な広がりの中で認識するからこそ生じるものであり，現在から未来へつながる時間的拡張的自己の獲得を示すものであるだろう。

③ 時間的拡張自己の確立と自他理解

　次に，子ども自身の時間的な理解に加え，子どもが他者の時間的視点をどのように理解しているかについて考えてみたい。木下（2001）は，遅延自己映像認知課題において，自他の時間的視点の理解について検討をしている。この課題では，実験者とゲームをしているときに子どもの頭部にシールを貼り付け，その後，そのゲームをしている自分の映像を子どもが見る。映像を見ているときに，自分の頭部についたシールを剥がすかどうかを調べるのに加えて，いつ自分の頭にシールが付いていることに気がついたのか（自己気づき時点質問），そのことを他者がいつ知っていたのか（他者気づき時点質問）を質問した。その結果，4歳児（平均4歳6ヵ月）では，半数以上の子どもが自分はビデオを見て気づいたと回答することができたが，他者がいつから知っていたかに関しては，「ビデオを見た時点」「わからない」というように正確に回答できなかった。一方，5歳児（平均5歳6ヵ月）では，自身の気づきについては全員が，他者の気づきについても「最初から知っていた」ことを9割が正答することができた。この課題では，他者はシールのことを知っていたが，自分は知らなかったという状況が生じており，他者が見て見ぬふりをしていたことに気づく必要がある。5歳半で自己と他者の気づき質問の両方に正答できるという

ことは，他者が自分とは異なる時間的視点を持ち，固有の時間的広がりを持つ世界に生きているという他者理解が可能になることを示している。木下（2008）は，これらの4，5歳児の自他理解の発達と心の理解の発達プロセスに関して，4歳以降は「時間的に拡張された主体としての自己」として，誤信念理解が可能となり，時間的経過の中での自他理解ができるようになること，さらに5歳半以降には「独自の歴史を持つ時間的自己」として，自他それぞれの時間的視点の相違に気づき自他の個別性が認識されるようになると仮定している。このような自他の個別性への気づきは，「私しか知らない私」のような自己の私的な部分や，「人とは異なる私らしさ」のような独自性を持った自己の理解へとつながるだろう。

4 まとめと今後の展望——これからの時代の自己と社会性

　ここまで自己の客体的側面のなかでも，「鏡」や「時間」との関係に焦点を当て，自己の形成過程について考えてきた。筆者がこれらに焦点を当てたのは，その過程の中で子どもが見せる困惑や戸惑いを取り上げたかったからである。発達とは，大人と同じように理解できるようになるという方向だけでなく，困惑や心配を乗り越えたり，受け入れたりしながら進んでいくものであり，そこに発達の不思議さや面白さがあるのではないだろうか。

　最後に，今後の展望について述べたい。第1に，自己の姿を捉える方法の進歩である。自己の姿は，鏡を通じて見るだけでなく，スマホなどを通じて自分の写真や動画を簡単に見ることができるようになっている。さらにコロナ禍を経て，対面ではないコミュニケーションが増え，画面を通して自分の姿を見ながら人と関わる機会も増えてきている。総じて自分を見る機会は増大しており，これらの経験と自己認知の発達との関連を検討することも必要だろう。

　第2に，自己が時間的に拡張されていく際の身近な大人の役割である。木下（2022）は「新たな自己になっていくことを子どもは願い，その思いを養育者から支えられ受けとめられることで，自己は時間的に拡張されるということができる」と述べ，大人が子どもの声を聴き，待つことの大切さを指摘している。本章で取り上げた乳幼児期だけでなく児童期以降も，また，願いだけでなく不安や不確実性も，支え受けとめる大人の存在が，子どもの自己発達において重要な役割を果たすだろう。

参考図書

田中彰吾（2017）. 生きられた＜私＞をもとめて——身体・意識・他者—— 北大
路書房
　現象学的な立場から，自己の問題に身体・意識・他者から追った論考。
麻生　武（2020a）.〈私〉の誕生 生後 2 年目の奇跡 I——自分を指差す，自分の名
を言う—— 東京大学出版会
　著者の第一子の観察記録をもとに，自分の名前をテーマに自己の発達を論じてい
る。

引用文献

Amsterdam, B. (1972). Mirror self-image reactions before age two. *Developmental Psychobiology, 5*, 297-305.

麻生　武（2020a）.〈私〉の誕生 生後 2 年目の奇跡 I——自分を指差す，自分の名を言う——
　東京大学出版会

麻生　武（2020b）.〈私〉の誕生 生後 2 年目の奇跡 II—— 社会に踏み出すペルソナとしての自
己—— 東京大学出版会

Atance, C. M., & O'Neill, D. K. (2005). The emergence of episodic future thinking in humans. *Learning and Motivation, 36*(2), 126-144.

Ball, W., & Tronick, E. (1971). Infant responses to impending collision: Optical and real. *Science, 171*, 818-820.

別府　哲（2000）. 自閉症児における鏡像認知　発達障害研究, *22*, 210-218.

Bischof-Köhler, D. (2012). Empathy and self-recognition in phylogenetic and ontogenetic perspective. *Emotion Review, 4*(1), 40-48.

Broesch, T., Callaghan, T., Henrich, J., Murphy, C., & Rochat, P. (2011). Cultural variations in children's mirror self-recognition. *Journal of Cross-Cultural Psychology, 42*(6), 1018-1029.

Cebioğlu, S., & Broesch, T. (2021). Explaining cross-cultural variation in mirror self-recognition: New insights into the ontogeny of objective self-awareness. *Developmental Psychology, 57*(5), 625.

Damon, W., & Hart, D. (1988). *Self-understanding in childhood and adolescence*. Cambridge: Cambridge University Press.

Fivush, R. (2010). Speaking silence: The social construction of voice and silence in cultural and autobiographical narratives. *Memory, 18*, 88-98.

Fivush, R. (2019). *Family narratives and the development of an autobiographical self: Social and cultural perspectives on autobiographical memory*. Routledge/Taylor & Francis Group.

Gallagher, S. (2000). Philosophical conceptions of the self: Implications for cognitive science. *Trends in Cognitive Sciences, 4*(1),14-21

Gallup, G. G. (1970). Chimpanzees: Self-recognition. *Science, 167*, 86-87.

Gallup, G. G. (1977). Self-recognition in primates: A comparative approach to the bidirectional properties of consciousness. *American Psychologist, 32*, 329-338.

Gibson, J. J. (1966). *The senses considered as perceptual systems*. Boston: Houghton Mifflin.（佐々木正人・古山宣洋・三嶋博之（監訳）（2011）. 生態学的知覚システム——感性をとらえなおす
—— 東京大学出版会）

Harter, S. (1999). *The construction of the self: A developmental perspective*. New York: Guilford Press.

Hobson, R. P. (2002). *The cradle of thought*. London: Macmillan.

James, W. (1890). *Principles of psychology*. New York: Holt.

木下孝司（2001）．遅延提示された自己映像に関する幼児の理解――自己認知・時間的視点・「心の理論」の関連―― 発達心理学研究, *12*, 185-194.

木下孝司（2008）．乳幼児期における自己と「心の理解」の発達 ナカニシヤ出版

木下孝司（2022）．子どもの自己発達と時間 子ども学, *10*, 83-102.

Lewis, M., & Brooks-Gunn, J. (1979). *Social cognition and the acquisition of self*. New York: Plenum Press.

Lewis, M., & Ramsay, D. (2004). Development of self-recognition, personal pronoun use, and pretend play during the 2nd year. *Child Development, 75*(6), 1821-1831.

Lewis, M., Sullivan, M., Stanger, C., & Weiss, M. (1989). Self development and self-conscious emotions. *Child Development, 60*(1), 146-156.

Merleau-Ponty, M. (1964). The child's relations with others. In M. Merleau-Ponty (Ed.), *The primacy of perception* (pp. 96-155). Evanston, Ill: Northwestern University Press.

中島義道（1996）．「時間」を哲学する――過去はどこへ行ったのか―― 講談社

Neisser, U. (1988) Five kinds of self-knowledge. *Philosophical Psychology, 1*, 35-59.

Nelson, K. (1992). Emergence of autobiographical memory at age 4. *Human Development, 35*(3), 172-177.

Povinelli, D. J., Landau, K. R., & Peiilloiix, H. K. (1996). Self-recognition in young children using delayed versus live feedback: Evidence of a developmental asynchrony. *Child Development, 67*, 1540-1554.

Rochat, P. (2013). Self-conceptualizing in development. In P. D. Zelazo, & P. E. Nathan (Eds.), *The oxford handbook of developmental psychology: Self and other* (pp.378-397). Oxford University Press.

Rochat, P. (2018). The ontogeny of human self-consciousness. *Current Directions in Psychological Science*, 1-6.

Rochat, P., Broesch, T., & Jayne, K. (2012). Social awareness and early self-recognition. *Consciousness and Cognition, 21*(3), 1491-1497.

Rochat, P., Goubet, N., & Senders, S. J. (1999). To reach or not to reach? Perception of body effectivities by young infants. *Infant and Child Development, 8*, 129-148.

Rochat, P., & Hespos, S. J. (1997). Differential rooting response by neonates: Evidence for an early sense of self. *Early Development & Parenting, 6*, 105-112.

Rochat, P., & Zahavi, D. (2011). The uncanny mirror: A reframing of mirror self-experience. *Consciousness and Cognition, 20*, 204-213.

坂上裕子（2012）．幼児は自己や他者に関する理解をどのように構築するのか――一児の1歳8ヵ月から5歳3ヵ月までの発話記録の分析から―― 乳幼児教育学研究 , *21*, 29-45.

佐久間路子（2006）．幼児期から青年期にかけての関係的自己の発達 風間書房

田中彰吾（2017）．生きられた＜私＞をもとめて――身体・意識・他者―― 北大路書房

Tulving, E. (1983). *Elements of episodic memory*. Oxford: Oxford University Press.

上原　泉（2006）．乳幼児の記憶能力の発達――4歳前後のエピソード記憶と他の認知能力の発達の視点から―― 心理学評論 , *49*(2), 272-286.

Uehara, I. (2015). Developmental changes in memory-related linguistic skills and their relationship to episodic recall in children. *PLoS One, 10*(9), e0137220. doi:10.1371/journal. pone.0137220

吉田真理子（2011）．幼児における未来の自己の状態についての予測――未来の不確実性への気づきと「心配」―― 発達心理学研究 , *22*(1), 44-54.

Zazzo, R.〔1993〕．*Reflets de miroir et autres doubles,* Paris: Presses Universitaires de France.（加藤義信（訳）（1999）．鏡の心理学――自己像の発達―― ミネルヴァ書房）

第7章

他者理解の発達

1 「他者理解の発達」研究の概要——他者理解と心の理論研究

　一般的に，他者理解とは，他の人の気持ちや立場を理解すること，もしくは，その能力を指すだろう。そこには，相手の性格の理解や社会的な立場を考慮することも含まれる。とはいえ，心理学における他者理解では，他者がどのような意図，信念，欲求，感情を抱いているかを推測することや，その理解に焦点が当てられてきた。こうした研究の中核は，自分自身と他者の視点を区別し，調整することで，人がなぜ，ある行動をするのかを理解することにある（Carpendale & Lewis, 2015）。特に，子どもが自分とは異なる，他者の心的状態をいつごろ理解するようになるのかについて，誤信念課題と呼ばれる課題を用いた研究（「心の理論研究」と呼ばれる）が，発達心理学を中心に1980年代以降熱狂的に進められた。

　その後，誤信念課題を用いた心の理論研究は，幼児期以外の年齢の子どもたち，もしくは自閉症児へと対象を拡大した。それに伴い，感情や注意といった誤信念以外の（心的）状態へのテーマの拡大・変更も起こった。その流れは，20世紀末から21世紀にかけて，心理学に限らないさまざまな分野で，他者理解に関する幅広い研究を生み出した。現在，他者理解は発達心理学，認知科学（認知心理学），比較行動学（霊長類学），脳科学，哲学など多くの分野で研究されている。とはいえ，過去30年以上にわたり中心だったのは，子どもの誤信念の理解に関する研究である（子安，2016；Carpendale & Lewis, 2015）。

　本章では，まず，発達心理学における誤信念課題を用いた心の理論研究を振り返る。次に，心の理論研究がさまざまなテーマや研究領域へと拡散していく流れを概観する。拡散の結果，他者理解（心の理論）研究の輪郭は不明確になり，その姿をつかみづらくなっている。そうした現状を，今後へつながる可能性も交えて述べていく。

2　これまでの研究の流れ——「心の理論」研究の発展

(1) 誤信念課題と心の理論研究

① 心の理論（Theory of Mind）

　1978年にプレマックとウッドラフ（Premack & Woodruff, 1978）の「チンパンジーは心の理論を持つか？」という論文において，初めて「心の理論」という言葉が使われた。霊長類学者であるプレマックは，チンパンジーが他のチンパンジーをあざむく行動を取ることを観察した。そして，他者をあざむくためには，相手が何を知っているのか，もしくは，知らないのかという心の状態を推測する必要があるのではないかと考えた。さらに，他者（他個体）の心的状態の推測が，それを可能にする能力，もしくは認知的な枠組みに基づいているとし，その能力，もしくは枠組みを「心の理論」と呼んだ。

　ところで，発達心理学では，子どもが生得的，もしくは経験的に獲得する知識体系を素朴理論や素朴概念と呼ぶ。例えば，「物を落としたときに重いものほど速く落ちる」というのは，「誤った」素朴理論（素朴物理学）である（実際には，重さに関係なく，落ちる速さは同じ[1]）。素朴理論（概念）は科学的な理論体系とは矛盾することもあるが，日常生活においては役に立つ。

　心の理論も素朴理論の1つである。心の理論は，私たちが他者の行動を理解したり，調整（介入）したりするにあたって，（他者の）心の状態を推測するための生得的，もしくは経験的な概念の枠組みや法則である。そして，心の理論研究は心的状態の推測に法則性があるならば，それはどのようなものか，その法則性はどのように獲得されるのかを問題にしている。

② 誤信念課題（False-belief task）

　プレマックとウッドラフ（Premack & Woodruff, 1978）の心の理論という概念に対して，複数の哲学者から方法論上の指摘がなされた。その指摘とは，ある人（個体）が心の理論を持つ，すなわち，他者の心を推測していると言えるためには，自分と他者の認識が異なる場面で他者の行動を推測できることが必要だ，というものである（Dennett,1978: Bennett, 1978: Harman, 1978）。

1　ガリレオ・ガリレイがピサの斜塔から，重い鉄の玉と軽い鉄の玉を落として，同じ時間で落ちることを証明したという「落体（落下）の法則」実験が有名。ただし，ガリレオがピサの斜塔で実験を行ったというのは後世の創作らしい。

　哲学者の主張をふまえて発達心理学者のパーナーら（Wimmer & Perner, 1983）が，幼児を対象とした具体的な課題（誤信念課題[2]）を実施したことが心の理論研究のビッグバンを生み出した。パーナーらの誤信念課題は「マクシ（主人公の男の子）は，お母さんが買ってきたものを片付ける手伝いをし，緑の戸棚にチョコレートを入れた。その後，マクシは遊びに出かけた。マクシがいない間に，お母さんはケーキを作るために，緑の戸棚からチョコレートを取り出し，少しだけ使った後，チョコレートを緑の戸棚ではなく，青い戸棚に入れた。その後，お母さんは卵を買いに出かけた。しばらくすると，マクシがお腹をすかせて遊びから帰ってきた」というお話を子どもに聞かせる。そして，「マクシはチョコレートはどこにあると思っているでしょうか？」と尋ねる。子ども自身は実際のチョコレートの場所（青い戸棚）を知っている。子どもが質問に対して緑の戸棚と答えれば，子ども自身の（正しい）信念（認識，もしくは心的状態）とは異なるマクシの誤信念を正しく推測したと解釈された。

　マクシの課題（誤信念課題）は，うまく「自分と他者の認識（知識状態）が異なる場面において，他者の行動を推測できる」かをふまえた構成となっている。しかし，課題構成以上に，3歳児は課題に誤答し，4～7歳にかけて正答が増え，7歳以降ほぼすべての子どもが正答するようになる，という結果が重要であった。そして，誤信念の理解が始まるのは何歳頃かが注目を集めることとなる。

　それとともに，他の素朴理論と同様に，誤信念の理解が心の理論（素朴理論）の獲得によるものなのか（理論説），生得的なものなのか（生得説），観察や模倣などを含めた社会的な経験に基づいた学習の結果なのか（社会化説）が，激しく議論されることとなった。

③ 誤信念課題の拡散——スマーティー課題

　心の理論の議論が盛り上がる中で，誤信念課題にはさまざまなヴァリエーションが生みだされた。その1つがスマーティー課題（Perner et al., 1987）である。スマーティー課題は，子どもがよく知っているスマーティーというチョコレート菓子の箱を見せて，何が入っているかを尋ねる。子どもは「スマーティー」とか「チョコレート」と答えるが，実際には鉛筆が入っている。中身（鉛筆）を見た後に，「お友達は何が入っていると答えるか？」を尋ねられた子どもが「えんぴつ」と答えると，その子は未だ他者の誤信念の推測ができないと解釈された。

2　誤信念課題には，マクシの課題以外にサリーとアンの課題（Baron-Cohen et al., 1985）などさまざまなものがある。なお，誤信念課題のなかでは，サリーとアンの課題が最も有名である。

　スマーティー課題では，子どもは，箱の本当の中身を知った後に，自分自身が最初に（スマーティーの）箱を見たときに「何が入っていると思っていたか？」も尋ねられることが多い。この質問に多くの3歳児は「最初から（自分は）鉛筆が入っていると思っていた」と答える。つまり，3歳児は他者の誤信念の推測だけでなく，（過去の）自己の心的状態に関する質問にも正答できないようである。そのため，この質問は自己の過去の誤信念の理解に関するものと考えられた。そして，理論説，生得説，社会化説の間で，誤信念の理解は自己と他者で同時なのか，自己（の誤信念）の理解に基づいて他者を推測するのか，他者（の誤信念）の理解を獲得（学習）した後に自己を捉えられるようになるのかが議論された（例えば，郷式，1999，2005）。しかし，他者の誤信念の推測と自己の誤信念の理解の発達の順序については，さまざまに食い違う結果が示され，解釈も定まらなかった。

　結局，他者の誤信念の推測と自己の心的状態の理解の発達の順序を比較したところで，さまざまな主張に合うような解釈が可能である。そのため，誤信念の推測，もしくは理解の発達（獲得）に関する理論説と生得説と社会化説の論争は，次第に低調，ないしはうやむやになっていった。

(2) 心の理論研究の拡散

① 誤信念課題に関するメタ分析

　なぜ，心の理論そして誤信念課題が一世を風靡したのだろうか？　そもそも，誤信念課題は「認知的な」視点取得（の能力）を見る課題ともいえる。視点取得については，ピアジェ（Piaget, J.）の三つ山課題を用いた「知覚的な」視点取得に関する研究がある（Piaget & Inhelder, 1969）。ピアジェの三つ山課題でわかるのは知覚的な他者の視点取得であるにもかかわらず，幼児の自己中心性（もしくは，脱中心化）の議論へと拡散していった。誤信念課題は膠着，ないしは停滞していた視点取得の発達に関する研究に，新たな波を起こしたともいえる。

　誤信念課題を用いた研究は大流行した。蓄積した研究（結果）に対して，ウェルマンら（Wellman et al., 2001）がメタ分析を行った。その結果，当然のように，誤信念課題の正答率が4～6歳にかけて上昇していくことが確認された。また，誤信念理解の発達過程に文化差はないことが明らかになった。つまり，多くの人が誤信念課題に正答しなかったり，通過が児童期後半であるといったようなはるかに遅れる文化はなかった。加えて，研究ごとに異なる誤信念課題の実施手続きの違い——マクシの課題やサリーとアンの課題（場所の移動）とスマーティー課題（信念の変化）の違い，課題のストーリーが人形劇か人が演じるかなど——はそれほど大きな影響を及ぼさないことが明らかになった。メタ分析によって，誤信念課題（の結果）

の頑健性は明らかになったものの，それはあくまで「誤信念課題が4～6歳の間に
できるようになる」ということが確実になっただけであった。もちろん，4～6歳
の間での課題による通過時期の違いや文化差（国による違い）といったものはあり，
その後も議論は続いた。しかし，誤信念課題を幼児に実施するだけでは，何がどん
な風に発達しているのかはわからないことがはっきりしてきた。

② 自閉症研究

バロン＝コーエンら（Baron-Cohen et al., 1985）による研究で，自閉症児[3]は誤
信念課題の正答率が定型発達の子どもに比べて低いことが示された。具体的には，
非言語性知能が平均9歳3ヵ月，言語性知能が平均5歳5ヵ月（実年齢は平均11歳
11ヵ月）の高機能自閉症児のマクシの課題型の誤信念課題への正答率は20％に過
ぎなかった。もし，自閉症の原因，もしくは中核的な障害が判明していたならば，
バロン＝コーエンらの示したデータは，他者の心的状態を推測する能力の発達の仕
組み…とまではいえなくとも，少なくとも誤信念課題に正答するのに必要な要素を
明らかにしたかもしれない。しかし，当時も，そして今でも，自閉症の原因や中核
的な障害については議論が続いている（Fletcher-Watson & Happé, 2019）。そして，
バロン＝コーエンは，自閉症の中核的障害が「心の理論」にあるとする自閉症の心
の理論欠如仮説なるものを提唱した（Baron-Cohen et al., 1985）。とはいえ，この仮
説は誤信念課題の正答が心の理論の獲得を示すという前提のもとに，心の理論（も
しくは，誤信念課題）と自閉症の因果関係を仮定しており，論理の飛躍がある。自
閉症と誤信念課題（の正答率）には関係はあるものの，どう見ても相関関係に過ぎ
ない。実際，その後，心の理論欠如仮説は消衰していった。

心の理論欠如仮説自体の毀誉褒貶はともかく，自閉症と誤信念課題の関連につい
ては注目すべきものがある。そのため，誤信念課題を用いた自閉症児・者を対象と
した研究が数多く行われた。そうした研究の蓄積により，レビュー論文の1つでは，
自閉症そのものではなく，自閉症に伴う言語発達の遅れが自閉症における誤信念課
題不通過の原因であると結論づけている（Gernsbacher & Frymiare, 2005）。ここ
からは言語能力（の発達）が誤信念課題の正誤の原因と想定できるかもしれない。
しかし，言語能力は非常に広い能力や機能を含む。誤信念課題にかかわらず，ほと
んどの課題が言語能力を必要とすることを考えると，因果関係を想定することは慎

3　精神疾患の診断・統計マニュアル第5版（DSM-5）（APA, 2013）では「自閉症スペクトラム障害（Autism
Spectrum Disorder：ASD）」という名称が用いられているが，この名称に反対意見もある（Fletcher-
Watson & Happé, 2019）ことから，本章では「自閉症」と略した表記とした。

重であるべきかもしれない。

　研究が積みあがっていく中で，自閉症児・者も言語発達の水準が9歳を超えてくると誤信念課題に正答することがわかってきた（Happé, 1995）。ただし，自閉症児・者は単に誤信念課題に正答するのが遅れるわけではないことも明らかになった（別府・野村, 2005）。別府・野村（2005）によると，定型発達の子どもたちは4歳を超えると誤信念課題に正答し始めるが，「（緑の戸棚には今はチョコレートは入っていないが）マクシが最初にチョコレートを緑の戸棚にしまったから（マクシは緑の戸棚を探す）」というように「言葉」で説明することはできない（直感的心理化の段階）。そして，小学校入学以降には，言葉での理由づけもできるようになってくる（命題的心理化の段階）。一方，知的障害のない自閉症児は，誤信念を理解しない段階から，直感的心理化の段階を経ることなく，いきなり命題的心理化の段階に至ることが明らかにされた。

③ 乳児の誤信念理解

　幼児期の定型発達の子どもたちは誤信念課題に正答するものの，言葉では説明できないという直感的心理化の段階にあることが指摘された（別府・野村, 2005）。とはいえ，3歳児は誤信念課題に正答できないというのが定説であった。しかし，3歳児が言葉や指差しで誤信念課題に（誤って）答える前に，正解の場所（最初に主人公が物を置いた場所）に視線を向けていることが明らかになった（Clements & Perner, 1994）。こうした研究から，3歳児が他者の誤信念について，無意識には感づいている可能性が出てきた。そこで，言葉や指差しのような明確な意思表示ではなく，視線の動きなどを指標とした潜在的な誤信念理解の研究が，より幼い子どもたちを対象に行われた（Southgate et al., 2007；千住, 2016）。

　3歳以下の子どもたちが（潜在的に）誤信念を理解するかについての嚆矢は，乳児の視線を指標に期待違反法を用いたベイラージョンらの研究（Onishi & Baillargeon, 2005）であろう（研究紹介参照）。彼らは，おもちゃが最初に置かれた場所に対する信念に基づいて登場人物が行動することを乳児が予測できたと解釈し，少なくとも生後15ヵ月の乳児は潜在的な誤信念理解（暗黙的な形での表象的な心の理論）を持っていると主張した。

　3歳未満の子どもがマクシの課題のような（顕在的な）誤信念課題に正答することができない理由については，主に2つの解釈がなされている。1つは，子どもは大人と同じように他者の心を理解している（心の理論を持っている）が，言葉や注意の制御などが未熟なため，それらの能力を必要とする誤信念課題には正答できないというものである（Baillargeon et al., 2010）。もう1つは，マクシの課題のよう

研究紹介	15ヵ月の乳児は誤信念を理解するのか？

Onishi & Baillargeon（2005）

　マクシの課題やサリーとアンの課題といった一般的な誤信念課題に正答できない3歳未満の子どもでも，潜在的には他者の誤信念を理解しているのではないか，という議論に一石を投じたのがOnishi & Baillargeon（2005）の研究である。本研究では，15ヵ月児を対象に非言語課題に改修した誤信念課題（サリーとアンの課題：Baron-Cohen et al., 1985）を用いて，期待違反法によって15ヵ月児の反応を捉えようとした。

　乳児は，予期したもの（予期事象）よりも予期しないもの（期待違反事象）を注視する傾向がある。そこで，期待事象場面と期待違反事象場面を提示し，乳児がどちらの事象をより長く注視するかを調べることで，乳児がどのような予測（期待，もしくは認識）を持っているのかを検証する方法を期待違反法と呼ぶ。

　この実験では，もし子ども（乳児）が「人は，その人自身の信念に基づいて行動し，その信念はときに現実を反映しない場合があること」を理解しているならば，それにそった事象よりも，反する事象での注視時間が長くなると予想される。

　方法：56人の乳児に，馴化試行→信念誘導試行→テスト試行の順で課題が提示された。

　馴化試行は以下のとおりである。子ども（乳児）は舞台（課題セット）の前に座る。舞台の緞帳があがると，舞台上にはおもちゃが黄色の箱と緑の箱の間に挟まれた状態で置かれていた。舞台の後ろ側の壁が開き，目がバイザーで隠れた女性の実験者が登場した。実験者はおもちゃで遊んだ後，緑の箱の中におもちゃを入れた（その後，緞帳が閉じる）。その後，再び緞帳が開き，実験者が先ほど入れたおもちゃを取り出すかのように緑の箱の中に手を入れ，その状態で静止した（その後，緞帳が閉じる）。馴化試行では，子ども（乳児）は，実験者が（実験者自身が緑の箱に入れた）おもちゃを探すという行動に馴化された。

　次の信念誘導試行で，子どもは，おもちゃが緑の箱から隣の黄色の箱に（ひとりでに）移動するのを見た。ただし，子どもは，おもちゃが移動するのを（舞台の後ろの壁が開いていて）実験者も見ている場合──おもちゃの場所に関する正しい信念を持つに至る事象（正しい信念条件）と，（舞台の後ろの壁が閉まっていて）実験者はおもちゃの移動を見ていない場合──おもちゃの場所に関する誤信念を持つに至る事象（誤信念条件）のいずれかに割り振られた。

　テスト試行では，緞帳が開いた後に壁が開き，現れた実験者が緑の箱に手を伸ばす条件（緑の箱条件）か黄色の箱に手を伸ばす条件（黄色の箱条件）のいずれかを提示された。

　結果：子ども（乳児）は，テスト試行で実験者が探すと予測される場所と異なる色の箱に手を伸ばしたときに，長くその事象を見つめた。例えば，おもちゃが移動するのを見なかった実験者（誤信念条件）は，緑の箱の中を探すはずである。信念誘導試行で誤信念条件に割り当てられた子どもは，実験者が緑の箱に手を伸ばす場合（緑の箱条件）よりも，黄色の箱に手を伸ばす場合（黄色の箱条件）の注視時間が長いことが示された。

　考察：子どもが，実験者が探すと予測されるのと異なる色の箱に手を伸ばしたときにより長く注視するのは，「実験者は以前の事象から予測される結果に則した行動を取るはずだ」という乳児の予想に反しているからで，乳児が実験者の「おもちゃは（実験者自身が入れた）緑の箱に入っている」という誤信念を理解していることを示していると解釈された。

な誤信念課題を解くためには，脳の意識的で処理の遅い「システム2」を用いる必要があるが，赤ちゃんは自動的で処理が速い「システム1」を用いている（そして，システム2を用いることができない）という解釈である（Apperly & Butterfill, 2009）。システム1とシステム2は，人間の脳において思考は2つの異なる過程を経て実行されていると考える二重過程理論の1つとして提唱された（Stanovich & West, 2000）。システム1は自動的で処理が速く，直感的な判断や反射的な行動を行う。システム2は意識的で処理が遅く，問題解決や分析などの高度な思考を行う。

　現在のところ，3歳未満の子どもも，視線を指標とするような（自発的な）誤信念課題では正答する場合があることは，ほぼ合意が得られるようになってきた。一方，先ほど紹介した2つの仮説のように，赤ちゃんがどのように誤信念課題を解いているのかについては定まっていない。また，乳児の潜在的な心理化の段階，幼児の直感的心理化の段階，児童期以降の命題的心理化の段階の関係とその認知的メカニズムについては定かではない。

④ 共同注意（joint attention）

　誤信念課題正答の基盤としての認知能力については，多くの議論がなされてきた。言語や記憶はもちろんであるが，共同注意が他者の心的状態（誤信念）を理解するための基礎，もしくは前兆とみなされることもある（例えば，Baron-Cohen, 1995）。共同注意とは，他者が注意・関心を向けているものに自分自身が注意を向けること，自分が注意・関心を向けているものに他者の注意・関心を引き寄せ，注意を共有することである（第2章参照）。共同注意成立の指標としては，指差しが挙げられる。

　心の理論欠如仮説が否定された後に，自閉症の原因として，共同注意の欠損が主張されたこともある（例えば，Mundy & Sigman, 1989）。さらに，現在では，自閉症児は共同注意だけでなく，他者の視線の検出や視線への反応といった社会的刺激への注意や反応に特異性があり，感情伝染（身近にいる他者の感情と同じ感情状態に自分も自然となること）や反射的模倣などの無意識的な対人反応も生じにくいことが示されている（内藤，2016）。一方で，共同注意，感情理解，模倣などについて，自閉症児は定型発達児よりも遅れはするものの，獲得することが多い。ただし，誤信念課題の場合と同じく，自閉症児は共同注意，感情理解，模倣などに関連する行動を意識的な理解や制御に基づいて行っており，直感的に（無意識に）使えるわけではないようである（例えば，Klin et al., 2003）。

　自閉症の対人刺激への反応の特異性からも，共同注意をはじめとした潜在的・自動的な機構は生得的であるように見えるかもしれない。実際，乳児の共同注意や模倣といった対人刺激への反応が生得的なものなのか，社会的な経験によって形成さ

れるものなのかについての，生得説と社会化説の間の論争が生じた。現在では，ヒトの顔や視線などへの注意や反応を扱う機構は，完全に生得的なわけではなく，社会的な刺激を繰り返し経験することで，適切な状態に形成されることが明らかになってきた（内藤，2016）。

3　まとめと今後の展望——とけていく心の理論研究

（1）拡散していく他者理解（心の理論）研究

　誤信念課題を用いた他者の心的状態の推測の発達に関する，いわゆる「心の理論」研究について，その始まりから発展の過程を簡単に見てきた。そして，「心の理論」研究は，現在は拡散しつつあると思われる。「心の理論」という言葉が生まれて40年以上が過ぎた現在，研究は霊長類学，発達心理学，精神医学，障害児教育，脳神経科学，ロボット学などの広範囲に展開（拡散）している（子安，2016）。かなりざっくりしたものではあるが，誤信念課題を中心とした心の理論研究とさまざまな研究分野の関連図を作ってみた（図7−1）。

　他者の心的状態の推測に関する研究については，大西とベイラージョン（Onishi & Baillargeon, 2005）の15ヵ月児に対する研究（p.115研究紹介参照）で，乳児でも潜在的な誤信念理解を持つことが示された。それによって（それだけが原因ではないが），それまでの幼児を対象とした誤信念課題を用いた（狭義の）心の理論研究は収束に向かったといえよう。

　一方で，児童期以降を対象とした二次的誤信念課題も開発され，皮肉などの字義どおりではない表現における他者の意図に関する理解などとともに，顕在的な誤信念理解についての認知研究が進められている（例えば，林，2016参照）。

　顕在的な誤信念理解の発達に関しては，言語（能力）の関連が有力視されている（Gernsbacher & Frymiare, 2005; Milligan et al., 2007）。一方で，顕在的な誤信念理解の発達を含めた広い意味での他者理解が，言語（能力）に影響を及ぼすことは想像に難くない。また，潜在的な誤信念理解から顕在的な誤信念理解へ，どのように質的な変化が生じるのかという議論は続いているが，決定打には欠けるようである。そして，潜在的な誤信念理解の基盤として，共同注意の関連といったものも，議論はされているが，やはり決定打を欠く印象をぬぐえない。

　また，この10数年，他者理解の発達について，認知的な構造や機能だけでなく，子どもと周囲の人々の間の相互作用の影響について，より大きな関心が持たれるようになってきている（Carpendale & Lewis, 2015）。ここでいう他者理解とは，誤信

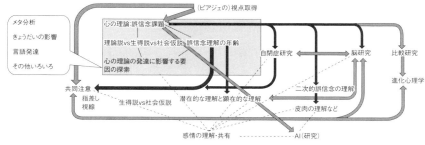

図7-1 心の理論研究と関連する研究領域の関係

➡ 黒い矢印は（狭義の）心の理論研究（誤信念課題）からの拡散を示している
➡ 網掛けの矢印は広義の心の理論研究における研究の関連を示している
── 実線は（狭義の）心の理論研究内での研究間の関連を示している
···· 破線は研究領域間の関連を示している

念理解だけでなく，共同注意や模倣も含めた広い意味でのものである。また，社会的な相互作用に関しても，養育者やきょうだいといった社会学的にミクロな関係の影響から，文化や歴史といったマクロな関係の影響まであり，ここにも拡散が見て取れる。

　さらに，人間以外を対象とした研究にも拡散は及んでいる。例えば，非言語的な反応を指標とした誤信念課題がチンパンジーに実施されてきた。視線を指標とした共同注意については，チンパンジー以外の類人猿やニホンザルのような霊長類にも検討対象を広げることができる。さまざまな異なる種の認知能力の比較は比較行動学や比較認知科学という分野になるが，それによって人間の共同注意や誤信念理解をはじめとした他者理解の特徴が浮き上がってくる（比較認知科学については，例えば，川合（2006）参照）。さらに，地球上に存在するさまざまな種の比較に加えて，化石や遺伝子の研究からの推測も含めて，人類の他者理解の進化についての検討も進化心理学という分野で進められている。

（2）心の理論は必要なのか？

　心の理論研究の拡散は，多くの分野，領域に影響をもたらした結果ともいえる。一方，マクシの課題やスマーティー課題のような一般的な誤信念課題は，3歳以下では正答できず，4〜6歳で正答率が上昇し，7歳以降ではほぼ正答できる，という頑健性を見せる。このため，発達のリトマス試験紙としての誤信念課題の地位は確定した，と考えてもいいだろう。

　ところで，他者理解としての心の理論研究は，当然ながら，推測する側も推測さ

れる側も「心」を持つことを前提にしている。そして，その「心」を前提に，私たち人間はさまざまな行為を行ったり，感情を抱いたりする（と想定されている）。他者の心を推測するのも「心」であり，その推測に何らかの枠組み（素朴理論）が必要だというのが心の理論である。しかし，「心」という，あまりにも当たり前で疑うことが難しい，公理ともいうべき前提が揺らぎつつある。

　2022 年 11 月に，人工知能（AI）の開発を行っているアメリカの企業である OpenAI が ChatGPT を発表した。ChatGPT には GPT-3 という自然言語を処理する人工知能システム（AI）が組み込まれており，プロンプトと呼ばれる人間の質問や要求の文章に対してテキストを生み出すことができる。ChatGPT は，これまでの AI に比べて極めて自然で，あたかも人間が書いたかのような文章を作り出すことができる。人間から仕事を奪う可能性を含めて，私たちの生活にあまりにも大きな影響を与える恐れから，2023 年現在，国際的に規制が検討される事態にまでなっている。

　この ChatGPT に組み込まれた言語モデルである GPT-3 や，その後継モデルである GPT-3.5 および 4 に対して，誤信念課題が実施された（Kosinski, 2023）。その結果，2022 年 11 月に発表された GPT-3.5 は，マクシの課題型の誤信念課題に 90％以上の正答率，スマーティー課題型の誤信念課題に 80％以上の正答率を示した。これは人間の 7 歳児に近い正答率である。また，最新の GPT-4 はマクシの課題型の誤信念課題に 100％の正答率，スマーティー課題型の誤信念課題にほぼ 90％の正答率を示した。これは人間の 7 歳以上の正答率である。この結果は，GPT-3.5 や GPT-4 のような生成 AI が誤信念課題に（ほぼ）正答できる，ということを示している。

　生成 AI が誤信念課題に（ほぼ）正答できるという結果が意味するところは，そもそも生成 AI は人間が書いたかのような文章を作り出すことができる（し，そのための AI である）ことから，まるで他者の心的状態を推測できている（がごとき文章を算出することが可能な）ように見えるということである。しかし，生成 AI は，あくまで，人間の入力した文章（プロンプト）に対して，確率的に生起しやすそうな言葉をつなぎ合わせることで回答となる文章を作り出しているに過ぎない。したがって，生成 AI は人間と同じように他者の心的状態を推測したり，誤信念を理解しているわけではない，と断じるのは簡単である。一方で，「心」を持たない AI が誤信念課題に正答できる（そして他者の心的状態を推測しているがごとき文章を算出することができる）ということは，そもそも誤信念課題を解くために他者の心的状態の推測や「心の理論」は必要ないことを意味しているのかもしれない。私たち人間の他者理解（のように見える行動）も，単に刺激に対する確率的にありがちな反応に過ぎず，実は「中国語の部屋[5]」と同様の仕組みの可能性が否定でき

ない……のかもしれない。

参考図書

子安増生（2000）．心の理論　岩波書店
　　少し古くなったが，始まりから盛り上がりにかけての心の理論研究を知るのに最
　　適。薄くて読みやすい。
子安増生（編）（2016）．「心の理論」から学ぶ発達の基礎——教育・保育・自閉症
　　理解への道——　ミネルヴァ書房
　　発達心理学と自閉症（研究）領域の心の理論研究が概観されている。卒業論文や
　　修士論文で心の理論について勉強する場合にも最適。
子安増生・郷式　徹（編）（2016）．心の理論——第 2 世代の研究へ——　新曜社
　　本章で紹介した内容をより詳しく知りたい人はこの本を読んでほしい。心の理論
　　研究の範疇でありながら，その拡散していく様子を見ることができる。

引用文献

American Psychiatric Association (2013). *Diagnostic and statistical manual of mental disorders* (5th ed).
　　Washington, DC.（高橋三郎・大野　裕（監訳）染矢俊幸・神庭重信・尾崎紀夫・三村　將・
　　村井俊哉（訳）（2014）．DSM-5 精神疾患の診断・統計マニュアル　医学書院）
Apperly, I. A., & Butterfill, S. A. (2009). Do humans have two systems to track beliefs and belief-like
　　states? *Psychological Review, 116*, 953-970.
Baillargeon, R., Scott, R. M., & He, Z. (2010). False-belief understanding in infants. *Trends in Cognitive
　　Sciences, 14*, 110-118.
Baron-Cohen, S. (1995). *Mind blindness*. Cambridge, MA: The MIT Press.（長野　敬・長畑正道・今野
　　義孝（訳）（2002）．自閉症とマインドブラインドネス　青土社）
Baron-Cohen, S., Leslie, A. M., & Frith, U. (1985). Does the autistic child have a "theory of mind"?
　　Cognition, 21, 37-46.
Bennett, J. (1978). Some remarks about concepts. *Behavioral and Brain Sciences, 1*, 557-560.
別府　哲・野村香代（2005）．高機能自閉症児は健常児と異なる「心の理論」をもつのか——
　　「誤った信念」課題とその言語的理由付けにおける健常児との比較——　発達心理学研究，
　　16, 257-264.
Carpendale, J. I. M. & Lewis, C. (2015). The Development of social understanding. In R. M. Lerner (Ed-
　　in-chief), L. S. Liben, & U. Müller (volume Eds.), *Handbook of child psychology and developmental*

5　哲学者のサール（Searle, J.）による思考実験で「中国語を理解できない人を小部屋に閉じ込めて，暗号（中
　　国語の文章）を与え，マニュアルに従った暗号解読の作業をさせた場合，部屋の外で解読結果を受け取った
　　人は『この部屋の中に居る人は中国語（の意味）を理解している』と考えるであろう」というものである
　　（Searle, 1980）。チューリング・テストを発展させた思考実験で，コンピュータ（AI）の知性や意識の問題
　　を考えるのに使われる。

science (7th ed., Vol.2: *Cognitive processes*, pp. 381-424). John Wiley & Sons.（林　創・東山　薫・郷式　徹（訳）(2022)．社会的理解の発達　ラーナー, R. M.（編）二宮克美・子安増生（監訳）郷式　徹・山祐　嗣（編）児童心理学・発達科学ハンドブック（2巻　認知過程, pp.575-639）福村出版）

Clements, W. A,. & Perner, J. (1994). Implicit understanding of belief. *Cognitive Development, 9*, 377-395

Dennett, D. C. (1978). Beliefs about beliefs. *Behavioral and Brain Sciences, 1*, 568-570.

Fletcher-Watson, S., & Happé, F. (2019). *Autism: A new introduction to psychological theory and current debate*. Routledge/Taylor & Francis Group.（石坂好樹・宮城崇史・中西祐斗・稲葉啓通（訳）(2023)．自閉症——心理学理論と最近の研究成果——　星和書店）

Gernsbacher, M. A., & Frymiare, J. (2005). Does the autistic brain lack core modules? *Journal of Developmental and Learning Disorders, 9*, 3-16.

郷式　徹（1999）．幼児における自分の心と他者の心の理解——「心の理論」課題を用いて——　教育心理学研究, *47*, 354-363.

郷式　徹（2005）．幼児期の自己理解の発達——3歳児はなぜ自分の誤った信念を思い出せないのか?——　ナカニシヤ出版

Happé, F. G. E. (1995). The role of age and verbal ability in the theory of mind task performance of subjects with autism. *Child Development, 66*, 843-855.

Harman, G. (1978). Studying the chimpanzee's theory of mind. *Behavioral and Brain Sciences, 1*, 576-577.

林　創（2016）．児童期の「心の理論」——大人へとつながる時期の教育的視点をふまえて——　子安増生（編）　「心の理論」から学ぶ発達の基礎——教育・保育・自閉症理解への道——（pp.95-106）　ミネルヴァ書房

川合伸幸（2006）．心の輪郭——比較認知科学から見た知性の進化——　北大路書房

Klin, A., Jones, W., Schultz, R., & Volkmar, F. (2003). The enactive mind, or from action to cognition: Lessons from autism. In U. Frith, & E. Hill (Eds.), *Autism: Mind and brain* (pp.123-159). Oxford, UK: Oxford University Press.

Kosinski, M. (2023). Theory of mind may have spontaneously emerged in large language models. http://doi.org/10.48550/arXiv.2302.02083

子安増生（2016）．まえがき・いまなぜ「心の理論」を学ぶのか　子安増生・郷式　徹（編）心の理論——第2世代の研究へ——（pp.i-ii, 3-16）新曜社

Milligan, K., Astington, J. W., & Dack, L. A. (2007). Language and theory of mind: Meta-analysis of the relation between language ability and false-belief understanding. *Child Development, 78*, 622-646.

Mundy, P., & Sigman, M. (1989). The theoretical implications of joint-attention deficits in autism. *Development and Psychopathology, 1*, 173-183.

内藤美加（2016）．自閉症児の「心の理論」——マインド・ブラインドネス仮説とその後の展開——　子安増生（編）　「心の理論」から学ぶ発達の基礎——教育・保育・自閉症理解への道——（pp. 163-185）ミネルヴァ書房

Onishi, K. H. & Baillargeon, R. (2005). Do 15-month-old infants understand false beliefs? *Science, 308*, 255-258.

Perner, J., Leekam, S. R., & Wimmer, H. (1987). Three-year-olds' difficulty with false belief: The case for a conceptual deficit. *British Journal of Developmental Psychology, 5*, 125-137.

Piaget, J., & Inhelder, B. (1969). *The psychology of the child*. New York: Basic Books.

Premack, D., & Woodruff, G. (1978). Does the chimpanzee have a theory of mind? *Behavioral and Brain Sciences, 1*, 515-526.

Searle, J. (1980). Minds, brains, and programs. *Behavioral and Brain Sciences, 3*, 417-424.

千住淳　（2016）．乳児期の「心の理論」——赤ちゃんはどこまでわかっている?——　子安増生（編）　「心の理論」から学ぶ発達の基礎——教育・保育・自閉症理解への道——（pp.69-80）ミネルヴァ書房

Southgate, V., Senju, A., & Csibra, G. (2007). Action anticipation through attribution of false belief by 2-year-olds. *Psychological Science, 18*, 587-592.

Stanovich, K. E., & West, R. F. (2000). Individual differences in reasoning: Implications for the rationality debate. *Behavioral and Brain Sciences, 23*, 645-726.

Wellman, H. M., Cross, D., & Watson, J. (2001). Meta-analysis of theory-of-mind development: The truth about false belief. *Child Development, 72*, 655-684.

Wimmer, H., & Perner, J. (1983). Beliefs about beliefs: Representation and constraining function of wrong beliefs in young children's understanding of deception. *Cognition, 13*, 103-128.

第8章 道徳性

1 「道徳性の発達」研究の概要

　道徳とは，人々が善悪をわきまえて正しい行為をなすために，守り従わねばならない規範の総体であり，外面的・物理的強制を伴う法律とは異なり，自発的に正しい行為へと促す内面的原理として働くものとされる（藤澤・高橋, 2015）。人は誰でも，行動の善悪を考え，他者を傷つければ罪悪感を抱き，行動を改めようとする。このように道徳性は，社会性を形作る最も根源的な要素の1つといえるであろう。

　道徳に関わる対象は，善悪判断から公平性，道徳的感情，規範意識，社会認識まで，極めて多様である。本章ではこれらのうち，特に善悪判断に関わる道徳性を中心に扱うこととする。

2 これまでの研究の流れ——理性と直観

　道徳性を考える上でまずおさえるべきことは，道徳は私たちが守るべき社会的ルールの一側面として考えられる点である。「社会的領域理論（social domain theory）」によれば，社会的ルールは3つの領域で構成されている（首藤・二宮, 2003; Turiel, 1989）。第1が道徳領域で，正義の概念が構成の基盤となっていて，盗むことや不公平な分配は許されないといったように，社会や文化を超えて普遍的である。第2が慣習領域で，社会の組織についての概念が構成の基盤となっていて，食べ方のマナーのように，所属する集団や社会，あるいは文化によって変わることがある。第3は，心理領域（自己管理／個人）で，安全や健康に関係した独自の行為など，個人の自由や意志に関する概念が構成の基盤となっている。

　このうち，道徳と慣習については，これまで数多くの研究が行われてきた。3〜4歳頃にはすでに道徳と慣習を区別することがある程度できることも知られている

(e.g., Smetana, 1981)。その上で，複数の領域に関わる場面もありうる。例えば，日本では左側通行（国によって異なる）であるが，それを違反すると重大事故を招き，他者を傷つけるという点で道徳的にも問題となる。

　私たちは，相手が理由もなく約束を守らなかったり，ゴミをポイ捨てしたり，不平等に分配しているのを目撃すれば，それ以降，その人への対応の仕方が変わることだろう。それゆえ，行為の善悪や公平性といった判断は，人間の最も基本的な社会性を形作るといっても過言ではない。自分の行為についても同様である。突然，相手の対応が悪くなったとき，自分の行動に何か悪いことがあったのだろうかといったように善悪を深く考えることもある。このように，道徳とは，行動が悪かったのか，どうして悪かったのか，どうすれば良いといえるのかなどと，多面的かつ反省的に熟慮すること，すなわち客観的思考の上に成り立つ理性的なことと考えられやすい。実際に，これまで多くの学問でも，道徳と理性の結びつきが強いという考え方が主流であった。プラトン（Plato）やカント（Kant, I.）など多くの哲学者は，徳のある行動の背後に意識的な理性の働きを考えていた。心理学でも，道徳性は理性によるもので，経験や学習が重要であると考えられてきた。

　道徳性の発達についても，他の多くの認知発達と同様，ピアジェの研究にルーツをたどることができる。ピアジェは，意図と結果が食い違うお話（存在に気づかずコップを 15 個割った vs お菓子を盗み食いしようとしてコップを 1 個割った）を提示したところ，7 歳頃を境に，結果論的判断（被害の大きさ）から動機論的判断（盗み食いをしようとした）へと判断基準が変わることを示した（Piaget, 1932）。このように子どもの道徳性の発達が年齢によって変化することを体系的に調べたのがコールバーグ（Kohlberg, L.）である。コールバーグは，道徳的価値や規範が対立するジレンマのあるストーリーを用意した。例えば，病気の妻を救うためにやむなく薬を盗んだハインツの行動が許されるのかどうか（ハインツのジレンマ）を子どもに判断させ，どのように理由づけするかを検討することで，「前慣習的水準」「慣習的水準」「脱慣習的水準」（各水準で 2 段階）という 3 水準 6 段階からなる道徳性の発達段階を提唱した（Kohlberg, 1969）。これは，道徳の理性的な面に焦点が当たっているといえよう。

　しかし近年では，進化心理学，認知神経科学，比較認知科学，行動経済学などの研究の進展とともに，かつて常識的に考えられていたことを覆す知見がたくさん生まれている。私たちは，ある行為がどうして道徳的に許されないのかを説明できないことがある。「事故で死んだ愛犬を，切り刻んで料理し，こっそり食べた」といったストーリーを聞けば，嫌悪を感じ，道徳的に許しがたいと思う。ハイト（Haidt, 2007, 2012）は，こうした危害はないけれども嫌悪や不敬を誘発する「無害なタブー

侵犯ストーリー」を用意し，質問を重ねた。すると，多くの人が瞬時にこのような行動を非難したが，理由を考えるのには時間がかかったり，犠牲者を創作したりした。客観的には誰にも危害がないことを問うと，「間違いだとわかっているんだけど，理由が思いつかない」などと混乱した。参加者は，合理的に思考しようと奮闘したが，それは真実を求めてではなく，自分の情動的な反応を支持するための奮闘であったという。このことから，道徳的判断は理性的なものというより，直観的なものが優勢であることが示唆されるようになったのである。言い換えれば，論理的思考や理性が道徳的判断を生むのではなく，まず直観的判断があった後に，それを正当化する道徳的な理由づけが生み出され（Haidt, 2001），その背後には感情の影響が強いことも明らかになっている（e.g., Greene et al., 2001）。ハイトは，この2つを「象」（直観的で自動的なプロセス）と「乗り手」（理性にコントロールされたプロセス）という比喩を使って表現している。乗り手（論理的思考）は，役に立つ助言者ではあっても，先頭に立って引っ張り，物事を引き起こす力を持っているのは象（感情を伴った直観）の方となる（Haidt, 2012）。

　さらにハイトは，アメリカの都市部に住む上流階級では，「無害なタブー侵犯ストーリー」を社会的な慣習の問題として捉えることが多かったのに対して，ブラジルの下層階級では道徳的な問題として捉えることを見出した。全体的には，社会階級のほうが国や都市の違いより影響が大きく，教育程度の高い人々は，都市が違っていても，同じ都市の下層階級よりも類似していた。さらに危害に対する認識を統制した場合，文化間の差は大きくなり，ブラジルの下層階級では，たとえ誰にも危害がなくても，いつでもどこでも間違っていると答える傾向があることがわかった。

　ハイトは，道徳の多様性も指摘している。一般に，心理学の多くの研究は，WEIRDと呼ばれる，西洋の（Western），教育を受け（Educated），産業化され（Industrialized），裕福で（Rich），民主主義的な（Democratic）文化のもとで暮らす人々が対象となっている（第12章と第13章参照）。「無害なタブー侵犯ストーリー」に対する文化差から明らかなように，WEIRD文化とそれ以外では，世界の見方が異なるのであれば，道徳的な関心も異なることになる。ハイトは進化的な適応もふまえながら，「ケア／危害」「公正／欺瞞」「忠誠／背信」「権威／転覆」「神聖／堕落」「自由／抑圧」という6つの道徳基盤をまとめている（Haidt, 2012）。

　道徳的判断は，理性より直観が優勢であるとすると，言葉や論理的思考が発達する以前，すなわち赤ちゃんの頃から道徳性のめばえが見られるのではないかと考えられるだろう。実際に近年の研究では，そのような知見が次々と明らかにされている。生後早い時期からポジティブな動きとネガティブ動きを区別し，ポジティブな動きを好む様子を示したり（e.g., Hamlin et al., 2007; Hamlin & Wynn, 2011），不平

等より平等な分配を好む様子が見られたりしており（e.g., Sloane et al., 2012; Ziv & Sommerville, 2017），行動の善悪の判断や公平性に関わる道徳性のめばえといえるだろう（第 1 章参照）。子どもは生後 1 年以内に，他者の第三者に対する向社会的／反社会的行為に対して評価ができると考えられている（Hamlin, 2013）。

3 最新の動向――心の理論および実行機能の発達に焦点を当てて

　前節のように，人間の道徳性は，理性というよりも瞬時に生じる直観に基づくことが明らかになっている。しかし，この直観が進化的に人類に備わったと考えられる太古と違い，私たちが現代の社会で生きていく上では，直観のみを頼りにするわけにはいかない。裁判のように利害の衝突を解決したり調整したりするシステム化された判断はもちろん，身近な対人的トラブルの解決場面を見てもわかるように，時間をかけて理性的な判断をすることが必要とされる。この必要性は，言葉が使えるようなり，論理的思考も次第に発達する幼児期から児童期の子どもにも当てはまることである（Bloom, 2013; 林，2016; 長谷川，2018）。

　それでは，道徳性の発達において，直観だけに左右されず理性を働かせるためには，どのような心の働きの発達が求められるのであろうか。ここでは，心の理論と実行機能に焦点を当ててみよう。

（1）心の理論と関連する道徳性

　心の理論とは，人の行動について意図・動機・知識・信念といった「心的状態（mental states）」を想定して理解する枠組みのことを指す（e.g., Premack & Woodruff, 1978）（第 7 章参照）。

　意図や動機については，古くから道徳的判断との関連が調べられている。すでに 3 ～ 4 歳頃から，同様の結果であっても，わざとやった場合のほうが，わざとでなかった場合よりも悪いと判断するようになる（e.g. Nelson, 1980; Yuill, 1984; Zelazo et al., 1996）。クッシュマン（Cushman et al., 2013）は，4 ～ 8 歳を対象に，偶発的な危害（意図は良いがたまたま悪い結果になった場合）と，未遂の危害（悪い意図を持っていたが，結果的に良かったり，ニュートラルになった場合）を提示した。その結果，4 歳から 5 歳にかけて，前者を悪いと答える割合は低まり，後者を悪いと答える割合は高まった。さらにこれらの傾向は年齢とともに強まった。このように，幼い頃から結果ではなく意図に基づいて，危害を与える行為への道徳的判断をするようになることが知られている。

　この傾向は，援助行為に対する道徳的判断でも同様である。4 〜 8 歳を対象に，主人公が他者を助けようとしたが失敗した場面と，たまたま主人公が他者を助けることができた場面を用意し，どちらがより良いかを判断させた研究（Margoni & Surian, 2017）では，年齢とともに前者をより良いと判断する傾向が急速に高まった。このように，道徳的判断において，幼児期に結果から意図への着目の変化が見られ，年齢とともに意図への感度が高まることが明らかになっている。

　「知っている／知らない」という知識の有無に着目した研究も存在する（Yuill & Perner, 1988）。例えば，男の子の行動（例：画用紙に落書きをする）によって，女の子が悲しむという共通の結果となるが，一方のお話では，男の子が「結果を予見できる重要な事実」（例：画用紙が女の子のものであること）を知っているのに対して，もう一方のお話では，そのことを知らない，という 2 つのお話を子どもに聞かせると，4 〜 5 歳前半ですでに多くの幼児が，「知っている／知らない」の区別の質問には正答できた。ところが，道徳的判断についての質問では，「知っているほうが知らないほうよりも悪い」という判断が大人と同程度の割合になったのは，9 歳頃以降であった（Hayashi, 2007, 2010）。

　信念との関連の研究も存在する。単に他者の誤信念（他者が誤って思っていること）の理解は 4 〜 5 歳頃に発達が進むのに対して，道徳に関連する他者の誤信念の理解（例：A さんが紙袋に入れておいたケーキを，掃除中に B さんがゴミ箱に捨ててしまったことに対して，B さんの考えていることを推測させる）の成績は悪く，発達が遅れることが知られている（Killen et al., 2011, 研究紹介参照）。4 〜 5 歳と大人を対象に，子どもたちがどの程度，意図と信念の両方の情報を道徳的判断に取り込んでいるかを検討した研究もある（Ochoa et al., 2022）。この研究では，誤信念課題の成績が良い幼児は，結果は悪いが良い意図を持っている場合において，結果は良くても悪い意図を持っている場合より，誤信念を持つ行為者の意図を良いと評価した。しかし，良いと評価した割合は大人と比較すると低かったことから，道徳的推論は児童期以降にも大きく発達し，心の理論と道徳的判断の一体化は，複雑な発達によるものと結論している。

　意図と結果についていえば，子どもの道徳的判断は行為者の過失によっても影響を受ける（Nobes et al., 2009）。その際，被害者側の過失も結果に影響を与える場合があり，年齢とともに行為者と被害者の両方の役割に注意を向けるようになる（Mulvey et al., 2020）。3 〜 8 歳を対象に，行為者は不注意であるが被害者は注意深い場面（例：遊んでいたボールが道路に転がり，取ろうとしたが，乱暴な運転をしている自転車に気づき通り過ぎるのを待った。しかし，自転車が道路の穴に引っかかり，ボールを取ろうとした人にぶつかってケガをさせた）と，行為者は注意深い

研究紹介	道徳に関連する誤信念の理解は難しい？

Killen et al.（2011）

　誤信念課題に道徳的な配慮が求められる場合はどうなるだろうか。標準的な誤信念課題（箱の中身が変わっている間に部屋を出ていた主人公は箱の中に何が入っていると思うか）と道徳に関連する誤信念課題（紙袋に入っていた他者の特別なものを，それと知らずに捨ててしまった主人公は，紙袋の中に何が入っていると思うか）を比較すると，次の予測が可能である。子どもは特別なものを失った被害者に気を取られ，「紙袋の中にゴミがある」と主人公が思ったと認識するよりも，主人公が紙袋を捨てるときに特別なものが入っているのを知っていたと誤解するかもしれない。すなわち，課題の道徳的文脈が状況の複雑さを増し，課題がより困難なものになる可能性がある。

　方法：3 〜 4 歳，5 〜 6 歳，7 〜 8 歳児を対象。
1）道徳に関連する誤信念課題
　　A さんがケーキを紙袋に入れて机の上に置いて出かけた。B さんは教室の片づけをしているときに紙袋を見つけて，ゴミ箱に捨ててしまった。
　質問 1）行為者の誤信念
　　「紙袋を捨てた B さんは，その紙袋の中に何が入っていると思いましたか？」
　質問 2）行為者の意図とその理由づけ
　　「B さんが紙袋を捨てたとき，自分が良いことをしていると思いましたか，良くないことをしていると思いましたか？」4 件法（4：良い―1：良くない），「なぜですか？」
　質問 3）行為の評価とその理由づけ
　　「B さんが紙袋を捨てたとき，…ちゃん（参加児）は B さんが良いことをしたと思いますか，良くないことをしたと思いますか？」4 件法（4：良い―1：良くない），「なぜですか？」
2）標準的な誤信念課題
　　C さんは，教室の片づけをしているときに，空のクレヨンの箱の中にクラッカーを入れた。
　質問）他者の誤信念
　　「他の子どもが外遊びから戻ってきたら，クレヨンの箱に何が入っていると思いますか？」
　結果と考察：標準的誤信念課題と道徳に関連する誤信念課題の成績には関連があったが，道徳に関連する誤信念課題のほうが標準的誤信念課題よりも難しいことが明らかになった。また，道徳に関連する誤信念課題の行為者の意図では各年齢間に有意な差があった。行為の評価では 3 〜 4 歳と 7 〜 8 歳の間に有意な差があった（図 1）。理由づけにおいて，危害について言及した割合をみると，行為者の意図では各年齢間に有意な差があった。行為の評価では年齢間に有意な差がなかった（図 2）。さらに，標準的誤信念課題に正答しなかった子どもは，標準的誤信念課題に正答した子どもより，道徳に関連する誤信念課題において行為者の意図が良くないと評価し，行為を非難する際に危害を理由とする傾向が強かった。

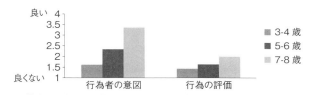

図1 道徳に関連する誤信念課題における行為者の意図と行為に対する評価

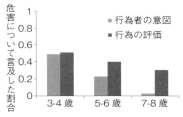

図2 道徳に関連する誤信念課題において危害について言及した割合

が被害者は不注意な場面（例：遊んでいたボールが道路に転がった。慎重にゆっくり運転している自転車に気づいたが，ボールを取りに道へ出た。すると，自転車が道路の穴に引っかかり，ボールを取ろうとした人にぶつかってケガをさせた）を提示した研究（Gönültaş et al., 2021）では，誤信念課題の成績が良い子ほど，違反者と被害者の両方の過失を道徳的判断において考慮する傾向が強かった。

　ここまでは善悪に関わる道徳的判断を紹介したが，公平感においても同様である。3歳児でも悪意を持った人への援助を選択的に回避する傾向はある（Vaish et al., 2010）ものの，3歳児は意図よりも結果を優先し，分配を行う際に受け手のこれまでの行動を考慮しない傾向があった。しかし，5歳児は意図に基づく道徳的判断と一致した分配を行う傾向があることが明らかになった（Li & Tomasello, 2018）。幼児を対象にした2人ペアの実験では，受け取り側の場合は，心の理論の成績に関係なく，不公平な提案を拒否したが，自分があげる側の場合，心の理論課題に正答した子どもは公平な配分を提案したのに対して，誤答の子どもは自分が多くなるような配分を提案した（Takagishi et al., 2010）。

（2）道徳的判断が意図の解釈に与える影響

　このように，心の理論と関連した道徳的判断の発達過程は多様であるといえよう。両者の関連の方向性については，心の理論の発達が道徳的判断の基礎となる考え方

(e.g., Lane et al., 2010)，逆に道徳的判断が心の理論に影響するという考え方（e.g., Knobe, 2003），そして両者が相互に関係するという考え方（e.g., Smetana et al., 2012）など，さまざまである。このうち，道徳的判断が心の理論に影響するという考え方は直観に反するかもしれない。ノーブ（Knobe, 2003）は，次のようなストーリーを用意した。

　　ある会社の副社長が，社長に向かって「新しい事業を始めようと思います。この事業は我が社の利益になるでしょう。ただ，環境を破壊することになるでしょう」と言いました。社長は，「環境のことはどうでもいい。我が社の利益をできるだけ上げたいのだ。新しい事業を始めてみよう」と言いました。その結果，会社は利益を上げ，環境破壊が起こりました。

この社長は，意図的に環境を破壊したのかどうかを聞くと，多数が意図的に環境を破壊したと答えた。少し変えた次のストーリーも用意された。

　　ある会社の副社長が，社長に向かって「新しい事業を始めようと思います。この事業は我が社の利益になるでしょう。そして，環境も良くなることでしょう」と言いました。社長は，「環境のことはどうでもいい。我が社の利益をできるだけ上げたいのだ。新しい事業を始めてみよう」と言いました。その結果，会社は利益を上げ，環境も良くなりました。

この社長は，意図的に環境を良くしたのかどうかを聞くと，多数が意図的に環境を良くしたわけではないと答えた。これは「ノーブ効果（Knobe effect）」もしくは「副作用効果（side-effect effect）」と呼ばれるもので，意図を考慮して道徳的判断をするのではなく，道徳的な判断によって意図的かどうかの判断が変わりうることを示す。ノーブ効果は，子どもでも見出されており，頑健であるといえよう（Leslie et al., 2006; Pellizzoni et al., 2009; Rakoczy et al., 2015）。

　道徳的な判断が意図解釈に及ぼす影響は，認知バイアスに関わる研究でも見出されている。作為と不作為を比較すると，両者で意図や結果が客観的に同等であったとしても，作為のほうが不作為よりも悪いと判断する「不作為バイアス（omission bias）」（e.g., Spranca et al., 1991）の存在が知られており，嘘をつくような場面も含めて，子どもでも頑健に見られる（e.g., Hayashi & Mizuta, 2022）。ここで，道徳的判断の後に意図を尋ねると，子ども（7 〜 12 歳）も大人も，作為のほうが不作為よりも悪いと判断した者は，作為の行為者のほうが不作為の行為者より強く悪い意図

を持っていたと判断する傾向が見られた。すなわち，道徳的判断で選ぶ方向に意図の強さが歪んで解釈されるのである（Hayashi, 2015）。

　認知バイアスと意図解釈の関係は，「ポジティビティ・バイアス（positivity bias）」（他者をよい人と判断したり，特性を楽観的に考えたりする傾向）でも見られる。5～6歳の幼児においては，このポジティビティ・バイアスが意図判断に影響を及ぼし，相手に物を壊された状況でも，「相手は壊そうとはしていなかった」と意図を弱めて判断する傾向がある（Sato & Wakebe, 2014）。

（3）実行機能と関連する道徳性

　子どもの日常的な場面を考えると，悪事を働いたのが自分にとって嫌いな人物だったとしても，嫌いという感情を抑制できなければ，不当にその人物を厳しく社会的評価をしたり，罰したりすることにもなりかねない。すなわち，感情に起因する直観を抑えて客観的な道徳的判断を行うには理性が求められる。ここには抑制という心の働きが不可欠であることから，道徳性には実行機能（第5章参照）の発達が関わることが重要である。

　このこと自体は自明ともいえるが，心理学的な実証的研究は近年になって見られるようになってきた。心の理論自体が実行機能の発達とも密接に関連する（e.g., Carlson & Moses, 2001）ことから，心の理論の発達とも関連づけた研究も多い。例えば，ベイカーら（Baker et al., 2021）は，3～6歳の幼児を対象に，ストループ課題，標準的な誤信念課題を含む心の理論課題，道徳に関連する誤信念課題を実施した。その結果，実行機能の強さは，心の理論課題の成績と関連した。さらに，心の理論課題に正答し，かつストループ課題に対して迅速な反応をする場合は，道徳に関連する誤信念課題にも正答する傾向が見られた。実行機能と道徳的推論が正の相関関係にあることを報告している研究（Vera-Estay et al., 2016）や，満足遅延課題の成績が，道徳性と関係していることを示している研究（Tan et al., 2020）もある。ただし，これらの研究の多くは，多くの課題や変数を用意し，多変量解析による分析を行っているものが多く，必ずしも実行機能の成績が道徳性として設定された課題の成績を説明していない研究もあり，今後のさらなる緻密な研究が求められるところである。

4　まとめと今後の展望――研究が生きた知見になるために

　本章で紹介してきたように，道徳性は社会性と密接に関係し，発達面のさまざま

な研究がなされてきた。近年は乳児期を対象とした研究が脚光を浴びているが，幼児期から児童期にかけては，大人へとつながる大事な発達の時期である。以下，今後の発展の可能性をまとめたい。

第1に，測定方法の多様化が挙げられる。第1章で紹介されているように，乳児期の道徳性の発達に関わる研究では，アイトラッカーを用いた視線計測や，NIRSなどによって脳活動を計測する研究が盛んに行われている。幼児期を対象とした研究でも，アイトラッカーを用いた研究もある（e.g., Shimizu et al., 2021，第12章参照）ものの，どちらかというと幼児期以降の道徳性に関わる研究では，古典的な行動実験が多い。これは，言葉を使ってやりとりができ，内省（考えていること）を直接報告できる利点もあるからでもある。しかし，幼児の内省能力には限度もあるし，質問によって簡単に変わってしまったり，あるいは，前と違うことを答えようとする影響もあることが示唆されている（Siegal, 2009）。今後は，アイトラッカーや視線計測が増えることで，幼児期以降の特に「直観」的な道徳判断の様子もより明らかにされることであろう。

第2に，個体発生のみならず系統発生的な，すなわち進化的な視点をおさえておく必要もあるだろう。トマセロは，コミュニケーションの起源を探って，類人猿とヒトの乳幼児を対象にした緻密な実験をもとに壮大な理論を提唱しており，その一環として道徳性についての深い洞察がある（Tomasello, 2016）。トマセロによると，現代ヒトは少なくとも3つの異なる道徳性の支配下にあるという。1つ目は，単純に類人猿にも見られるような，血縁個体や友人に対する特別な同情を中心に組織された協力的傾向である。2つ目は，特定の状況で特定の個体に特定の責任を持つ共同道徳性である。3つ目は，文化集団のメンバー全員が等しい価値を持つ文化規範と制度の集合的道徳性である。この進展の鍵を握るのが，共有志向性（何かに向けての意識（志向性）が共有されていること）であり，他者とともに相互依存的な複数主体の「わたしたち」を生み出す技術や動機が，単純な協力を超えて真の道徳性をヒトにもたらしたと考えられている（Tomasello, 2016）。このような大きな理論的枠組みは，個々の実証的な研究結果を解釈する際に，道標となるだろう。

第3に，道徳性の発達といえば，それを育む教育的な視点も切り離せない。道徳は昔から学校でも学ばれ，近年は「特別の教科 道徳」となった。最新の教育学と心理学の知見が結びつき，より良い教育実践を導くテキスト（荒木・藤澤，2019）も生まれてはいるものの，「特別の教科 道徳」の大きな柱が「考え，議論する道徳」への転換に表されているように，どちらかといえば，旧来のコールバーグを主流とする理性を働かせた道徳的判断の育みを重視する方向に近いともいえよう。しかし，「単に理性を働かせて考えさせる」ことと，「直観と理性の両面があることをふまえ

た上で，理性を働かせて考えさせる」ことの間には違いがあり，後者によって一歩深い指導ができると考えられる。現実場面に当てはめれば，「熱心に道徳的な指導をして，子どももそれを理解したはずなのに，なぜ悪いことをしてしまうのか」という矛盾を教師が感じることもあるだろう。これも，理性を働かせて理解できたとしても，実行機能や心の理論がうまく働かないことがある（その結果，欲望や目立つものへの衝動性によって悪事を行ってしまうことがある）と解釈できれば，謎を解くことができるだろう（林，2019）。発達心理学の基礎的な研究も，このように応用的な視点を持っておくことで，教育現場との乖離がなくなり，生きた知見になっていくであろう。

参考図書

長谷川真里（2018）．子どもは善悪をどのように理解するのか？——道徳性発達の研究——　ちとせプレス
　善悪，公平感，権利なども含め子どもの道徳性の発達の様子がとてもうまくまとめられていて，わかりやすい名著である。

荒木寿友・藤澤　文（編）（2019）．道徳教育はこうすれば〈もっと〉おもしろい——未来を拓く教育学と心理学のコラボレーション——　北大路書房
　道徳を学校教育の観点から捉え，道徳性の発達というテーマが社会的にいかに重要かを把握できる。

有光興記・藤澤　文（編）（2015）．モラルの心理学——理論・研究・道徳教育の実践——　北大路書房
　子どもの発達に限らず道徳性に関する古典的研究から近年の知見までを把握するのに最適な書である。

引用文献

荒木寿友・藤澤　文（編）（2019）．道徳教育はこうすれば〈もっと〉おもしろい——未来を拓く教育学と心理学のコラボレーション——　北大路書房

Astington, J. W. (2004). Bridging the gap between theory of mind and moral reasoning. *New Directions for Child and Adolescent Development, 103*, 63-72.

Baker, E. R., D'Esterre, A. P., & Weaver, J. P. (2021). Executive function and theory of mind in explaining young children's moral reasoning: A test of the hierarchical competing systems model. *Cognitive Development, 58*, 101035.

Bloom, P. (2013). *Just Babies: The origins of good and evil*. New York: Crown.（ブルーム，P. 竹田　円（訳）(2015). ジャスト・ベイビー——赤ちゃんが教えてくれる善悪の起源——　NTT出版）

Carlson, S. M., & Moses, L. J. (2001). Individual differences in inhibitory control and children's theory of mind. *Child Development, 72*, 1032-1053.

Cushman, F., Sheketoff, R., Wharton, S., & Carey, S. (2013). The development of intent-based moral judgment. *Cognition, 127*, 6-21.

Feinfield, K. A., Lee, P. P., Flavell, E. R., Green, F. L., & Flavell, J. H. (1999). Young children's understanding of intention. *Cognitive Development, 14*, 463-486.

藤澤　文・高橋征仁（2015）．道徳的判断　有光興記・藤澤　文（編）モラルの心理学——理論・研究・道徳教育の実践（pp.2-37）——　北大路書房

Gönültaş, S., Richardson, C. B., & Mulvey, K. L. (2021). But they weren't being careful! Role of theory of mind in moral judgments about victim and transgressor negligence. *Journal of Experimental Child Psychology, 212*, 105234.

Greene, J., Sommerville, R. B., Nystrom, L. E., Darley, J. M., & Cohen, J. D. (2001). An fMRI investigation of emotional engagement in moral judgment. *Science, 293*, 2105-2108.

Haidt, J. (2001). The emotional dog and its rational tail: A social intuitionist approach to moral judgment. *Psychological Review, 108*, 814-834.

Haidt, J. (2007). The new synthesis in moral psychology. *Science, 316*, 998-1002.

Haidt, J. (2012). *The righteous mind: Why good people are divided by politics and religion.* New York: Pantheon Books.（高橋　洋（訳）（2014）．社会はなぜ左と右にわかれるのか——対立を超えるための道徳心理学——　紀伊國屋書店）

Hamlin, J. K. (2013). Failed attempts to help and harm: Intention versus outcome in preverbal infants' social evaluations. *Cognition, 128*, 451-474.

Hamlin, J. K., & K. Wynn (2011). Young infants prefer prosocial to antisocial others. *Cognitive Development, 26*, 30-39.

Hamlin, J. K., Wynn, K., & Bloom, P. (2007). Social evaluation by preverbal infants. *Nature, 450*, 557-559.

長谷川真里（2018）．子どもは善悪をどのように理解するのか？——道徳性発達の研究——　ちとせプレス

Hayashi, H. (2007). Children's moral judgments of commission and omission based on their understanding of second-order mental states. *Japanese Psychological Research, 49*, 261-274.

Hayashi, H. (2010). Young children's moral judgments of commission and omission related to the understanding of knowledge or ignorance. *Infant and Child Development, 19*, 187-203.

Hayashi, H. (2015). Omission bias and perceived intention in children and adults. *British Journal of Developmental Psychology, 33*, 237-251.

林　創（2016）．子どもの社会的な心の発達——コミュニケーションのめばえと深まり——　金子書房

林　創（2019）．子どもの道徳性の発達　荒木寿友・藤澤　文（編）道徳教育はこうすればく＜もっと＞おもしろい——未来を拓く教育学と心理学のコラボレーション——（pp.140-147）北大路書房

Hayashi, H., & Mizuta, N. (2022). Omission bias in children's and adults' moral judgments of lies. *Journal of Experimental Child Psychology, 215*, 105320.

Killen, M., Mulvey, K. L., Richardson, C., Jampol, N., & Woodward, A. (2011). The accidental transgressor: Morally-relevant theory of mind. *Cognition, 119*, 197-215.

Knobe, J. (2003). Intentional action and side effects in ordinary language. *Analysis, 63*, 190-193.

Kochanska, G., Murray, K., & Coy, K. C. (1997). Inhibitory control as a contributor to conscience in childhood: From toddler to early school age. *Child Development, 68*, 263-277.

Kohlberg, L. (1969). Stage and sequence: The cognitive-developmental approach to socialization. In D. A. Goslin (Ed.), *Handbook of socialization theory and research* (pp. 347-480). Chicago, IL, Rand McNally.

Lane, J. D., Wellman, H. N., Olson, S. L., LaBounty, J., & Kerr, D. C. R. (2010). Theory of mind and emotion understanding predict moral development in early childhood. *British Journal of Developmental Psychology, 28*, 871-889.

Leslie, A. M., Knobe, J., & Cohen, A. (2006). Acting intentionally and the side-effect effect: Theory of mind and moral judgment. *Psychological Science, 17*, 421-427.

Li, J., & Tomasello, M. (2018). The development of intention-based sociomoral judgment and distribution behavior from a third-party stance. *Journal of Experimental Child Psychology, 167*, 78-92.

Margoni, F., & Surian, L. (2017). Children's intention-based moral judgments of helping agents. *Cognitive Development, 41*, 46-64.

Mulvey, K. L., Gönültasß, S., & Richardson, C. B. (2020). Who is to blame? Children's and adults' moral judgments regarding victim and transgressor negligence. *Cognitive Science, 44*, e12833.

Nelson, S. A. (1980). Factors influencing young children's use of motives and outcomes as moral criteria. *Child Development, 51*, 823-829.

Nobes, G., Panagiotaki, G., & Pawson, C. (2009). The influence of negligence, intention, and outcome on children's moral judgments. *Journal of Experimental Child Psychology, 104*, 382-397.

Ochoa, K. D., Rodini, J. F., & Moses, L. J. (2022; Online first). False belief understanding and moral judgment in young children. *Developmental Psychology*.

Pellizzoni, S., Siegal, M., & Surian, L. (2009). Foreknowledge, caring, and the side-effect effect in young children. *Developmental Psychology, 45*, 289-295.

Piaget, J. (1932). *The moral judgment of the child.* New York: Free Press.

Premack, D., & Woodruff, G. (1978). Does the chimpanzee have a theory of mind? *The Behavioral and Brain Sciences, 1,* 515-526.

Rakoczy, H., Behne, T., Clüver, A., Dallmann, S., Weidner, S., & Wald-mann, M. R. (2015). The side-effect effect in children is robust and not specific to the moral status of action effects. *PLoS One, 10*, e0132933.

Sato, T. & Wakebe, T. (2014). How do young children judge intentions of an agent affecting a patient? Outcome-based judgment and positivity bias. *Journal of Experimental Child Psychology, 118*, 93-100.

Shimizu, Y., Senzaki, S., & Cowell, J. M. (2021). Cultural similarities and differences in the development of sociomoral judgments: An eye-tracking study. *Cognitive Development, 57*, 100974.

首藤敏元・二宮克美（2003）．子どもの道徳的自立の発達　風間書房

Sloane, S., Baillargeon, R., & Premack, D. (2012). Do infants have a sense of fairness? *Psychological Science, 23*, 196-204.

Smetana, J. G. (1981). Preschool children's conceptions of moral and social rules. *Child Development, 52*, 1333-1336.

Smetana, J. G., Jambon, M., Conry-Murray, C., & Sturge-Apple, M. L. (2012). Reciprocal associations between young children's developing moral judgments and theory of mind. *Developmental Psychology, 48*, 1144-1155.

Spranca, M., Minsk, E., & Baron, J. (1991). Omission and commission in judgment and choice. *Journal of Experimental Social Psychology, 27*, 76-105.

Takagishi, H., Kameshima, S., Schug, J., Koizumi, M., & Yamagishi, T. (2010). Theory of mind enhances preference for fairness. *Journal of experimental child psychology, 105*(1-2), 130-137.

Tan, E. D., Mikami, A. Y., Luzhanska, A., & Hamlin, J. K. (2020). The homogeneity and heterogeneity of moral functioning in preschool. *Child Development, 92*, 959-975.

Tomasello, M. (2016). *A natural history of human morality.* Harvard University Press.（中尾　央（訳）（2020）．道徳の自然誌　勁草書房）

Turiel, E. (1989). Domain-specific social judgments and domain ambiguities. *Merrill-Palmer Quarterly, 35*, 89-114.

Vaish, A. M., Carpenter, M., & Tomasello, M. (2010). Young children selectively avoid helping people with harmful intentions. *Child Development, 81*, 1661-1669.

Vera-Estay, E., Seni, A. G., Champagne, C., & Beauchamp, M. H. (2016). All for one: Contributions of age, socioeconomic factors, executive functioning, and social cognition to moral reasoning in childhood. *Frontiers in Psychology, 7*, 227.

Yuill, N. (1984). Young children's coordination of motive and outcome in judgments of satisfaction and morality. *British Journal of Developmental Psychology, 2*, 73-81.

Yuill, N., & Perner, J. (1988). Intentionality and knowledge in children's judgments of actor's responsibility and recipient's emotional reaction. *Developmental Psychology, 24*, 358-365.

Zelazo, P. D., Helwig, C. C., & Lau, A. (1996). Intention, act, and outcome in behavioral prediction and moral judgment. *Child Development, 67*, 2478-2492.

Ziv, T., & Sommerville, J. A. (2017). Developmental differences in infants' fairness expectations from 6 to 15 months of age. *Child Development, 88*, 1930-1951.

第**9**章　社会認識

1　「社会認識」研究の概要

　社会認識とは，人間が集団生活を営み，所属する社会や文化で生活する上で必要な，社会の仕組み，制度，規則，そして，それを運用している人の行動についての認識である。様式化された社会的構造を生み出し維持するのはヒトだけであり，人間発達の特徴を知る上で社会認識を無視することはできない。社会認識の発達は，社会の理解の発達と道徳性の発達という，峻別が難しいが理論的には異なる2つの立場から研究されてきた。本章では最新の研究として「寛容性」に注目し，知見をまとめた。

　今後の展開としては，多面的で総合的な理解や判断として社会認識を捉えること，感情の側面も考慮して検討する必要があること，価値に関わるテーマを発達研究は避けるべきではないことという3つを挙げた。

2　これまでの研究の流れ──定義と2つの研究史

(1) 社会認識とは

　社会認識とは，人間が集団生活を営み，所属する社会や文化で生活する上で必要な社会の仕組み，制度，規則，そして，それを運用している人の行動についての認識をいう（長谷川，2011）。社会認識は，生物学，物理学，心の理論のような，ヒトの生存に直接関わる「中核領域（privileged domain）」ではなく（Hatano & Takahashi, 2005），ヒトが必要に応じて作り上げてきた社会的構造に関わるものである。よって，中核領域とは異なり，幼い時期から洗練された理解が示されることはない。しかし，たとえ生存に直接関わらないとしても，それらの仕組み，制度，規則などのあらゆる様式化された社会的構造を生み出し維持するのはヒトだけであり

(Tomasello, 2014), 発達の特徴を知る上で社会認識を無視することはできない。

　波多野 (1987) によると, 社会認識の発達とは, 第1に正しい評価基準を持つこと, 第2に, 理論に基づく理解を持つことである。第1の評価基準とは, 一定の社会的, 歴史的制約のもとで個人や社会全体の振る舞いを評価する, 多様かつ普遍的な倫理的基準であり, それをつくりあげ, 深く関与することである。第2の理論に基づく理解とは, 社会の性質や社会的構造について首尾一貫した理論を構築し, かつそれが評価の基準の適用に際して容易に利用されうるよう, 理論と評価を統合することである。つまり, 社会認識には常に倫理的問題が関係する。例えば, 子どもが法律の条文を暗記し, 憲法の成り立ちを諳じたとしても, 社会を理解しているとはいえないはずだ。社会の平等や公平, 人類の福祉がよりよく実現しているのかどうかという観点から, これらの仕組みや制度を捉えることこそが, 社会の理解といえるであろう。

　社会認識研究の対象となる仕組み, 制度, 規則などの様式化された社会的構造とは, 具体的には, 学校, 政治, 経済, 法律, 人権, ジェンダー, 社会階層, 貧困, 人種などである (Barrett & Buchanan-Barrow, 2005)。これらは, 基本的には, 具体的な人間関係の枠組みを超えた抽象的で体系的な概念である。例えば, 貧困とは, 実在する一人一人の貧困者や貧困家庭を指し示すのではない。また, 貧困についての社会認識とは「基本的なものやサービスを手に入れられない状態を指す」というように, 辞書的な定義を知ることではない。貧困に対する倫理的な評価基準に基づき, その発生過程や影響過程など, 表面的には見えない背後の「しくみ」を理解することが必要である。このように考えると, 社会認識の難しさに気づかざるをえない。第1に, 私たちが直接関わることのできる具体的な事物からその背後にある制度や仕組みを想像することが困難であること, 第2に, 専門の学者の間でも議論の生じる「正解のない問題」を扱うことが多いからである。

　社会的な概念は直接経験から構築されることは少なく, 多くは, 親や教師からの説明, メディアとの接触など, 間接的な情報がもとになるようだ。それゆえ誤概念が作られることも多く, それを変容させるのは学校教育でも難しいことがある (Barrett & Buchanan-Barrow, 2005)。

　社会認識研究の論文数は少ない。参考までに, 2010年以降,「心理学研究」「教育心理学研究」「発達心理学研究」という日本の代表的な学術誌で発表された, 社会認識に関わる研究をまとめた (表9-1)。それぞれがユニークで質の高い研究ではあるものの, 発達研究のなかではマイナーな研究領域であることは否めない。

表 9-1　2010 年以降に国内主要雑誌に掲載された社会認識に関わる研究

三輪聡子（2012）．道徳授業における児童の勤労観形成にアナロジー推論が与える影響　教育心理学研究, *60*, 310-323.
長谷川真里（2014）．信念の多様性についての子どもの理解——相対主義，寛容性，心の理論からの検討——　発達心理学研究, *25*, 345-355.
長谷川真里（2014）．他者の多様性への寛容——児童と青年における集団からの排除についての判断——　教育心理学研究, *62*, 13-23.
平井美佳・神前裕子・長谷川麻衣・高橋惠子（2015）．乳幼児にとって必須な養育環境とは何か——市民の素朴信念——　発達心理学研究, *26*, 56-69.
佐々木掌子（2018）．中学校における「性の多様性」授業の教育効果　教育心理学研究, *66*, 313-326.
平井美佳・長谷川麻衣・高橋惠子（2019）．「子どもの貧困」についての大学生の認識の深化——テレビ視聴の効果——　発達心理学研究, *30*, 315-328.
木下芳子（2021）．個人の自由を制限するコミュニティの規則についての判断の発達——日本とイギリスとの比較——　教育心理学研究, *69*, 396-409.

（2）社会認識の研究の枠組み

　社会認識の研究は，社会的理解（social understanding）と道徳性発達（moral development）という，関連しつつもある程度独立した 2 つの研究群により発展してきた。前者は，社会的構造についての子どもの理解を扱う。前述の社会性の発達の定義における第 2 の「理論に基づく理解」に対応する。後者では，特に社会正義と関わりを持つ概念に注目する。前述の定義に即すれば第 1 の「評価基準」に該当する。社会認識の対象となる事象は，原則的には子どもが所属する集団の事象である。しかし，必ずしも正義にかなったものではないかもしれないし，時代とともに変化するものである。社会認識研究が道徳性発達研究と密接に関わる最大の理由はこの点にある。突き詰めると「社会はどうあるべきか」「私たちはどうすべきか」という問いにつながる。なお，教授学習分野において社会科領域の不十分な認識を扱う重要な一連の研究群があるが，発達心理学の枠組みを超えているため，本章では取り扱わないこととする。

① ピアジェ学派の研究

　社会的理解，道徳性発達のいずれにおいても，社会認識研究の始祖はピアジェである（Piaget, 1926, 1932）。ピアジェは子どもが外界で起こる事象やゲームの規則や道徳をどのように理解しているかを知ることが，子どもの認識の特徴の把握には欠かせないとした。観察や実験の結果，社会的事象を理解できない段階（前操作），移行期（具体的操作），理解している段階（形式的操作）に分けて発達を見た（長谷川, 2011）。したがって，はじめに社会認識の研究に取り組んだ研究者の多くはピア

ジェ学派であった。代表的な研究者として、ファース（Furth, 1980）、ヤホダ（Jahoda, 1983）、ベルティラ（Berti & Bombi, 1981）が挙げられる。

　しかし、普遍的な発達段階を想定するピアジェ理論が批判されるにつれて、多くの認知発達の研究と同様に社会認識の研究も変化し、領域に固有な知識を重視する立場へ、あるいは、素朴概念を用いた研究へと移行していった。また、社会認識は感情的に中立ではないことも明らかにされてきた（Barrett & Buchanan-Barrow, 2005）。例えば、特定の集団（例：人種）についての理解はその集団への強い同一化に関連する。多くの場合は感情がその知識の獲得を動機づけるのである。

② 道徳性発達研究からの社会の理解

　社会正義の研究の歴史を概観する際、コールバーグ（Kohlberg, 1971）を外すことはできないだろう。彼は、事実（である）と当為（べきである）が混同されている段階から、それらが分化し、さらには、現在存在していないものの潜在的には可能な規範的秩序を構想可能な段階へと変化する、3水準6段階の発達段階を提出した。この発達段階は、主観的な見方や具体的な問題状況の特殊性を構成する要素から離れ、誰にとっても正しい判断を下すという「普遍化可能性（universalizability）」と「指令性（prescriptivity）」の基準を満たす判断、すなわち倫理的にも正しい判断へと変化していくものである。また、表9-2に示されるように、高い段階は社会的な視点、つまり一般的他者の視点を有していると想定された。社会正義に関わる道徳判断は、一般的他者の視点に立つ必要がある（コールバーグ理論のその後の展開と批判については第12章を参照）。

　コールバーグ理論以降の道徳性発達研究において、特に社会正義に関わる一連の研究群は、社会的領域理論（Turiel, 1983, 2002）に引き継がれた[1]。この理論では、社会的知識には質的に異なった複数の領域があり、社会的な判断や行動はこれらの領域の知識が調整された結果と考える（表9-3）。よって人は、道徳的志向性（内集団の規範を超えてあらゆる文化集団に通用するルールへの志向性）と社会慣習的志向性（集団の斉一性や維持に向けられた志向性）の両方を有すると想定する（Killen & Smetana, 2015）。人間は内集団に同一視する傾向があるが（Tomasello, 2014）、内集団の規範をそのまま受け入れるだけの存在ではない（Turiel, 2002）。社会的領域理論に基づく研究では、道徳的志向性と社会慣習的志向性、さらにはそれ

1　なお、道徳性に関わる理論により道徳そのものの定義が異なることには注意する必要がある。社会的領域理論では、規範的（prescriptive）、義務的（obligatory）根拠を有するものを道徳と想定しているが、道徳発達に貢献するポジティブな社会志向性や社会慣習も道徳と捉える理論や研究がある。

以外のさまざまな考慮事項を重みづけながら社会的事象を判断し，対応すると想定する。この点で児童と青年は，一貫して道徳的でも，一貫して不道徳でもない。

　次節では，最新の研究テーマとして，「寛容性」を取り上げる。近年注目が集まり，興味深い論文が次々と出版されていること，人権に関わる問題は社会認識研究の中心的課題であるという 2 つの理由による。

表 9-2　コールバーグの道徳性発達段階理論（荒木，2017 より）

	段階	特徴	図式にすると
前慣習的水準	第 1 段階：罰の回避と服従志向	正しさの基準は外部（親や権力を持っている人）にあって，罰せられるか褒められるかが正しさを決定する。	親など → 私
	第 2 段階：ギブアンドテイク 道具的互恵主義志向	正しいこととは，自分の要求と他人の要求のバランスがとれていることであり，「〜してくれるなら，〜してあげる」といった互恵関係が成立すること。	私 ⇄ 親など
慣習的水準	第 3 段階：よい子志向	グループの中で自分がどう見られているのか，どういう行動が期待されるのかが正しさの基準になる。つまりグループの中で期待される行動をとることが正しいことである。	私 他人 他人
	第 4 段階：法と社会秩序志向	個人的な人間関係を離れ，社会生活の中であるいは法が治める中で，どのように生きていくか考えることができる。正しさの基準は，社会システムの規範に合致することである。	法や社会システム 私 他人 他人
脱慣習的水準	第 5 段階：社会的契約と法律的志向	社会システムの中で生きながら，かつ社会システムの矛盾を見出し，それを包括するような視点を提起できる。	私 法や社会システム 他人 他人
	第 6 段階：普遍的な道徳	正義（公平さ）という普遍的な原理に従うことが正しいことであり，人間としての権利と尊厳が平等に尊重されることが道徳的原理となる。	私 法や社会システム 他人 他人

表 9-3 チュリエルによる領域の定義と基準（有光・藤澤，2015 より）

	領域		
	道徳	慣習	心理（個人／自己管理）
知識の基盤	正義（公正）や福祉や権利といった価値概念	社会システム（社会の成り立ち，機能など）に関する概念	個人の自由や意思に関する概念および自己概念
社会的文脈	行為に内在する情報（行為が他者の身体，福祉，権利に与える直接的な影響）	社会的関係を調整するための，恣意的ながらも意見の一致による行動上の取り決め	行為が行為者自身に与える影響
典型的な場面例	盗み，殺人，詐欺，緊急場面での援助，いじめなど	挨拶，呼称，生活習慣，宗教儀式，テーブルマナー，校則など	趣味，遊びの選択，友人の選択
理由づけカテゴリー	他者の福祉，公平・不公平，絶対に許されない行為，義務感，権利	期待・規則，社会秩序，常識・習慣からの逸脱，無礼行為	自分自身の問題，規則の拒否，許容範囲の行為，規則存在の不公平

3　最新の動向——寛容性の理解と発達

（1）寛容性とは

　多様な人々が共存する現代社会において，子どもや青少年の寛容性をはぐくむことに関心が集まっている。寛容とは，自身と異なる，行動，信念，身体的能力，宗教，慣習，エスニシティ，ナショナリティなどを持つ他者を受け入れることである。しかし，寛容とは無関心や中立，あるいは「なんでも受け入れる」という相対主義ではなく，受け入れることに道徳的な理由があることが前提となる。よって，すべてに寛容であることはありえない（Cohen, 2004）。

　寛容性は，政治的寛容性と社会的寛容性という，2つの下位概念から構成される。前者は，言論の自由や集会の自由などの基本的な政治的自由と権利を，異なる考えを持った他者に対しても認めることである。後者は，仲間集団からの排斥や，異質な他者に対する態度など，身近な問題に焦点づけたものである。寛容が重要なのは，多様な人間のすべてが尊重されるべきであるという人権の理念に沿うからである。海保（2012）によると，寛容性には3つの社会的な意味がある。第1は，社会的営みの基本的な前提要件であるということ，第2は，自己の癒しの契機，第3は社会的に創造的な活動の保証である。

　本節では，子どもの寛容性の研究について，発達的変化，寛容さの境界線，感情との関係という3つの観点から，最新の動向をまとめる。

（2）寛容性の発達

　初期の道徳性の発達研究では，他者の立場に立てない未熟な子どもが徐々に普遍的な観点を取ることができるようになるという発達の方向性が示されてきた。例えば役割取得理論では，幼児は自分の観点からしか物事を見ることができず，児童期後期になってようやく第3者的視点が持てるようになる（Selman, 2003）。同様に，初期の寛容性の研究はピアジェの認知発達の段階理論に基づき，不寛容から寛容へと変化していくと説明されている（Enright & Lapsley, 1981; Melton, 1980）。

　異論に対する子どもたちの評価や判断に発達的変化があることは事実である。しかし，近年の発達研究の知見は，不寛容から寛容へと一方向的に発達するような，単純な年齢変化ではないことを示す。例えば，社会学における政治的寛容性研究において（McClosky & Brill, 1983），人々がさまざまな異論（例えば，ナチの思想，同性愛など）に不寛容であることが示されたが，実際には人々は異論のタイプによって個人の中で寛容性の高低が変わる。児童を対象とした「言論の自由」の研究でも，異論の種類により自由を認める程度に差が見られた（長谷川, 2001, 2003）。

　不寛容から寛容へという一方向の発達的変化にならない理由の1つは，寛容が問題になる場面の多くはしばしば複数の，潜在的に相反する考慮事項を比較検討しなければならないからである。例えば集団からの排除という現象には，排除は不正であり排除される人に同情する，という道徳的な側面（道徳的志向性）と，集団から異質性を排除することにより集団規範が維持されるという社会慣習的な側面（社会慣習的志向性）が含まれている。その結果，人は状況に応じて道徳と慣習のどちらの志向性を優先するかが変わる。例えば，異質な他者を受け入れるときには道徳的な観点に立ち，排除するときには社会慣習的な観点に立つ。判断の柔軟性といえば聞こえはよいが，都合よく観点を変えるともとれる。

　発達の方向性として，過剰な道徳原理の適用から，弁別的な判断への変化が挙げられる。例えば，児童と青年に対し，暴力をふるう子，手づかみで食事をする子，黄色い服を着る子，気が合わない子，髪を緑に染めている子，の5種類の他者を排除される対象として提示した研究がある（長谷川, 2014）。その結果，小学生は，どのような特徴を持つ人物であっても排除を悪いと考え，人物の特徴を細かく区別せず判断していた。理由づけも，「いじめはよくない」，「仲間はずれはかわいそう」というような，道徳的原理を場面の解釈に直接適用するものだった。また，行動の変容を求め，他者をありのままに受け入れなかった。中学生になると，寛容性が低くなるが，暴力をふるう子は誘わなくてもよいが手づかみで食事をする子は誘ってもよい，というように，他者の特徴を区別して判断するようになった。

　弁別的な判断は，異論の表現方法でも見られる。例えば，年少者は何かを信じる

こと，表現すること，それに基づいて実行することにつながりがあると想定するが，児童期後期以降，異論を持つことに対する許容度と，それを表明することに対する許容度が分化していく（Wainryb et al., 1998）。

また，年齢とともに，子どもたちは集団の機能とは関係のない基準（性別，人種，民族，宗教など）に基づく社会的排除は不公平であると認識するようになる（Arsenio et al., 2013; Mulvey, 2016; Rutland et al., 2015）。つまり，子どもや青年は，社会的排除の形態が不当で不公平なものか，合理的で正当なものかを見分けることができるようになるのである。例えば，チームワークのようにグループ内の相互依存が良い結果を生む場合など，グループの継続性がアイデンティティの再構築に重要であり，グループへの忠誠心が生産的であるような状況が存在することを認識するようになる。学校場面よりも友情の文脈において排除する傾向，肥満の子どもを運動に関係する場面で排除する傾向が年齢とともに高まるのはこのためである（Mulvey, 2016; Nguyen & Malti, 2014）。

このように，寛容性は段階的，一方向的に発達するものではない。関連する発達上の変化が寛容な態度や判断に影響すること，対象が何かによって寛容の程度が変容することを前提にする必要がある。つまり，寛容性を単一の能力としてではなく，複数の要因が絡み合った結果としての現象と捉えるべきなのではないだろうか。

（3）寛容の境界線──どのようなときに不寛容になるのか

私たちが容認できない状況とは，社会的・道徳的規範から逸脱していると考えられる特定の慣習や信念（例：いじめやハラスメント）に関わるときである。オランダの中高生を対象とした研究では，イスラム教に基づく行動に対する寛容性は，道徳的な問題と考えられるかどうかにより異なる（Gieling et al., 2010）。個人的な領域に属すると考えられる実践（例：ヘッドスカーフの着用）に対する寛容性は高いが，道徳的問題に抵触する場合（例：同性愛嫌悪発言）には寛容性が低い。別の研究では，ベルギーとカナダの青少年は，自身の好みに関わる信念には寛容であったが，ヘイトスピーチには寛容ではなかった（Harell, 2010）。このように，不寛容な判断をする理由としてよく挙げられるのは，他人にとって有害で不公平な結果である（Rutland & Killen, 2017; Wainryb et al., 1998）。実際，暴力的な子どもを仲間はずれにすることは，それ以外の特徴を持つ子どもよりも正当化されがちである（Killen et al., 2002; 武ら，2003）。幼児でもチョコレートアイスクリームが美味しくないという個人的信念に基づく異論よりも，他者に暴力を振るってもよいという道徳的な異論には不寛容であった（Wainryb et al., 2001）。道徳的問題に対し不寛容になることは，大人を対象とした研究にも見られる（Wright et al., 2008）。

　複雑なことに，年齢とともに子どもは社会慣習的な基準での不寛容を認めるようにもなる。なぜなら，年齢とともに子どもは集団の規範や価値観が自分のアイデンティティと関わることを理解するようになり，集団への「忠誠」をより高く評価するからである（Killen & Smetana, 2015）。このように不寛容は，個人間の関係や自分のグループの継続性や機能に対する懸念に基づく場合もある。例えば，子どもや青年は，見知らぬ人や異質な他者よりも，身近な人の異論を容認することがより難しいと感じる。これは，これらの信念が本人と関連性があるため，内集団成員の言動を「我ごと」と捉えるからである（Capelos & Van Troost, 2012; Wright, 2012）。同様に，内集団に強く共感する人は，自分のグループの継続性や肯定的な価値に関心を持つ傾向が高い（Tajfel & Turner, 1979）。ある研究では，グループへの同一化が強い青年は，グループへの同一化が弱い青年に比べて，異論への寛容性が低いことが示されている（Gieling et al., 2014; Van der Noll et al., 2010）。興味深いことに，集団自体の社会的地位も判断に影響する。あるアメリカの研究では，人種的に多数派の子どもは，集団アイデンティティや伝統という社会慣習的な理由を用いてマイノリティの排除を容認する一方，少数派の子どもは，道徳的な観点に立ち，集団からの排除を不正と考えた（Crystal et al., 2008; Killen et al., 2007）。

（4）排除と感情

　政治的寛容性と感情の関係を見た研究はほとんどないため，社会的寛容性の研究から感情の問題を見てみよう。集団から排除された者が悲しむことを子どもは理解する（Killen et al., 2006）。では，排除を行った加害者はどのような感情を抱くと，子どもは予想するだろうか。犠牲者側に比べ加害者側の感情推測の研究は少ない。

　ある研究では，小学3年生から6年生を対象に，道徳逸脱に関わる場面で，主人公がポジティブな感情（うれしい）とネガティブな感情（悲しい）のどちらを感じると思うかについて判断を求めた（長谷川, 2019）。ストーリーはすべて，「カンニングをしたらよい点を取れる」「乱暴な友人を遊びに誘わない」のように，道徳逸脱をしたら個人的には得をするという構造になっている。その結果，仲間排除のストーリー以外は，感情の選択に学年差がない，または学年が上がるにつれて「うれしい」を選択する割合が減少した。一方，仲間排除のストーリーのみ，学年が上がるとともに「うれしい」の選択の割合が多くなった。逸脱をして個人的に得をする主人公にポジティブな感情を帰属させるのは"幸福な加害者（Happy Victimizer）"反応と呼ばれる（Arsenio & Kramer, 1992）[2]。この反応は，幼児期に最も多く見られ，

2　Happy Victimizer 反応，または Happy Victimizer 現象は，Happy Victimization と呼ばれることもある。詳細は第 11 章を参照のこと。

研究紹介　スイスにおける排除に関する社会的判断と感情帰属

Malti et al. (2012)

　子どもや青年が社会的排除についてどのように考え，感じているかを理解することは，社会統合を促進し，差別を減らすために重要である。本研究で注目するスイスは，ヨーロッパ大陸で最も移民率が高く，国内の少数派と多数派に文化的緊張がある。また依然としてジェンダーの不平等が蔓延している。

　方法：本研究の調査対象者は，スイス人とスイス以外の国籍保有者の12歳と15歳であった。排除対象者の要因として，ジェンダー，パーソナリティ，国籍が選ばれた。具体的には，ジェンダーに基づく排除では男子が女子を体操競技から排除するストーリー，パーソナリティに基づく排除では，演劇部の学生が内気な仲間を演劇部から排除するストーリー，国籍に基づく排除ではスイス人がセルビア人をサッカー観戦から排除するストーリーが提示された。各ストーリーに対して，判断（1＝よくない～6＝問題ない），感情帰属（1＝とても悪い感情～6＝とても良い感情），および排除者と排除された人それぞれに対する感情帰属（誇り，喜び，悲しみ，中立，怒り，恐れ，罪悪感，恥，共感への回答；0＝回答なし，1＝回答あり），正当化（判断と感情それぞれに対しての理由づけ）が求められた。あわせて，「友達が排除の意向を持つ場合」と「親が排除を容認する場合」における判断と感情帰属も問われた。

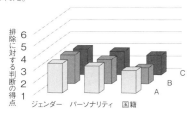

図　排除対象者のタイプごとの排除に関する判断

注）得点が高いほど排除を認めることを示す。
A: 追加情報なしの場合での排除に対する判断
B: 仲間が排除を望む場合での排除に対する判断
C: 親が排除を望む場合での排除に対する判断

　結果と考察：全体として，国籍に基づく排除はジェンダーやパーソナリティに基づく排除よりも受け入れ難いと判断された。さらに，スイス国籍を有しない参加者は，スイス人参加者よりも国籍に基づく排除を間違っていると判断し，排除者がうれしいなどのポジティブな感情を抱くと予想した。15歳は12歳よりも排除を容認し，排除者にポジティブな感情を帰属する傾向があった。全体的には，排除を容認する場合は排除者にポジティブな感情を帰属するという関係も見られた。

一般には児童期中期に消失する。また，Happy Victimizer 反応と攻撃行動の関係が示唆されている（Malti & Krettenauer, 2013）。しかし，仲間排除場面においては，小学校高学年に Happy Victimizer 反応が見られるようだ。

　同様の調査が小学 4 年生から大学生にかけての幅広い年齢層に対して行われた（Hasegawa, 2016）。この幅広い年齢層でも，「盗み」と「約束の反故」場面では，予想される感情に年齢差が見られなかった（なお，仲間はずれ場面との比較のために，仲間と一緒に盗むなど仲間関係場面として提示している）。その一方，仲間排除場面では，中学生以上の年齢になると「逸脱をしてうれしい」という Happy Victimizer 反応が増加した。この，仲間排除の加害者に対しポジティブな感情を帰属させる"幸せな加害者"反応は欧米の研究でも見られる現象である（Malti et al., 2012，研究紹介参照）。他の道徳違反場面では児童期中期までには減少する一方，仲間排除においては児童期後期以降，特に青年期に現れることは，興味深い。

4　まとめと今後の展望──社会認識研究の発展に必要なこと

　0 歳児も他者を助けるエージェントを好み，よちよち歩きの子どもが見知らぬ大人を助ける行動をする。発達科学は，子どもが向社会的で協力的な特徴を持つことを示してきた。だが，乳児は「ジャスト・ベイビー」に過ぎず（Bloom, 2013），発達の地平はその後も続く。本章で扱う社会認識の発達は，その「遠い地平」に連なると考えられる。

　幼い年齢で何ができるのかを探る研究が多いなか，生得的ではない領域を扱う研究にどのような意味があるのか。社会認識研究の数の少なさは領域の重要性の低さにあるのか。あるいは発達研究が忌避する価値に関わるテーマを扱うためか。しかし，本章第 2 節で解説したとおり，社会認識は人間の発達を考える上で本来無視することができない領域である。そのことをふまえ，以下，今後の発展の可能性を述べる。

　第 1 に，社会認識を多面的で総合的な理解や判断として捉えることである。経済，政治，ジェンダーなど，対象となる社会的事象ごとに必要とされる知識が異なり，さらには判断に影響する発達的要因が複数存在する。それぞれ複雑な様相を呈することを前提に，細かく判断の過程を調べていくしかない。

　第 2 に，よりいっそう感情の側面も考慮して検討する必要がある。先述のように，集団への同一化が判断に影響する。社会的事象の理解を動機づける際に感情は大きな影響を持つ。不公正に対する怒り，他者への同情や共感なども考えられる。

　第3に，価値に関わるテーマを発達研究は避けるべきではない。科学的であるために，発達心理学はできる限り価値中立的にあろうとしてきた経緯がある。しかし，発達は単なる年齢変化のことではないだろう。私たちが人間の発達を探求する最終的な目的は，人々がより善く，より幸せになるためではないか。

　社会認識研究の対象となる学校，政治，経済，法律，人権，ジェンダー，社会階層，貧困，人種などは人間社会の要である。それぞれを子どもがどのように理解，あるいは誤解するのか，それはなぜなのかを探ることは，実り多い成果をもたらすと考えられる。

参考図書

Barrett, M., & Buchanan-Barrow, E.（2005）. *Children's understanding of society*. Hove, UK: Psychology Press.
　少し古い文献だが，世界的にも珍しい，社会認識の発達を扱った専門書である。

Killen, M. & Smetana, J. G.　長谷川真里（訳）道徳性の起源と発達　R. M. Lerner（編集主幹）M. E. Lamb et al.（編）二宮克美・子安増生（監訳）　小塩真司・仲真紀子ほか（編訳）（2022）. 児童心理学・発達科学ハンドブック　第3巻　社会情動の過程（pp.1005-1073）　福村出版
　市民の権利や集団間関係など，社会認識研究も紹介されている。

引用文献

荒木寿友（2017）. ゼロから学べる道徳科授業づくり　明治図書
有光興記・藤澤　文（編著）（2015）. モラルの心理学 —— 理論・研究・道徳教育の実践 —— 北大路書房
Arsenio, W. F., & Kramer, R. (1992). Victimizers and their victims: Children's conceptions of the mixed emotional consequences of moral transgression. *Child Development, 63*, 915-927.
Arsenio, W. F., Preziosi, S., Silberstein, E., & Hamburger, B. (2013). Adolescents' perceptions of institutional fairness: Relations with moral reasoning, emotions and behavior. *New Directions for Youth Development, 136*, 95-110.
Barrett, M., & Buchanan-Barrow, E. (2005). *Children's understanding of society*. Hove, UK: Psychology Press.
Berti, A. E., & Bombi, A. S. (1981). The development of the concept of money and its value: A longitudinal study. *Child Development, 52*, 1179-1182.
Bloom, P. (2013). *Just babies: The origins of good and evil*. New York: Crown.（竹内　円（訳）（2015）. ジャスト・ベイビー——赤ちゃんが教えてくれる善悪の起源—— NTT出版）
Capelos, T., & Van Troost, D. M. (2012). Reason, passion, and Islam: The impact of emotionality and values on political tolerance. In C. Flood, S. Hutchings, G. Miazhevich, & H. Nickels (Eds.), *Political and cultural representations of Muslims: Islam in plural* (pp. 75-95). Boston, MA: Brill.

Cohen, A. J. (2004). What toleration is. *Ethics, 115*, 68-95.

Crystal, D. S., Killen, M., & Ruck, M. (2008). It is who you know that counts: Intergroup contact and judgments about race-based exclusion. *British Journal of Developmental Psychology, 26*, 51-70.

Enright, R. D., & Lapsley, D. K. (1981). Judging others who hold opposite beliefs: The development of belief-discrepancy reasoning. *Child Development, 52*, 1053-1063.

Furth, H. G. (1980). *The world of grown-ups: Children's conceptions of society*. New York: Elsevier.

Gieling, M., Thijs, J., & Verkuyten, M. (2010). Tolerance of practices by Muslim actors: An integrative social-developmental perspective. *Child Development, 81*, 1384-1399.

Gieling, M., Thijs, J., & Verkuyten, M. (2014). Dutch adolescents' tolerance of Muslim immigrants: The role of assimilation ideology, intergroup contact and national identification. *Journal of Applied Social Psychology, 44*, 155-165.

Harell, A. (2010). The limits of tolerance in diverse societies: Hate speech and political tolerance norms among youth. *Canadian Journal of Political Science, 43*, 407-432.

長谷川真里（2001）．児童と青年の「言論の自由」の概念　教育心理学研究，*49*, 91-101.

長谷川真里（2003）．言論の自由に関する判断の発達過程――なぜ年少者は言論の自由を支持しないのか？――　発達心理学研究，*14*, 304-315.

長谷川真里（2011）．社会認識　高橋惠子・湯川良三・安藤寿康・秋山弘子（編）発達科学入門　第 2 巻　胎児期～児童期 (pp.255-268)　東京大学出版会

長谷川真里（2014）．他者の多様性への寛容――児童と青年における集団からの排除についての判断――　教育心理学研究，*62*, 13-23.

Hasegawa, M. (2016). Development of moral emotions and decision-making from childhood to young adulthood. *Journal of Moral Education, 45*, 387-399.

長谷川真里（2019）．児童における道徳感情帰属の発達と道徳的行動との関連　道徳性発達研究，*13*, 48-55.

波多野誼余夫（1987）．社会認識における経験と学習　東　洋・稲垣忠彦・岡本夏木・佐伯　胖・波多野誼余夫・堀尾輝久・山住正己（編）岩波講座　教育の方法 5　社会と歴史の教育 (pp.1-22)　岩波書店

Hatano, G., & Takahashi, K. (2005). The development of societal cognition: A commentary. In M. Barrett, & E. Buchanan-Barrow (Eds.), *Children's understanding of society* (pp. 287-303). Hove, UK: Psychology Press.

Jahoda, G. (1983). European 'lag' in the developemnt of an economic concept: A study in Zimbabwe. *Bitish Journal of Developmental Psychology, 1*, 113-120.

海保博之（2012）．社会的営みとしての寛容さ――基準概念からの考察――　東京成徳大学研究紀要，*19*, 39-43.

Killen, M., Crystal, D. S., & Watanabe, H. (2002). Japanese and American children's evaluations of peer exclusion, tolerance of differences, and prescriptions for conformity. *Child Development, 73*, 1788-1802.

Killen, M., Geyelin, N. M., & Sino, S. (2006). Morality in the context of intergroup relationships. In M. Killen & J. Smetana (Eds.), *Handbook of moral development*（pp. 155-183）. Mahwah, NJ: Lawrence Erlbaum Associates.

Killen, M., Henning, A., Kelly, M. C., Crystal, D., & Ruck, M. (2007). Evaluations of interracial peer encounters by majority and minority U.S. children and adolescents. *International Journal of Behavioral Development, 31*, 491-500.

Killen, M., & Smetana, J. G. (2015). Origins and development of morality. In M. E. Lamb & R. M. Lerner(Eds.), *Handbook of child psychology and developmental science: Socioemotional processes*(pp. 701-749). New York: Wiley-Blackwell.

Kohlberg, L. (1971). *From is to ought: How to commit the naturalistic fallacy and get away with it in the study of moral development.* New York: Academic Press.

Malti, T., Killen, M., & Gasser, L. (2012). Social judgements and emotion attributions about exclusion in Switzerland. *Child Development, 83*, 697-711.

Malti, T., & Krettenauer, T. (2013). The relation of moral emotion attributions to prosocial and antisocial behavior: A meta-analysis. *Child Development, 84*, 397-412.

McClosky, H., & Brill, A. (1983). *Dimensions of tolerance: What Americans believe about civil liberties.* New York: Russell Sage.

Melton, G. B. (1980). Children's concepts of their rights. *Journal of Clinical Child Psychology, 9*, 186-190.

Mulvey, K. L. (2016). Children's reasoning about social exclusion: Balancing many factors. *Child Development Perspectives, 20*, 22-27.

Nguyen, C., & Malti, T. (2014). Children's judgements and emotions about social exclusion based on weight. *British Journal of Developmental Psychology, 32*, 330-344.

Piaget, J. (1926/1960). *The child's conception of the world.* Totowa, NJ: Littlefield.

Piaget, J. (1932/1965). *The moral judgement of the child.* New York: Free Press.

Rutland, A., & Killen, M. (2017). Fair resource allocation among children and adolescents: The role of group and developmental processes. *Child Development Perspectives, 11*, 56-62.

Rutland, A., Mulvey, K. L., Hitti, A., Abrams, D., & Killen, M. (2015). When does the in-group like the out-group? Bias among children as a function of group norms. *Psychological Science, 26*, 834-842.

Selman, R. L. (2003). *Promotion of social awareness: Powerful lessons for the partnership of developmental theory and practice.* New York: Russell Sage Foundation.

Tajfel, H., & Turner, J. (1979). An integrative theory of intergroup conflict. In W. G. Austin, & S. Worchel (Eds.), *The social psychology of intergroup relations* (pp. 33-47). Monterey, CA: Brooks/Cole.

Tomasello, M. (2014). *A natural history of human thinking.* Cambridge, MA: Harvard University Press.

Turiel, E. (1983). *The development of social knowledge: Morality and convention.* Cambridge, UK: Cambridge University Press.

Turiel, E. (2002). *The culture of morality.* Cambridge, UK: Cambridge University Press.

Van der Noll, J., Poppe, E. & Verkuyten, M., (2010). Political tolerance and prejudice: Differential reactions toward Muslims in the Netherlands. *Basic and Applied Social Psychology, 32*, 46-56.

Wainryb, C., Shaw, L. A., Laupa, M., & Smith, K. R. (2001). Children's, adolescents, and young adults' thinking about different types of disagreement. *Developmental Psychology, 37*, 373-386.

Wainryb, C., Shaw, L. A., & Maianu, C. (1998). Tolerance and intolerance: Children's and adolescents' judgments of dissenting beliefs, speech, persons, and conduct. *Child Development, 69*, 1541-1555.

Wright, J. C. (2012). Children's and adolescents' tolerance for divergent beliefs: Exploring the cognitive and affective dimensions of moral conviction in our youth. *British Journal of Developmental Psychology, 30*, 493-510.

Wright, J. C., Cullum, J., & Schwab, N. (2008). The cognitive and affective dimensions of moral conviction: Implications for attitudinal and behavioral measures of inter-personal tolerance. *Personality and Social Psychology Bulletin, 34*, 1461-1476.

武 勤・渡辺弘純・Crystal, D. S.・Killen, M. (2003). 人間の多様性への寛容──児童生徒の仲間集団への「受け入れ」に関する中日比較研究── 愛媛大学教育学部紀要, *50*, 25-41.

第10章 共感と向社会的行動

1 「共感と向社会的行動」研究の概要

　発達心理学において共感と向社会的行動は切っても切り離せないトピックである。近年，その2つのトピックに大きな変化がおとずれている。向社会的行動においては，従来用いられてきた観察法や質問紙法ではなく，より客観的で研究間の結果の比較が容易である経済ゲームという手法を用いた試みが盛り上がりを見せている。また，共感においては，オキシトシンが重要な役割を果たすことが明らかになり，生化学解析や遺伝子解析も含めた学際的なアプローチによる研究が盛んに行われるようになった。本章では，向社会的行動を測定する主要な経済ゲームについて紹介するとともに，オキシトシンが共感や向社会的行動に果たす役割について説明する。また，今後の研究の方向性について最後に述べる。

2 これまでの研究の流れ——共感と向社会的行動の定義

(1) 共感とは

　共感（empathy）とは他者の感情や感覚を共有し理解することである（Singer et al., 2004）。共感は，多次元的な概念であり他者の喜びや苦痛をあたかも自分が経験しているかのように感じる情動的共感，そして，他者の表情からその人物の感情を理解する認知的共感の2つからなる。ヒトが持つ共感能力（＝共感性）を測定する代表的な質問紙尺度である対人反応性尺度（Davis, 1980）においても，自動的で情動的な側面である個人的苦痛や共感的関心，および，意識的で認知的な側面である視点取得や想像性といった2つの側面に分け，それぞれ測定することができる。脳内における反応も共感性の2つの側面で異なり，情動的共感には前島や前帯状皮質といった情報処理に関わる脳領域が関連し（Singer et al., 2004），認知的共感には前

頭前野内側部や側頭頭頂接合部といった大脳皮質が関連することが明らかになっている（Saxe & Kanwisher, 2013）。これら 2 つの共感システムが働くことで私たちは他者の感情を共有し理解することができる。

　共感性を測定する課題として，情動的共感に関しては，手に針がささるような映像や苦痛を感じている人物が登場する映像を提示することで参加者の生理的な反応を調べる方法が用いられている。7 歳から 12 歳の子どもの共感性を fMRI（機能的磁気共鳴画像法）により調べた研究によれば，他者が苦痛を感じている映像を見ると成人での反応と同じように前島や前帯状皮質の活動が高まることが明らかにされている（Decety et al., 2008）。また，他者が仲間はずれにされている状況を見た場合，質問紙で測定された共感性得点が高い人ほど前島や前帯状皮質の脳活動が高いこと，そして前島の活動が高い人ほど仲間はずれにされた人へ慰めるコメントを送る傾向が高いことも明らかになった（Masten et al., 2011）。この結果は，共感性が向社会的行動を引き起こす原動力になることを示している。

　また，認知的共感に関しては，他者の目周辺の写真からその人物の感情状態を推測する課題（図 10 − 1）が用いられている（Baron-Cohen et al., 2001）。課題では中央に目周辺の写真，そしてその周りに 4 つの感情を示す言葉が提示されている。回答者は中央の写真を見て，その人物が抱いている感情に最もよく当てはまる言葉を 1 つ選択する。この課題は主に他者の感情を理解するのが苦手な自閉症スペクトラム障害（Autism Spectrum Disorder: ASD）がある人を対象に実施されているが，ASD がない成人に比べ，ASD がある成人のほうが，この成績が悪いことが示されている。

　また，子どもを対象にした課題も開発されている。筆者らの研究グループでは，被虐待経験がある 6 歳から 17 歳までの子どもは，被虐待経験がない子どもに比べて他者のポジティブな表情（例：幸せな気持ちでいる，優しい気持ちでいる）を理解しにくいことを明らかにした（Koizumi & Takagishi, 2014）。これらの結果は，

　　　　恥じている　　　　　　　　　　　　　神経質になっている

　　　　疑っている　　　　　　　　　　　　　迷っている
図 10−1　目から心を読むテスト（Baron-Cohen et al., 2001 をもとに作成）

認知的共感は生後の社会環境により影響を受けることを示している。

（2）向社会的行動とは

　向社会的行動（prosocial behavior）は他者の利益を意図した自発的な行動
（Eisenberg et al., 2015）と定義され，発達心理学においては1970年代から研究の
対象となっていた。ホフマン（Hoffman, 1982, 2000）による向社会的行動の理論に
よれば，向社会的行動は，自己認識や自他分離に関わる認知発達とそれに伴う共感
的関心の方向の変化により，いくつかの段階を踏んで発達していくと考える。例え
ば新生児や乳児の段階では，自他は分離されておらず，他者の苦痛は自身の苦痛と
して認識される。次に，自己を他者から分離する感覚が形成され始めると，他者の
苦痛から生じる自身の苦痛に関心を持ち，自身をなだめようとする。さらに次の段
階として，自己の苦痛を軽減するために，苦痛を感じている他者をなだめるように
なる。そして最後には，純粋な共感的感情に基づいた向社会的行動が芽生えていく。
このように，子どもの向社会的行動の発達は社会的な認知発達と密接に関連するこ
とが指摘されてきた。また，アイゼンバーグら（Eisenberg et al., 2015）による向
社会的行動の発達に関する実証研究も数多く行われており，共感が向社会的行動の
発達に重要な役割を果たすことが示されてきた。

　しかし，多くの研究においては，観察法や子ども自身による申告という方法を用
いて向社会的行動を測定していたため，研究間での方法論的な違いにより研究結果
の正確な比較が難しいという事態に陥っていた。そのような状況で，より客観的で
信頼性の高い向社会的行動の測定法が望まれていた。

（3）経済ゲームを用いた向社会的行動の測定の試み

　このような背景の中，2000年代中旬頃から，社会心理学や実験経済学で用いられ
てきた経済ゲームを発達心理学でも用いようという試みが行われてきた。経済ゲー
ムとは，他者とお金のやりとりをする課題で，自身の利益を増やしたいという動機
と他者の利益を増やしたいという動機が葛藤する状況での行動を測定するものであ
る。ここでは，自身の利益を増やすことができる状況にもかかわらず他者の利益を
増やす行動のことを向社会的行動と定義している。論文データベースのWeb of
Scienceにて"children（子ども）"と"economic game（経済ゲーム）"の2つのキ
ーワードで検索すると2005年で5件，2010年で11件，2015年で37件，2020年で
58件の論文が出版されていることがわかる。このように経済ゲームを用いて向社
会的行動の発達的変化を調べる試みは，2000年代の中旬以降から始まり，今では多
くの研究で用いられている。発達心理学者のガマーム（Gummerum, M.）が2008

年に出版した「子どもの発達が経済ゲーム理論と出会うとき：社会発達のための学際的アプローチ」というタイトルの論文の中で，子どもの向社会的行動の測定法としての経済ゲームの有効性について論じられており，発達心理学における向社会的行動研究の新時代の到来を予感させた（Gummerum et al., 2008）。経済ゲームを使用する利点は，その課題手続きが明確であるため，研究間の結果の比較が容易となったことが挙げられる。このような試みは，例えば向社会的行動の脳神経基盤を明らかにする社会神経科学であったり，霊長類の向社会的行動を研究対象とする比較認知科学であったりと，さまざまな分野との融合を加速させることとなった。次節では，現在，ヒトの向社会的行動の研究において共通したツールとなった経済ゲームを用いた主要な発達研究について説明を行う。

3　最新の動向──学際的な発達科学研究

（1）経済ゲームを用いた向社会的行動の研究

　本節でははじめに独裁者ゲーム，最後通牒ゲーム，第三者罰ゲームの3つの経済ゲームを取り上げ，子どもを対象に行った主要な向社会的行動の研究について説明する。次に，共感性や向社会的行動の生物学的な基盤の1つであるオキシトシンに焦点を当て，オキシトシンが共感性と向社会的行動に果たす役割を明らかにした研究の紹介を行う。

① 独裁者ゲーム

　独裁者ゲーム（dictator game）は2名1組で行う最も単純な経済ゲームである。まず片方（分配者）が実験者から受け取ったお金を自身と相手（受け手）との間でどのように分けるかを決める。受け手は分配者が決めたとおりのお金をそのまま受け取りゲームは終了する。独裁者ゲームはその単純さから幼い子どもでも直感的に理解することができるため，発達研究では頻繁に用いられてきた。

　このゲームを用いた最も影響力の高い研究としてフェール（Fehr, E.）らの研究がある。彼らは3歳から8歳までの子どもを対象に二者択一の独裁者ゲーム[1]を複数回実施し，平等分配の発達的変化を調べた（Fehr et al., 2008）。ある課題（向社会的ゲーム，図10−2a）では，参加者は選択肢 A（自身に1個，相手に1個を分配

---

[1]　子どもで経済ゲームを行う場合，お金ではなくお菓子，シール，ポイント(仮想的なお金)を用いることが多い。いずれの物を用いた場合でも，子どもにとって魅力的な物を用いることが重要である。

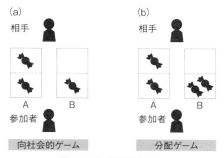

図10-2　独裁者ゲーム

する），もしくは選択肢B（自身に1個，相手に0個を分配する）のいずれかを選択
した。この課題では参加者はAとB，いずれの選択肢を選んでも自分は1個のお菓
子を受け取ることになるため，この課題であえて選択肢Aを選ぶことは向社会的
な動機によるものだと解釈することができる。このゲームの平等分配率（選択肢A
を選んだ割合）は3～4歳で65%，5～6歳で61%，7～8歳で78%であり，3～
4歳という幼い子どもでも平等分配を高い割合で選択することが明らかになった。

　また，別な課題（分配ゲーム，図10-2b）では，参加者は選択肢A（自身に1個，
相手に1個を分配する），もしくは選択肢B（自身に2個，相手に0個を分配する）
のいずれかを選択した。分配ゲームは向社会的ゲームとは異なり選択肢Bを選ぶ
と自分はより多くのお菓子を受け取ることができる。分配ゲームにおける平等分配
率（選択肢Aを選んだ割合）は3～4歳で10%，5～6歳で22%，7～8歳で45%
であり，向社会的ゲームの結果とは大きく異なっていた。分配ゲームでは向社会的
ゲームとは異なり，自分のお菓子を増やすことが可能である。したがって，これら
の結果は，3～4歳の子どもでも向社会的な動機は持っているが，お菓子がたくさ
んもらえるという状況では，それを獲得したいという欲求を抑えることができなく
なることを示している。以上の結果から，向社会的行動は少なくとも7～8歳くら
いにならないと発達しないと著者らは結論づけた。

　② 最後通牒ゲーム

　最後通牒ゲーム（ultimatum game）は2名1組で行う経済ゲームである。まず片
方（分配者）が，実験者から受け取ったお金を自身と相手（反応者）との間でどの
ように分けるかを提案する。反応者はその提案を受け入れるか拒否するかを決める
ことができる。反応者が提案を受け入れた場合，両者は分配者が決めたとおりのお
金を受け取ることができるが，反応者が提案を拒否した場合，両者は何も受け取る

ことができない。最後通牒ゲームにおける分配者の行動は，反応者の行動を推測する必要があるため，独裁者ゲームとは異なり戦略性が要求される課題である。

　筆者らのグループは，未就学児を対象に，最後通牒ゲームにおける分配者の行動と他者の心を推測する認知能力である心の理論（theory of mind）との関連を調べた（Takagishi et al., 2010, 2014）。心の理論の定義は多義的でありさまざまな認知能力を包含しているが，研究では他者の信念を推測する認知能力を測定する誤信念課題を用いた。最後通牒ゲーム実験では，2 人の未就学児は装置を挟んで向かい合って座った（図 10-3）。はじめに，実験者は分配者役に割り当てられた子どもへ 10個のお菓子を渡し，反応者役に割り当てられた子どもとの間でどのように分けるかを尋ねた。装置の上にあるトレイ A には分配者の分を示す場所と反応者の分を示す場所の 2 つが分かれて存在し，分配者は 10 個のお菓子をそれぞれの場所に自由に置いた。続いて反応者がその提案を受け入れるか拒否するかを決めた。反応者が提案を受け入れたい場合には，反応者はお菓子が置いてあるトレイ A を持ち上げることでお菓子をトレイ B へ落とすことができた。トレイ B に入ったお菓子を 2人は獲得した。一方，反応者が提案を拒否したい場合には，反応者はお菓子が置いてあるトレイ A を支えているレバーを倒すことで，トレイ A の上に置かれているお菓子すべてをボックスの中に落とすことができた。ボックスの中に落ちたお菓子は実験者がすべて回収し，2 人は何も受け取ることができなかった。実験の結果，誤信念課題に正解した分配者は正解しなかった分配者よりも多くのお菓子を反応者に分配する傾向があることが明らかになった。これらの結果は，誤信念課題に成功した分配者は，自分が不公平な提案をすると反応者はその提案を拒否するだろうと予測することができたため，より公平な分配を行ったと解釈することができる。

　一方，最後通牒ゲームにおける反応者の行動に焦点を当てた研究も多くある。成人での研究の場合，反応者に対して不利な不公平提案（分配者に 80%，反応者に20% の提案）の多くは拒否されることが明らかにされている（Yamagishi et al.,

図 10-3　最後通牒ゲーム（Takagishi et al., 2014 をもとに作成）

2009)。興味深いことに，反応者に対して有利な不公平提案（分配者に20%，反応者に80%の提案）も拒否されることも明らかにされている。ヒトは不公平な分配を回避する傾向（Fehr & Schmidt, 1999）を持ち，前者の傾向を不利な不公平回避，後者の傾向を有利な不公平回避と呼ぶ。これら2つのタイプの不公平回避はどのような発達的変化を示すのだろうか。

　ブレイクら（Blake et al., 2011）は，4歳から8歳までの子どもを対象に最後通牒ゲーム実験を実施した。実験は著者らと同様に最後通牒ゲームを行うことができる装置を開発して行われた（図10-4）。この実験では，分配者と反応者は直接対峙せず，反応者役に割り当てられた子どものみが参加し，お菓子の提案は参加者の目の前で実験者が行った。提案は，分配者に1個，反応者に1個という公平な提案，分配者に4個，反応者に1個という反応者に不利な不公平提案，そして分配者に1個，反応者に4個という反応者に有利な不公平提案の3種類がランダムに示された。参加者はそれぞれの提案に対して受け入れるか拒否するかを繰り返し決めた。実験の結果，不利な不公平回避は4歳から見られるが，有利な不公平回避は8歳にならないと見られないことが明らかになった（図10-5）。有利な不公平回避は向社会的行動との関連も示されていることから，この研究結果は，向社会的行動は8歳から発

図10-4　最後通牒ゲーム（Blake & McAuliffe, 2011 より）

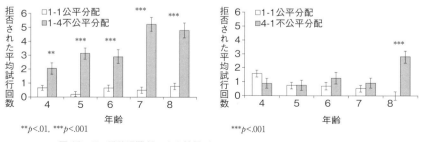

**p<.01, ***p<.001　　　　　　　　***p<.001

図10-5　最後通牒ゲームの結果（Blake & McAuliffe, 2011 をもとに作成）

| 研究紹介 | 最後通牒ゲーム実験による不公平回避の文化比較 |

Blake et al. (2015)

　最後通牒ゲーム実験の結果，自身に不利な不公平回避は 4 歳から見られ，自身に有利な不公平回避は 8 歳から見られることが明らかになった（Blake & McAuliffe, 2011）。これら 2 つのタイプの不公平回避の発達的変化は西洋社会に特有なのだろうか，それとも文化普遍的な傾向なのだろうか。

　その問いに応えるべく Blake et al.（2015）は，7 つの国（カナダ，インド，メキシコ，ペルー，セネガル，ウガンダ，アメリカ）で暮らす 4 〜 15 歳までの子ども 866 名を対象に最後通牒ゲーム実験を行い，2 つのタイプの不公平回避の比較を行った。最後通牒ゲームの方法は Blake et al.（2011）がこれまで用いていたパラダイムと同様のものであった。参加者は，自身に少ない不公平分配（分配者に 4 個，参加者に 1 個），もしくは自身に多い不公平分配（分配者に 1 個，参加者に 4 個）それぞれに対してその提案を受け入れるか拒否するかを何試行も決定した。実験の結果，自身に不利な不公平回避は，4 歳の段階では文化差が見られたがいずれの国においても概ね年齢とともに増加していく傾向を示した（図左）。一方，自身に有利な不公平回避については 7 ヵ国中 3 ヵ国（アメリカ，カナダ，ウガンダ）では年齢とともに増加してくパターンを見せたが，4 ヵ国（インド，メキシコ，ペルー，セネガル）においては 14 〜 15 歳でも低い水準にとどまっていた（図右）。

　自身に不利な不公平回避は向社会的行動というより自身の地位が他者から脅かされた際の防衛反応であることが示唆されている（Yamagishi et al., 2009; 2012）。また，社会性を持つヒト以外の動物も近い傾向を持つことが確認されている（Brosnan & de Waal, 2003）。

　それらを総合的に考えると，自身に不利な不公平回避は社会性を持つ動物に共通して備わった性質なのかもしれない。そのため，どの国でも共通して年齢とともに発達していく傾向を示すと考えられる。一方，自身に有利な不公平回避は社会規範に基づいた向社会性を反映していると考えられるため，その性質は当該社会における規範の内容に依存すると考えられる。つまり，自身に有利な不公平回避は，発達過程で社会規範を学習することで身につける性質であるため，国において差が明確に見られたと考えることができる。

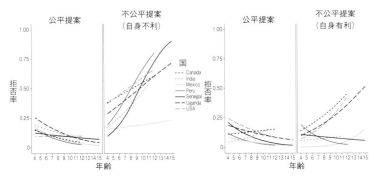

図　不公平回避の発達的変化の文化差
左の図は自身に不利な不公平回避を示し，右の図は自身に有利な不公平回避を示している。

達するというフェールらの主張と一致する結果といえる（研究紹介参照）。

③ 第三者罰ゲーム

　第三者罰ゲーム（third-party punishment game）は 3 名 1 組で行う経済ゲームである。まず分配者が実験者から受け取ったお金を自身と相手（受け手）との間でどのように分配するかを決める。受け手は分配者が決めたとおりのお金を受け取る。分配者の決定後，第三者が自身のお金を用いて分配者を罰することができる。第三者が用いたお金の 3 倍の額が分配者から差し引かれる。例えばこのゲームにおいて分配者が不公平な分配をしたとする。しかし，第三者にとっては全く利害関係のない他者同士で起きた不公平な分配であるため，この状況で分配者を罰するメリットは第三者にはない。しかし，成人を対象にした研究では，ヒトはたとえ自分が被害を受けたわけではない第三者の立場であっても不公平な分配をした分配者を自らのお金を支払ってまで罰すること，そして，そのような者は高い向社会性を示すことが明らかにされている（Yamagishi et al., 2017）。第三者による罰は短期的な利益は得られないが，不公平な分配をした者を罰することでその者の将来の行動を変えるという社会規範を維持することに役に立っていると考えられるため，長期的には第三者にとっても得になると考えられる。

　子どもを対象に行われた第三者罰ゲーム実験（図 10−6）では，参加者は第三者の役割として実験に参加し，分配者と受け手との間で生じたお菓子の分配を受け入れるか拒否するかを決めた（McAuliffe et al., 2015）。この実験でも分配者役と受け手役の子どもは実際にはおらず，実験者が公平な分配（分配者に 3 個，受け手に 3 個）と不公平な分配（分配者に 6 個，受け手に 0 個）を参加者の目の前でランダムに示し，それに対して参加者が決定するという方法で実施された。実験では，自身

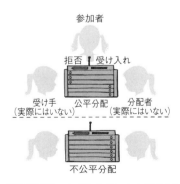

図 10−6　第三者罰ゲーム（McAuliffe et al., 2015 をもとに作成）

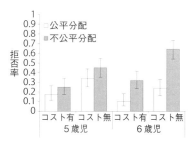

図10-7 第三者罰ゲームの結果（McAuliffe et al., 2015 をもとに作成）

のお菓子を失うことで拒否ができるコストあり条件と，お菓子を失わずに拒否ができるコストなし条件が設けられた。実験の結果，5歳の子どもでは第三者罰は見られないが，6歳の子どもでは自身のお菓子を失ってまで罰を行う傾向を示すことが明らかになった（図10-7）。最後通牒ゲームにおける不公平提案の拒否のように，自分が不公平の被害に直面した場合の罰は第三者罰よりも早く発達し，遅れて第三者罰が発達していくことが2つの経済ゲームの研究結果からわかる。

(2) オキシトシン

　オキシトシン（oxytocin）は脳の視床下部で作られる物質であり，他者との絆形成，共感性，そして向社会的行動などのヒトの社会性に重要な役割を果たしている（Meyer-Lindenberg et al., 2011）。オキシトシンと共感性の関連について調べた研究によれば，他者の手が物に挟まれているような痛みを伴う画像を提示した場合，オキシトシンを投与した参加者は他者が感じている痛みを高く評価することが示されている（Shamay-Tsoory et al., 2013）。他にも，犯罪行為に関する描写を示した場合，オキシトシンを投与した参加者は被害者が受けた被害の程度を高く評定することも明らかにされている（Krueger et al., 2013）。また，病気の子どもを持つ親が登場するビデオを鑑賞した前後で血液中オキシトシン濃度の上昇が見られた参加者ほど，父親に対してより共感的な態度を示すことも明らかにされている（Barraza & Zak, 2009）。オキシトシンと向社会的行動の関連を調べた研究では，オキシトシンを投与した成人参加者は内集団に対する向社会的行動が促進されることが示されているが（De Dreu et al., 2010），子どもを対象にオキシトシンと向社会的行動の関連を調べた研究は驚くほど少ない。

　著者らの研究グループは未就学児を対象に独裁者ゲームで測定した分配行動と唾液中オキシトシン濃度の関連を検討した（Fujii et al., 2016）。実験では，子どもは

10枚のコインチョコレートを自身と相手との間でどのように分配するかを決めた。実験条件は2つあり，自分が所属する幼稚園／保育園のクラスメイトが相手である場合（内集団条件）と，他の幼稚園／保育園の見知らぬ子どもが相手である場合（外集団条件）があった。実験の結果，男児では唾液中オキシトシン濃度と分配行動の関連が内集団条件，外集団条件のいずれにおいても見られたが，女児ではその関連は見られなかった。これらの結果は，未就学児では成人とは異なり，オキシトシンが全般的な向社会的行動に関与することを示している。

4 まとめと今後の展望——心と社会の相互作用

　本章では，共感性や向社会的行動に関する発達研究，特に経済ゲームを用いた実験を紹介し，オキシトシンが共感性や向社会的行動と関連することを示してきた。向社会性の発達研究は横断的な研究が多く，発達過程のある一側面を切り取った研究がこれまで主であった。しかし，ヒトの向社会性は社会環境との相互作用の中で刻々と変化していくものであり，社会環境に適応するように形作られている。したがって，ヒトの向社会性の本質を捉えるには，向社会性が社会環境とのダイナミクスの結果としてどのように変容していくかを捉える必要がある。

　従来，心理学においては社会環境と個人の心の間に何が生じているのかはブラックボックスとして扱われてきた。しかし，近年のエピゲノム分野の発展により，社会環境と個人の心の間を媒介する生物学的なメカニズム（e.g. DNAメチル化）が明らかになり，相互作用の中身を定量化できるようになった。今後は，社会環境の影響により遺伝子の働きが制御され，ヒトの向社会性の個人差が形成されていく過程を明らかにしていく研究が増えていくだろう。

参考図書

ポール・J・ザック（2013）．経済は「競争」では繁栄しない——信頼ホルモン「オキシトシン」が解き明かす愛と共感の神経経済学——　ダイヤモンド社
　オキシトシン研究の第一人者の著書。オキシトシンがヒトの向社会性や共感性に果たす役割についての研究が紹介されている。
小林佳世子（2021）．最後通牒ゲームの謎——進化心理学から見た行動ゲーム理論入門——　日本評論社
　経済ゲームのことをより深く知りたい方へ。経済ゲームを用いた社会心理学的な

研究が紹介されている。

―――――――――――――――――――――――――――
引用文献
―――――――――――――――――――――――――――

Baron-Cohen, S., Wheelwright, S., Hill, J., Raste, Y., & Plumb, I. (2001). The "Reading the Mind in the Eyes" Test revised version: A study with normal adults, and adults with Asperger syndrome or high-functioning autism. *The Journal of Child Psychology and Psychiatry and Allied Disciplines, 42*(2), 241-251.

Barraza, J. A., & Zak, P. J. (2009). Empathy toward strangers triggers oxytocin release and subsequent generosity. *Annals of the New York Academy of Sciences, 1167*(1), 182-189.

Blake, P. R., & McAuliffe, K. (2011). "I had so much it didn't seem fair": Eight-year-olds reject two forms of inequity. *Cognition, 120*(2), 215-224.

Blake, P. R., McAuliffe, K., Corbit, J., Callaghan, T. C., Barry, O., Bowie, A., ... & Warneken, F. (2015). The ontogeny of fairness in seven societies. *Nature, 528*(7581), 258-261.

Brosnan, S. F., & de Waal, F. (2003). Monkeys reject unequal pay. *Nature, 425*(6955), 297-299.

Davis, M. H. (1980). A multidimensional approach to individual differences in empathy. *Journal of Personality and Social Psychology, 10*(85).

Decety, J., Michalska, K. J., & Akitsuki, Y. (2008). Who caused the pain? An fMRI investigation of empathy and intentionality in children. *Neuropsychologia, 46*(11), 2607-2614.

De Dreu, C. K., Greer, L. L., Handgraaf, M. J., Shalvi, S., Van Kleef, G. A., Baas, M., ... & Feith, S. W. (2010). The neuropeptide oxytocin regulates parochial altruism in intergroup conflict among humans. *Science, 328*(5984), 1408-1411.

Eisenberg, N., Spinrad, T. L., & Knafo-Noam, A. (2015). Prosocial development. In R.M. Lerner et al.(Eds.), *Handbook of child psychology and developmental science: Socioemotional processes* (pp. 610-656). Wiley.

Fehr, E., Bernhard, H., & Rockenbach, B. (2008). Egalitarianism in young children. *Nature, 454*(7208), 1079-1083.

Fehr, E., & Schmidt, K. M. (1999). A theory of fairness, competition, and cooperation. *The Quarterly Journal of Economics, 114*(3), 817-868.

Fujii, T., Schug, J., Nishina, K., Takahashi, T., Okada, H., & Takagishi, H. (2016). Relationship between salivary oxytocin levels and generosity in preschoolers. *Scientific Reports, 6*(1), 1-7.

Gummerum, M., Hanoch, Y., & Keller, M. (2008). When child development meets economic game theory: An interdisciplinary approach to investigating social development. *Human Development, 51*(4), 235-261.

Hoffman, M. L. (1982). Development of prosocial motivation: Empathy and guilt. In N. Eisenberg (Ed.), *The development of prosocial behaviour* (pp. 281-313). New York: Academic Press.

Koizumi, M., & Takagishi, H. (2014). The relationship between child maltreatment and emotion recognition. *PloS One, 9*(1), e86093.

Krueger, F., Parasuraman, R., Moody, L., Twieg, P., de Visser, E., McCabe, K., ... & Lee, M. R. (2013). Oxytocin selectively increases perceptions of harm for victims but not the desire to punish offenders of criminal offenses. *Social Cognitive and Affective Neuroscience, 8*(5), 494-498.

Masten, C. L., Morelli, S. A., & Eisenberger, N. I. (2011). An fMRI investigation of empathy for 'social pain'and subsequent prosocial behavior. *Neuroimage, 55*(1), 381-388.

McAuliffe, K., Jordan, J. J., & Warneken, F. (2015). Costly third-party punishment in young children. *Cognition, 134*, 1-10.

Meyer-Lindenberg, A., Domes, G., Kirsch, P., & Heinrichs, M. (2011). Oxytocin and vasopressin in the human brain: Social neuropeptides for translational medicine. *Nature Reviews Neuroscience, 12*, 524-538.

Saxe, R., & Kanwisher, N. (2013). People thinking about thinking people: The role of the temporo-parietal junction in "theory of mind". In J. T. Cacioppo, & G. G. Berutson (Eds.), *Social neuroscience* (pp. 171-182). Psychology Press.

Shamay-Tsoory, S. G., Abu-Akel, A., Palgi, S., Sulieman, R., Fischer-Shofty, M., Levkovitz, Y., & Decety, J. (2013). Giving peace a chance: Oxytocin increases empathy to pain in the context of the Israeli-Palestinian conflict. *Psychoneuroendocrinology, 38*(12), 3139-3144.

Singer, T., Seymour, B., O'doherty, J., Kaube, H., Dolan, R. J., & Frith, C. D. (2004). Empathy for pain involves the affective but not sensory components of pain. *Science, 303*(5661), 1157-1162.

Takagishi, H., Kameshima, S., Schug, J., Koizumi, M., & Yamagishi, T. (2010). Theory of mind enhances preference for fairness. *Journal of Experimental Child Psychology, 105*(1-2), 130-137.

Takagishi, H., Koizumi, M., Fujii, T., Schug, J., Kameshima, S., & Yamagishi, T. (2014). The role of cognitive and emotional perspective taking in economic decision making in the ultimatum game. *PloS One, 9*(9), e108462.

Yamagishi, T., Horita, Y., Mifune, N., Hashimoto, H., Li, Y., Shinada, M., ... & Simunovic, D. (2012). Rejection of unfair offers in the ultimatum game is no evidence of strong reciprocity. *Proceedings of the National Academy of Sciences, 109*(50), 20364-20368.

Yamagishi, T., Horita, Y., Takagishi, H., Shinada, M., Tanida, S., & Cook, K. S. (2009). The private rejection of unfair offers and emotional commitment. *Proceedings of the National Academy of Sciences, 106*(28), 11520-11523.

Yamagishi, T., Li, Y., Fermin, A. S., Kanai, R., Takagishi, H., Matsumoto, Y., ... & Sakagami, M. (2017). Behavioural differences and neural substrates of altruistic and spiteful punishment. *Scientific Reports, 7*(1), 1-8.

攻撃性
——他者を傷つけようとする心

第11章

1　「攻撃性」研究の概要

　本書は「社会性」について書かれているものだが，ここで取り扱う "攻撃性" はその逆サイド（裏側）であろう。ヒトは社会の中でよりよく過ごそうとするだけでなく，ときには傷つけ合う。そのような他者を傷つけようとする心の動きである "攻撃性" とは何か。本章では，まず，これまでの発達や教育領域で研究されてきた攻撃性概念について整理し，攻撃性がどのように捉えられてきたかを概観する。そして，最新の動向として，新しい攻撃性の捉え方（構造関係や攻撃性発動の文脈の考慮という観点）や，近年着目されている感情的要素との関係を紹介する。最後に，それらの新しい観点や関連要因を適用した研究や，行動遺伝学や進化心理学などの新しい分野での研究について，今後の展開として述べる。

2　これまでの研究の流れ
——攻撃性はどのように捉えられてきたか

（1）攻撃性とは何か

　ヒトの攻撃行動は，暴力行為やいじめなど，自身の心身や他者との関係性に重大な問題を引き起こす。そのため，それらの理解や対策のために，古くから，発達心理学のみならず，社会心理学や精神医学，生理学，人類学，比較行動学などの多くの分野で研究されてきた。

　一般的に認識されている "攻撃（性）" という言葉は「他者や物に対して何らかの損害を与えようとすること」を意味している。ただし，専門的に "攻撃性" を定義する場合，ジーン（Geen, 2001）によれば，少なくとも 2 つのことを考慮に入れなければいけない。

　その 1 つは，"加害の意図性" である。先の一般的な定義には "損害を与えよう"

という意図が含まれているが，攻撃において，加害者が何らかの意図を持っている必要があるかということには，実は一定の議論がある（e.g., Feshbach, 1964）。例えば，ジーンは，バス（Buss, 1961）とダラードら（Dollard et al., 1939）の攻撃の定義を比較している。前者は「他の生物に不快な刺激を与える反応」と定義づけ，意図性は含んでいない。この定義づけの背景には"意図は客観性に欠け，厳密な行動分析にはそぐわない"という考え方がある（Geen, 2001）。一方，後者は「行為の目標反応[1]が他者への危害であるもの」と定義づけており，その行為に何らかの動機づけや努力などの目標があり，そのような目標に向かって行われた最終的な結果（反応）として攻撃が現れるのだとした。両者は"他者を傷つける"という部分で共通しているが，意図を仮定するかによって，どのような行為が攻撃的となるかは異なる。前者の定義に沿えば，結果として他者を害した行為はすべて攻撃とみなされる。そうすると，思いがけず危害を与えた，または意図せず痛みを与えた場合でも攻撃的となり，逆に，意図していたとしても結果的に危害が与えられていなければ非攻撃的となる。しかし後者の定義で考えると，全くの偶然で他者を傷つけてしまった行為は目標反応ではないので，攻撃とは考えないのである。

　もう 1 つの考慮すべき観点は，"被害者の動機"である。これは，被害者が，受けた攻撃に対してどのような動機で参加しているかということである。バロンとリチャードソン（Baron & Richardson, 1994）は，「攻撃とは，そのような扱いを避けるように動機づけられている他の生物を，害したり傷つけたりすることを目的とするあらゆる形態の行動である」と述べており，被害者が"自分を傷つけようとする行為を避けようとする動機があるか"を仮定している。そのため，人が罪滅ぼしのために罰を受けることを容認し求めるような状況では，罰を受ける（傷つけられる）側は，喜んでそれを受け入れ，罰を与える側が攻撃者であると非難することはおそらくないと考える。その意味では性的マゾヒズムも同様である。さらに，自殺についても，同様の考え方から"被害者が明らかに抵抗しない"有害な（傷つける）行動とみなすことができるため，攻撃に分類されない。

　定義のいずれが正しいかということよりも，"攻撃性"という言葉を用いるとき，自分が，加害の意図性や被害者の動機をどのように仮定しているかを認識することが重要であろう。本章では，ヒトが持つ攻撃の問題性を考慮して，「相手がその刺激から逃れるか回避しようとするときに，傷つける意図やそのような危害が引き起こされることを期待して，その人に嫌悪的な刺激を与えること（e.g., Bushman & Anderson, 2001; Geen, 2001）」として取り扱った研究に焦点を当て紹介する。

1　目標反応とは，目標指向反応（goal-directed respose）のことで，目標を指向して，それに接近，獲得する行動のことを意味する。

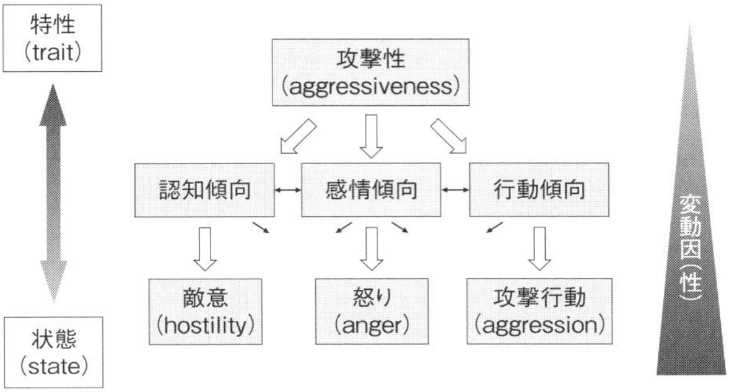

図11-1　個人特性としての攻撃性と認知，感情，行動との関係
（山崎，2002，図2.1をもとに作成）

　さらに先の定義とは別に付け加えると，"攻撃（aggression）"という言葉を用いるとき，攻撃行動（aggressive behavior）のみを指している場合と個人特性としての攻撃性（aggressiveness）を指している場合があることに留意する必要がある。攻撃行動と攻撃性はしばしば混在されて用いられることがある。この主な理由としては，攻撃を個人特性として測定する尺度がなかったことや，社会心理学などの領域では，個人差よりも，事態や状況における行動の変化が着目されてきたことが挙げられている（山崎，2002）。しかし，心的概念が時期や状況にかかわりなく安定して確認される場合，それを構成する認知，感情，行動的側面を切り分けることは難しい。山崎（2002）は，その観点から攻撃性は個人特性としてみなすことができ，攻撃にまつわる認知，感情，行動を包括した構成概念（個人特性）として積極的に取り扱うことを推奨している（図11-1）。

（2）攻撃性の細分化

　これまでの発達や教育領域での攻撃性研究は，攻撃性を単一のものとして捉えるのではなく，いくつかの側面を持つものとして細分化してきた。それらの分類法には大きく2つの潮流がある。

① 動機に着目した攻撃性分類

　先に用いられるようになったのは，攻撃行動の動機に着目した攻撃性分類である。この分類では，攻撃誘発刺激に対して怒りを伴い反応して生じているという反応的攻撃（reactive aggression）と，支配や目標物の獲得などの何らかの目的達成のために用いられる能動的攻撃（proactive aggression）に分けられる（Dodge & Coie, 1987）。類似の分類には，敵意的 vs 道具的攻撃（hostile vs instrumental aggression;

Hartup, 1974)，感情的 vs 侵略的攻撃（affective vs predatory aggression; Vitiello, Behar, Hunt, Stoff, & Ricciuti, 1990），偶発的 vs 意図的攻撃（accidental vs intentional aggression; Feshbach, 1964），防衛的 vs 積極的攻撃（defensive vs offensive aggression; Pulkkinen, 1987）などがある。

　それぞれの用語は細かく見れば異なっているが，要するに，"誰かから何か不快な刺激を与えられ反応して攻撃（反撃）を行うのか"，"そのような刺激を与えられていないのにもかかわらず自ら攻撃を行うのか"で分けられているのである。古くから，攻撃性は生物としての本能的反応であるという考えや欲求不満のような内的な衝動から生じるという説が唱えられたこともあり（大渕，1993 参照），研究の中心は反応的攻撃のみであった。しかし，能動的攻撃の"自らの目的達成のために積極的に他者を傷つける"という特性がより深刻な問題を引き起こすこと，また，社会的学習の結果としての攻撃性の機能（例えば，攻撃した結果，攻撃した側に有利な結果となることを見て，"攻撃は効果的な方法である"と思う）にも視線が向けられ，両者の対比で研究されるようになった（e.g., Crick & Dodge, 1996）。

　ただし，この攻撃性分類は，攻撃行動としては"たたく"，"暴言を吐く"といった暴力的で明らかな他者加害行為のみに着目しており（e.g., Buss & Durkee, 1957），そのため，男子・男性のみを対象とした研究が多く行われていた（e.g., Dodge, 1980; Dodge & Frame, 1982）。

② 形態に着目した攻撃性分類

　クリック（Crick, 1995, 1996; Crick & Grotpeter, 1995）は，先のような攻撃性の形態や対象者の偏りに対して，より顕在化しにくく，女子にも見られる攻撃行動があることを指摘した。そして，攻撃行動がどう現れるかに着目し，"顕在性攻撃（overt aggression）"と"関係性攻撃（relational aggression）"に分類した。顕在性攻撃の場合は，表に現れ，他者に直接的に危害を与える。類似した概念には，直接的攻撃（direct aggression）があるが，"なぐる"，"蹴る"などの身体的攻撃（physical aggression）や，"暴言を吐く"や"脅す"などの言語的攻撃（verbal aggression）が具体的な行為例である。

　一方，新たに提示された概念である関係性攻撃の場合は，他者の人間関係への意図的な操作や損害によって間接的に他者に危害を与える。具体的な行為例は，"仲間はずれにする"，"陰口をたたく"，"他者をおとしめるようなうわさ話を広める"，"無視する"が挙げられる。海外の多くの研究では，関係性攻撃は女子において多く見られるという結果が示されているが（e.g., Crick, 1997），日本での幼児や児童を対象とした研究では男女差は見られないことが多い（e.g., 勝間・山崎，2008a,b；畠

山・畠山，2012；坂井・山崎，2004）。

　関係性攻撃という用語が登場するまで，間接的攻撃（indirect aggression）や社会的攻撃（social aggression）のような類似した攻撃形態の研究は行われていた。ちなみに，間接的攻撃は“加害者がまるで全く傷つける意図がないと相手に思わせるような方法で他者に苦痛を与えようとする行為（e.g., Lagerspetz et al., 1988）”といった攻撃性の“間接的”な性質に焦点を当てている。また，社会的攻撃は，直接的または間接的によらず，他者に対して“社会的”にダメージを与えるものとして，より包括的に捉えられている。ただし，侮辱（insults）などの非常に直接的な言語的タイプの攻撃も“社会的”と名付けられている。このように，それぞれの概念が定義している特徴の強調点に違いはあるが，“他者を社会的に排除する，または操作する”という点では共通している（Archer & Coyne, 2005）。

3　最新の動向——攻撃性の新たな理解へ

　攻撃性の細分化によって，攻撃性の高い子どもについて，そのサブタイプの違いによる特徴を明らかにすることができた。しかし，動機による分類については両者の相関が高くなってしまうという測定法上の問題が，またさらに，形態による分類では心理社会的な適応との関連において，関係性攻撃は適応的か，不適応的かという結果が一致していないことが指摘されている（勝間，2013; 勝間・山崎，2010）。このような問題をクリアするために，近年では新しい攻撃性の捉え方が提案されている。

　また最近では，その攻撃性が発せられる文脈にも関心が集まっている。特に，インターネットの普及に伴い，その中でのコミュニケーションの問題も増えている。実際に，サイバー空間は対面とは異なる文脈的な特徴を持っており（Graf et al., 2019），またこの文脈の違いについて，これまでの攻撃性研究の観点を応用して検討する研究も増えてきている（e.g., Kowalski et al., 2014; O'Connor et al., 2021）。

　さらに，攻撃性研究では，その発動までに至るプロセスの理解については，社会的情報処理（Social Information Processing: SIP）理論（Crick & Dodge, 1994）という枠組みで検討が行われてきた。SIP 理論とは，社会的情報の処理を 6 段階に分けた円環モデルによる理論で，攻撃性の発動は，情報処理のある（または複数の）段階でのエラーや歪みによって引き起こされると考える。ただし従来の SIP 理論では，他者の意図の帰属や攻撃反応に対する評価など，認知の働きだけに焦点化されていた。しかし近年では，感情が個人の意思決定に重要に関わっているというさ

まざまな理論や仮説（e.g., Damasio, 1994）が提唱されており，SIP 理論における感情や感情処理の役割を統合したモデルが提示され（Arsenio & Lemerise, 2004; Lemerise & Arsenio, 2000），攻撃性研究における感情的要素の重要性が指摘されている。

　そこで本節では，攻撃性の新しい理解のために，新しい攻撃性の捉え方，攻撃性が発動される文脈の考慮，攻撃性と感情的要素との関係という3つの観点から，その動向をまとめる。

（1）新しい攻撃性の捉え方——攻撃性を構造関係から把握する

　近年，攻撃性を，その発動の根底にある機能（underlying function）と，決定された反応として現れてくる形態（overriding form）という観点から組み合わせた構造関係として捉えることが提案されるようになった（e.g., Little et al., 2003; Marsee & Frick, 2007; Prinstein & Cillessen, 2003；攻撃性の構造については図 11−2）。攻撃性を構造関係から捉えると，次の4つのサブタイプとなる；反応的顕在性攻撃，反応的関係性攻撃，能動的顕在性攻撃，能動的関係性攻撃。これらの攻撃性が発動されると，例えば，反応的顕在性攻撃の場合，反応的機能を有し，顕在性の形態によって攻撃を行うことが想定される。

　実際に構造的に捉えた4つの攻撃性サブタイプでは，さまざまな側面で異なった関連を示すことが示唆されている。例えば，同じ関係性攻撃形態でも，その機能によって，反応的関係性攻撃では敵意意図帰属バイアス（Bailey & Ostrov, 2008）や感情や怒りのコントロール（Marsee & Frick, 2007）と，能動的関係性攻撃では共感の欠如（CU 特性；Muñoz et al., 2008）やポジティブな反応評価（Marsee & Frick , 2007）との関連が明らかになっている。また，反応的関係性攻撃と能動的顕在性攻撃を統計的に統制した後，能動的関係性攻撃と仲間拒否ならびに子どもと教員間の葛藤といった社会的不適応との関連を予測した研究もある（Ostrov & Crick, 2007）。

　先述の研究では，攻撃性の構造関係を捉えるための尺度がそれぞれ開発されている。勝間（2015）では，攻撃性の構造関係が提案され始めた 2003 年以降で"subtype of aggression"を扱っている 25 本の先行研究のうち，信頼性と妥当性が検討された尺度は4つであると述べている。1つは，リトルら（Little et al., 2003）によるもので，特徴としては，4つの攻撃性タイプを機能と形態の項目を組み合わせて6項目ずつで問うことに加え，攻撃形態は直接観察可能なものであると考え，理論上のモデルを検討する観測変数として，"純粋な形態（pure form）"を顕在性と関係性各6項目で測定する。2つ目は，クリックら（Ostrov & Crick, 2007;

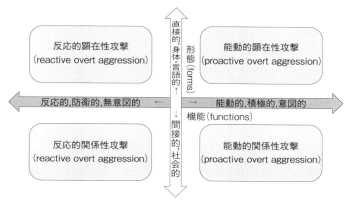

図11-2　攻撃性の構造的関係（勝間，2016より）

Linder et al., 2002）の Self-report of Aggression and Social Behavior Measure（SRASBM）で，11 の下位尺度のなかに 4 タイプの攻撃性が含まれている。さらに 3 つ目はマーシーらによる The Peer Conflict Scale（PCS）（Marsee & Frick, 2007; Marsee et al., 2011）で，4 タイプの攻撃性を 10 項目ずつで問う。そして最後に，4 タイプの測定を目指したものではないが，攻撃の機能と形態を弁別した測定法で，教師評定尺度が存在している（Polman et al., 2009）。

　しかし，日本で攻撃性の構造関係に着目して標準化された尺度は存在しておらず，現在開発途上である（勝間，2016）。今後，開発された尺度を用いて，日本でのより詳細な攻撃性の理解や，その対処・予防のためのアプローチを検討していくことが望まれる。

（2）攻撃性が発動される文脈の考慮

　近年はインターネットの広がりによって，サイバー空間という対面とは異なる文脈での人間関係が広がっている。そしてそのような文脈において，暴言や誹謗中傷，そのコメントの拡散などのネット荒らし（Online trolling; Buckles et al., 2014）や，情報通信技術（ICT）を介したいじめである"ネットいじめ（cyber bullying）"などの行為が問題化してきている。

　これまでは，他者を害する行為が行われる場面として対面が想定されてきたが，攻撃性が発せられる状況的要素（文脈）がそれに影響を与える可能性は高いだろう。実際，SNS などのサイバー空間では，道徳に対する感受性の低下（Ge, 2020）や，対面と比べて，匿名性，権威の欠如，他者による即時反応，オーディエンスの大きさ

などの文脈の特性についての知覚的差異（Graf et al., 2019）が存在していることがわかっている。

　このような文脈の違いを仮定して，対面とサイバー上での攻撃性の両者を対比させた研究も行われ始めている（e.g., O'Connor et al., 2021）。なかでも特に攻撃性の動機については，文脈による違いに関する検討が，"ネットいじめ"研究のなかで早くからなされている。いじめはもともと攻撃性との関連が深く，対面でのいじめは，"怒り"，"フラストレーション"，"権力や所有欲求"といった動機が多いことが示されてきた（Dodge & Coie, 1987; Roland & Idsøe, 2001; Schwartz et al., 1998）。一方，サイバー上では，もっぱら"レクレーション"，"楽しみの追求"や"復讐"がネットいじめの動機になっているという知見（Compton et al., 2014; Gradinger et al., 2012; Rafferty & Vander Ven, 2014; Raskauskas & Stoltz, 2007）や，先に説明した攻撃性の動機による分類の観点から検討した研究で，ネットいじめは反応的攻撃性よりも能動的攻撃性に関連していることが示されている（Ang et al., 2014; Calvete et al., 2010）。ただし，反応的動機が，一般的なサイバー攻撃性のより強い予測因子であったことを示す研究もある（Shapka & Law, 2013）。

　これについて，ルニオンス（Runions, 2013）は，これまでの攻撃性の動機あるいは機能全般に対する理解を再認識する必要があることを提案している。そして，これまでの攻撃性の動機分類における限界を指摘したハワード（Howard, 2011）の"四分割暴力類型論（Quadripartite Violence Typology: QVT）"を，サイバー上での攻撃性の理解に適応した。QVT では，動機をその価（誘意性 valence：回避的 vs 好戦的）と自制（self-controlled：衝動的 vs 統制的）の直交する 2 つの次元として捉え，攻撃性の機能を 4 パターン（ルニオンスら（Runions et al., 2007）は「怒り攻撃性（rage aggression）」，「復讐攻撃性（revenge aggression）」，「報酬攻撃性（reward aggression）」，「レクレーション攻撃性（recreation aggression）」とした）に分離する。このように分離することで，サイバー上での攻撃性の動機に見られた"楽しみの追求"などは，非常に能動的な攻撃とみなされるが，さらに，自制されていない衝動的な側面も捉えることができる（Runions, 2013）。また，怒り攻撃性は反応的攻撃性と，報酬攻撃性は能動的攻撃性と密接な関係があり，レクリエーション攻撃性と復讐攻撃性を攻撃性の追加的別機能としている（Runions et al., 2018）。そして，サイバー文脈に特化した「サイバー攻撃性類型質問票（CATQ）」を開発し，29 項目の CATQ を 314 人の大学生をサンプルに検証して，想定される 4 因子構造の支持と尺度の収束妥当性の部分的な支持を見出している（Runions et al., 2017）。さらに最近では，CATQ を対面文脈でも適用できる質問紙が開発されている（Graf et al., 2020，研究紹介も参照）。

研究紹介　対面およびサイバー文脈における攻撃行動の機能差を検討するためのツール開発

Graf et al.（2020）

　心理学は，心理的な現象を構成概念として記述して，その構成概念を何らかの形で測定することで研究がなされてきた。特に構成概念を具体的に表現した質問項目によって測られる質問紙法は，多くの心理学研究で用いられる方法である。実際に研究に用いられる質問紙は"尺度"と呼ばれ，非常に厳密な手続きを経て開発される。攻撃性研究でもさまざまな質問紙が開発されている。ここでは，対面およびサイバーという文脈における攻撃行動の機能差を検討するための尺度開発について紹介する。当該研究の目的は，①サイバー文脈での攻撃行動の機能を測定するために作成された尺度（CATQ）を対面文脈でも使用できる尺度（FATQ）にし，②両尺度の測定不変性を検討することであった。また，③両尺度が仮定する4因子の収束的妥当性の検討もなされた。当該研究では，先行研究（Runions et al., 2017）にならい，反応・能動的攻撃性質問紙（RPQ; Raine et al., 2006）と行動抑制・活性化システム（BIS/BAS；グレイ（Gray, 1987）の心理生物学的人格モデル）との関連性を検討することによって検証した。BIS は罰や恐怖に対する感度（不安とフラストレーション）であり，BAS は報酬感度（欲求と満足）を指す。仮説は図に示したとおりであった。

　方法：6つのオーストリアの大学から 587 名の大学生（平均年齢 21.85 歳）が，正規の講義中に自分のスマートフォンから，オンライン質問紙に回答した。オンライン質問紙には，"CATQ"，"FATQ"，"RPQ"，"BIS/BAS 感受性尺度（ARES-K，Hartig & Moosbrugger, 2003）"が含まれていた。参加者にはインフォームドコンセントが与えられ，参加は自由であった。

　結果および考察：① CATQ と FATQ の4因子構造を確認するために，確証的因子分析（CFA）という統計手法を用いて検討した。その結果，CATQ においては4因子モデルにおいて非常によい適合度を示した一方，FATQ については，最初の CFA ではよい適合度を示さなかった。そのため，標準化された因子負荷量と修正指数を調べたのち，あまり適当でない（心理測定学的特性の低い）4項目を特定し，それらの項目を削除した結果，よい適合度を示した。CATQ の該当する項目も削除した尺度（mCATQ）についても因子構造を確認したところ，よいモデル適合度を示した。② FATQ と mCATQ の測定不変性を検討するために，多母集団同時分析を行った結果，構造不変性モデル，測定不変性モデルのモデル適合度が良好であることが示された。さらに，両モデル間でのモデル適合度の有意な低下は見られなかったことから，因子負荷は mCATQ と FATQ の間で不変であると仮定することができた。③収束的妥当性については，mCATQ と FATQ 両尺度と，RPQ と ARES-K との間の 95％バイアス補正ブートストラップ信頼区間を含む相関を調べた。その結果，RPQ とは想定した関係が見出されたが，ARES-K に対しては，限られた結果であった（図を参照）。最後に，より適切な構成要素による収束的妥当性や安定性の検討，今後の研究における，FATQ と CATQ を用い，それぞれの文脈における攻撃行動の根本的要因の共通性と差異の検討の必要性が述べられた。

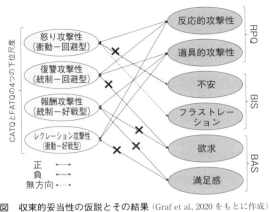

図　収束的妥当性の仮説とその結果（Graf et al., 2020 をもとに作成）

（3）攻撃性と感情的要素との関係

　攻撃性研究では，攻撃性が発せられる要因について，先に紹介した SIP 理論によって，その認知的側面についての検討が伝統的になされてきた。しかし近年，感情やそれにまつわる要素との関係についての研究が行われている。

　まず 1 つは，共感との関係である。勝間・山崎（2008b）では，児童を対象として，攻撃性の高い子どもが，被害者をどのように認識し，感じているのかを共感反応として捉え，3 タイプの攻撃性（反応的表出性攻撃，反応的不表出性攻撃，能動的関係性攻撃）との関係を検討した。その結果，役割取得（相手の立場を理解する）といった認知的な共感反応には 3 タイプの攻撃性に違いは見られなかったが，特に"能動的関係性攻撃"と情動の共有（相手をかわいそうだと思う）や援助欲求（助けてあげたい）といった感情的な共感反応との負の関連が示された。また，感情的共感をより詳細に検討した共感関連反応（empathy-related responding）との関係でも，悲しみ場面に対するエンパシー（他者と同じ気持ちになる）との間に負の関連が示されている（勝間・山崎，2009）。つまり，特に能動的関係性攻撃の高い子どもは，被害者や悲しんでいる人と同じような気持ちになる（共有する）ことができないため，他者に関係性攻撃を行う可能性があるのである。

　次に，感情帰属との関係を紹介する。他者の痛みや損失に共感する過程や道徳あるいは不道徳な行為に際して生じる感情の予測において，攻撃性の高い子どもは，"幸福な加害（happy victimization）"[2] という感情帰属を持っていることがわかって

いる（e.g., Arsenio, 2006）。"幸福な加害"帰属とは，加害や道徳違反行為がもたらす明確な利益に対して，"ポジティブな感情（happy/less negative emotions）"を感じると予期（帰属）することである。このような帰属が起こるために，他者の痛みや損失に気づけずに共感できないと考えられる。そして，この感情帰属の歪みは，攻撃性の機能や形態によって異なることが示されている。挑発に反応して引き起こされる反応的攻撃の高い子どもでは，道徳上のルールを妥当で拘束力のあるものとしてみなしているが，敵意意図帰属バイアスが生じており，一方で，挑発を伴わない能動的攻撃は，そのような社会的認知のバイアスや注意関連の問題などと関連していないが，"幸福な加害"現象と強く関連する（Arsenio et al., 2009）。日本では，道徳違反の文脈でこの現象の研究が行われているが（Hasegawa, 2018），攻撃性との関連での研究は現存していない。今後の研究が待たれる。

　最後に，CU 特性（Callous-Unemotional trait）との関係について取り上げる。CU 特性は，子どもの発達において，より深刻な反社会的または攻撃的な行為を高めるような要因として，またはそのようなサブグループを識別するための個人特性として，欧米では 2000 年前後から研究が行われてきた（e.g., Frick et al., 2003; Frick & White, 2008）。CU 特性とは，その名前が示すとおり"無感覚・冷淡で（callous）"，"非情な（unemotional）"といった感情の欠如にまつわる個人特性である。より具体的な特徴を示すと，罪悪感や共感の欠如，自己利益のために冷淡・非情に他者を利用するということが挙げられる。CU 特性と攻撃性との関連については，反応的攻撃と能動的攻撃の両者を示す子どもや青年は，より高い CU 特性を示すという知見もあり（Frick et al., 2003; Kruh et al., 2005），行為障害のような反社会的行動の高い子どもにおいて，単に反応的攻撃だけが高い子どもと，反応的・能動的両者の攻撃性が高い子どもとを区別する鍵となる可能性が示唆されている（e.g., Frick & White, 2008）。一方，これまでの CU 特性と攻撃性との関連については，反社会的で暴力的側面（顕在性攻撃）に焦点化され，攻撃性の機能分類の側面からの研究が多い。先に紹介したように，関係性攻撃が他の攻撃性に比べて，共感反応へ負の影響を与えている知見からは，CU 特性と関係性攻撃との関連が示唆される。今後 CU 特性との関連において，攻撃性の機能のみならず，形態を組み合わせた検討が必要だろう。

2　現在「happy victimization」の定訳はないため，本章では著者がニュアンスに近い訳を当てた。

| **4** | **まとめと今後の展望――傷つけ合わない社会を目指して** |

　ヒトには"攻撃性"が備わっている。これを進化的に見ると，個体の生存や繁殖のチャンスへの貢献といった適応的機能と捉えることもできる（Archer, 2009; Buss & Shackelford, 1997）。しかし，社会的なコミュニケーションの中で過剰に発動されると，けんかやいさかいといった個人的レベルの問題から，侵略や戦争などの集団的レベルの問題まで，さまざまな問題を引き起こす。この問題に対処するためには，"攻撃性"についての理解が重要であり，またその理解に基づいてどのように適正化，抑制することができるかの検討が必要である。そのため，本章では，さまざまな切り口が存在する攻撃性研究において，ヒトの攻撃性がどのように捉えられてきたかを中心に，それらの捉え方からどのような関連要因が検討されてきたかに焦点を当ててまとめた。そして最後に，最新の動向から見えてきた，今後の発展の可能性について述べる。

　まず重要なのは，これまで積み重ねられた知見をもとに，より多側面から攻撃性を理解していくことと，それに基づいた標準化された尺度を開発していくことである。先に紹介したように，攻撃性の機能や形態を構造関係から捉えることや文脈を考慮した攻撃性研究をより発展させていく必要がある。そして可能な限り，多くの研究者で共通理解できる定義や標準化された尺度を備えることで，今後，攻撃性のより詳細な発達的推移の検討や文化横断的な研究の可能性が拓けるだろう。

　次に，攻撃性によって引き起こされる問題の予防や介入につなげるために，その発動メカニズムを解明していく必要がある。その発展の方向性としては，少なくとも2つ考えられる。1つは，さまざまな関連要因のなかでも，近年，特有の関連が示されている感情に関わる要素（例えば，共感や感情帰属，CU特性）への着目である。特に能動的攻撃や関係性攻撃は，感情的な側面との関連が強いことが示されている。このような知見からは，攻撃性もそのサブタイプによっては発動メカニズムが異なる可能性を示唆している。さらに，発動メカニズムを理解する2つ目の方向性は，行動遺伝学や進化心理学などの新しい分野からの攻撃性の生物学的理解である。これまではその特性上，攻撃性の社会的機能に偏って研究がなされたが，例えば，進化心理学の研究では，ヒトは多くの霊長類と比べて，能動的攻撃性の発動傾向が高いことや（e.g., Wrangham, 2018），行動遺伝学の研究では，反社会的表現型[3]の分散の約50%が遺伝的要因の結果であることを示すという一貫した結果が示されている（e.g., Miles & Carey, 1997）。多くの個人特性は環境からの影響と同

時に遺伝的な影響があることは自明である。攻撃性を個人特性として扱うならば，同じく生物学的基盤の解明が必要であろう。

　最終的に，ヒトが傷つけ合わない社会が実現することは理想のように思える。それでも，このような多くの基礎的研究が積み重ねられ，さらにそれらの研究に基づいた応用的研究が進められ，攻撃性にまつわる問題がなくなっていくことを願ってやまない。

参考図書

Arsenio, W. F., & Lemerise, E. A.（2010）. *Emotions, aggression, and morality in children: Bridging development and psychopathology*. Washington, DC: American Psychological Association.

　本章の最新動向でも紹介した攻撃性と感情（＋道徳性）との関連について，基礎的〜応用的な研究まで網羅的に紹介している。

レイン，E.（著）高橋　洋（訳）（2015）. 暴力の解剖学——神経犯罪学への招待　　　 紀伊國屋書店

　攻撃性研究でも有名なエイドリアン・レイン博士の著書。本章ではあまり紹介できなかった攻撃性の生物学的基盤について，さまざまな側面から行われた自身の30年以上の研究をまとめたものである。

引用文献

Anderson, C. A., & Bushman, B. J. (2002). Human aggression. *Annual Review of Psychology, 53*, 27-51.

Ang, R. P., Huan, V. S., & Florell, D. (2014). Understanding the relationship between proactive and reactive aggression, and cyberbullying across United States and Singapore adolescent samples. *Journal of Interpersonal Violence, 29*, 237-254.

Archer, J. (2009). The nature of human aggression. *International Journal of Law and Psychiatry, 32*, 202-208.

Archer, J., & Coyne, S. M. (2005). An integrated review of indirect, relational, and social aggression. *Personality and Social Psychology Review, 9*, 212-230.

Arsenio, W. F. (2006). Happy victimization: Emotion dysregulation in the context of instrumental, proactive aggression. In D. K. Snyder, J. Simpson, & J. N. Hughes (Eds.), *Emotion regulation in couples and families: Pathways to dysfunction and health*. Washington, DC: American Psychological Association.

3　生物の複合的で観察可能な特徴や形質を表す遺伝学の用語。この用語は，生物の形態学的または物理的な形態と構造，その発生過程，生化学的および生理学的性質，その行動，および行動の産物を網羅している。ただし，獲得形質は含まない。

Arsenio, W. F., Adams, E., & Gold, J. (2009). Social information processing, moral reasoning, and emotion attributions: Relations with adolescents' reactive and proactive aggression. *Child Development, 80*, 1739-1755.

Arsenio, W. F., & Lemerise, E. A. (2004). Aggression and moral development: Integrating social information processing and moral domain models. *Child Development, 75*, 987-1002.

Bailey, C. A., & Ostrov, J. M. (2008). Differentiating forms and functions of aggression in emerging adults: Associations with hostile attribution biases and normative beliefs. *Journal of Youth and Adolescence, 37*, 713-722.

Baron, R. A., & Richardson, D. R. (1994). *Human aggression* (2nd ed.). New York: Plenum.

Buckles, E. E., Trapnell, P. D., & Paulhus, D. L. (2014). Trolls just want to have fun. *Personality and Individual Differences, 67*, 97-102.

Bushman, B. J., & Anderson, C. A. (2001). Is it time to pull the plug on the hostile versus instrumental aggression dichotomy? *Psychological Review, 108*, 273-279.

Buss, A. H. (1961). *The psychology of aggression*. New York: Wiley.

Buss, A. H., & Durkee, A. (1957). An inventory for assessing different types of hostility. *Journal of Consulting Psychology, 21*, 343-349.

Buss, D. M., & Shackelford, T. K., (1997). Human aggression in evolutionary psychological perspective. *Clinical Psychology Review, 17*, 605-619.

Calvete, E., Orue, I., Estevez, A., Villardon, L., & Padilla, P. (2010). Cyberbullying in adolescents: Modalities and aggressors' profile. *Computers in Human Behavior, 26*, 1128-1135.

Compton, L., Campbell, M. A., & Mergler, A. (2014). Teacher, parent, and student perceptions of the motives of cyberbullies. *Social Psychology of Education, 17*, 383-400.

Crick, N. R. (1995). Relational aggression: The role of intent attributions, feelings of distress, and provocation type. *Development and Psychopathology, 7*, 313-322.

Crick, N. R. (1996). The role of overt aggression, relational aggression, and prosocial behavior in the prediction of children's future social adjustment. *Child Development, 67*, 2317-2327.

Crick, N. R. (1997). Engagement in gender normative versus nonnormative forms of aggression: Links to social-psychological adjustment. *Developmental Psychology, 33*, 610-617.

Crick, N. R., & Dodge, K. A. (1994). A review and reformulation of social information processing mechanisms in children's social adjustment. *Psychological Bulletin, 115*, 74-101.

Crick, N. R., & Dodge, K. A. (1996). Social information-processing mechanisms in reactive and proactive aggression. *Child Development, 67*, 993-1002.

Crick, N. R., & Grotpeter, J. K. (1995). Relational aggression, gender, and social-psychological adjustment. *Child Development, 66*, 710-722.

Damasio, A. (1994). *Descarte's error: Emotion, reason, and the human brain*. New York: Avon Books.

Dodge, K. A. (1980). Social cognition and children's aggressive behavior. *Child Development, 51*, 162-170.

Dodge, K. A., & Coie, J. D. (1987). Social information-processing factors in reactive and proactive aggression in children's peer groups. *Journal of Personality and Social Psychology, 53*, 1146-1158.

Dodge, K. A., & Frame, C. L. (1982). Social cognitive biases and deficits in aggressive boys. *Child Development, 53*, 620-635.

Dollard, J., Doob, L., Miller, N., Mowrer, O., & Sears, R. R. (1939). *Frustration and aggression*. New Haven: Yale University Press.

Feshbach, S. (1964). The function of aggression and the regulation of aggressive drive. *Psychological Review, 71*, 257-272.

Frick, P. J., Cornell, A. H., Bodin, S. D., Dane, H. E., Barry, C. T., & Loney, B. R. (2003). Callous-unemotional traits and developmental pathways to severe conduct problems. *Developmental Psychology, 39*, 246-260.

Frick, P. J., & White, S. F. (2008). Research review: The importance of callous-unemotional traits for developmental models of aggressive and antisocial behavior. *Journal of Child Psychology and Psychiatry and Allied Disciplines, 49*, 359-375.

Ge, X. (2020). Social media reduce users' moral sensitivity: Online shaming as a possible consequence. *Aggressive Behavior, 46*, 359-369.

Geen, R. G. (2001). *Human aggression* (2nd ed.). Milton Keynes: Open University Press.

Gradinger,P., Strohmeier, D., & Spiel, C. (2012). Motives for bullying others in cyberspace: A study on bullies and bully-victims in Austria. In Q. Li, D. Cross, & P. K. Smith (Eds.), *Cyberbullying in the global playground: Research from international perspectives* (pp. 263-284). West Sussex: Wiley-Blackwell.

Graf, D., Yanagida, T., & Spiel, C. (2019). Sensation seeking's differential role in face-to-face and cyberbullying: Taking perceived contextual properties into account. *Frontiers in Psychology, 10*, https://doi.org/10.3389/fpsyg.2019.01572

Gray, J. A. (1987). *The psychology of fear and stress* (2nd ed.). Cambridge: Cambridge University Press.

Hartig, J., & Moosbrugger, H. (2003). Die "ARES-Skalen" zur Erfassung der individuellen BIS- und BAS-Sensitivität. *Zeitschrift für Differentielle und Diagnostische Psychologie, 24*, 293-310.

Hartup, W. W. (1974). Aggression in childhood: Developmental perspectives. *American Psychologist, 29*, 336-341.

Hasegawa, M. (2018). Developing moral emotion attributions in happy victimizer task: Role of victim information. *Japanese Psychological Research, 60*, 38-46.

Howard, R. C. (2011). The quest for excitement: A missing link between personality disorder and violence? *Journal of Forensic Psychiatry and Psychology, 22*, 692-705.

畠山美穂・畠山　寛（2012）．関係性攻撃幼児の共感性と道徳的判断．社会的情報処理の発達研究　発達心理学研究, *23*, 1-11.

勝間理沙（2013）．関係性攻撃研究の再考——研究の新たな方向性を探って——　Human Sciences（大阪人間科学大学紀要）, *12*, 81-88.

勝間理沙（2015）．児童期における攻撃性の構造的関係に関する研究——児童期における攻撃性の構造的関係尺度作成のための予備的研究——　発達研究（発達科学研究教育センター紀要）, *29*, 159-164.

勝間理沙（2016）．児童期における攻撃性の構造的関係測定尺度の開発——尺度原版の完成と信頼性および妥当性の予備的検討——　発達研究（発達科学研究教育センター紀要）, *30*, 41-52.

勝間理沙・山崎勝之（2008a）．児童の関係性攻撃における自己評定と仲間評定の比較　心理学研究, *79*, 263-268.

勝間理沙・山崎勝之（2008b）．児童における3タイプの攻撃性が共感に及ぼす影響　心理学研究, *79*, 325-332.

勝間理沙・山崎勝之（2009）．児童期における関係性攻撃と感情機能に関する発達心理学的研究　学位論文（兵庫教育大学）

勝間理沙・山崎勝之（2010）．児童期の関係性攻撃——教育現場における予防的アプローチ実践への示唆——　鳴門教育大学学校教育研究紀要, *24*, 1-10.

Kowalski, R. M., Giumetti, G. W., Schroeder, A. N., & Lattanner, M. R. (2014). Bullying in the digital age: A critical review and meta-analysis of cyberbullying research among youth. *Psychological Bulletin, 140*, 1073-1137.

Kruh, I. P., Frick, P. J., & Clements, C. B. (2008). Historical and personality correlates to the violence patterns of juveniles tried as adults. *Criminal Justice and Behavior, 32*, 69-96.

Lagerspetz, K. M., Bjoerkqvist, K., & Peltonen, T. (1988). Is indirect aggression typical of females? Gender differences in aggressiveness in 11- to 12-year-old children. *Aggressive Behavior, 14*, 403-414.

Lemerise, E. A., & Arsenio, W. F. (2000). An integrated model of emotion processes and cognition in social information processing. *Child Development, 71*, 107-118.

Linder, J. R., Crick, N. R., & Collins, W. A. (2002). Relational aggression and victimization in young adults' romantic relationships: Associations with perceptions of parent, peer, and romantic relationship quality. *Social Development, 11*, 69-86.

Little, T. D., Jones, S. M., Henrich, C. C., & Hawley, P. H. (2003). Disentangling the "whys" from the "whats" of aggressive behaviour. *International Journal of Behavioral Development, 27*, 122-133.

Marsee, M. A., & Frick, P. J. (2007). Exploring the cognitive and emotional correlates to proactive and reactive aggression in a sample of detained girls. *Journal of Abnormal Child Psychology, 35*, 969-981.

Marsee, M. A., Barry, C. T., Childs, K. K., Frick, P. J., Kimonis, E. R., Muñoz, L. C., et al. (2011). Assessing the forms and functions of aggression using self-report: Factor structure and invariance of the peer conflict scale in youths. *Psychological Assessment, 23*, 792-804.

Miles, D. R., & Carey, G. (1997). Genetic and environmental architecture of human aggression. *Journal of Personality and Social Psychology, 72*, 207-217.

Muñoz, L. C., Frick, P. J., Kimonis, E. R., & Aucoin, K. J. (2008). Types of aggression, responsiveness to provocation, and callous-unemotional traits in detained adolescents. *Journal of Abnormal Child Psychology, 36*, 15-28.

大渕憲一（1993）．人を傷つける心――攻撃性の社会心理学――　サイエンス社

O'Connor, K. E., Sullivan, T. N., Ross, K. M., & Marshall, K. J. (2021). "Hurt people hurt people": Relations between adverse experiences and patterns of cyber and in-person aggression and victimization among urban adolescents. *Aggressive Behavior, 47*, 483-492.

Ostrov, J. M., & Crick, N. R. (2007). Forms and functions of aggression during early childhood: A short-term longitudinal study. *School Psychology Review, 36*, 22-43.

Polman, H., Orobio de Castro, B., Thomaes, S., & van Aken, M. (2009). New directions in measuring reactive and proactive aggression: Validation of a teacher questionnaire. *Journal of Abnormal Child Psychology, 37*, 183-193.

Prinstein, M. J., & Cillessen, A. H. (2003). Forms and functions of adolescent peer aggression associated with high levels of peer status. *Merrill-Palmer Quarterly, 49*, 310-342.

Pulkkinen, L. (1987). Offensive and defensive aggression in humans: A longitudinal perspective. *Aggressive Behavior, 13*, 197-212.

Rafferty, R., & Vander Ven, T. (2014). "I hate everything about you": A qualitative examination of cyberbullying and on-line aggression in a college sample. *Deviant Behavior, 35*, 364-377.

Raine, A., Dodge, K., Loeber, R., Gatzke-Kopp, L., Lynam, D., Reynolds, C. et al. (2006). The reactive-proactive aggression questionnaire: Differential correlates of reactive and proactive aggression in adolescent boys. *Aggressive Behavior, 32*, 159-171.

Raskauskas, J., & Stoltz, A. D. (2007). Involvement in traditional and electronic bullying among adolescents. *Developmental Psychology, 43*, 564-575.

Roland, E., & Idsøe, T. (2001). Aggression and bullying. *Aggressive Behavior, 27*, 446-462.

Runions, K. C. (2013). Toward a conceptual model of motive and self-control in cyber-Aggression: Rage, revenge, reward, and recreation. *Journal of Youth and Adolescence, 42*, 751-771.

Runions, K. C., Bak, M., & Shaw, T. (2017). Disentangling functions of online aggression: The Cyber-Aggression Typology Questionnaire (CATQ). *Aggressive Behavior, 43*, 74-84.

Runions, K. C., Salmivalli, C., Shaw, T., Burns, S., & Cross, D. (2018). Beyond the reactive-proactive dichotomy: Rage, revenge, reward, and recreational aggression predict early high school bully and bully/victim status. *Aggressive Behavior, 44*, 501-511.

坂井明子・山崎勝之（2004）．小学生用 P-R 攻撃性質問紙の作成と信頼性，妥当性の検討　心理学研究，*75*，254-261.

Schwartz, D., Dodge, K. A., Coie, J. D., Hubbard, J. A., Cillessen, A. H. N., Lemerise, E. A., & Bateman, H. (1998). Social-cognitive and behavioral correlates of aggression and victimization in boys' play groups. *Journal of Abnormal Child Psychology, 26*, 431-440.

Shapka, J. D., & Law, D. M. (2013). Does one size fit all? Ethnic differences in parenting behaviors and motivations for adolescent engagement in cyberbullying. *Journal of Youth and Adolescence, 42*, 723-738.

Vitiello, B., Behar, D., Hunt, J., Stoff, D., & Ricciuti, A. (1990). Subtyping aggression in children and adolescents. *The Journal of Neuropsychiatry and Clinical Neurosciences, 2*, 189-192.

Wrangham, R. W. (2018). Two types of aggression in human evolution. *Proceedings of the National Academy of Sciences, 115*, 245-253.

山崎勝之（2002）．発達と教育領域における攻撃性の概念と測定方法　山崎勝之・島井哲志（編）攻撃性の行動科学（pp.19-37）ナカニシヤ出版

社会性の発達と文化

第12章

1 「社会性の発達と文化」研究の概要

　文化的多様性は，人という種の大きな特徴である。私たち人間は前の世代の人々が築いた文化をもとに，驚異的なスピードで文化の変革を遂げ，文化を蓄積してきた。そしてそのような文化の蓄積は人を，さらに文化的多様性のある種へと進化させてきた（Henrich & Mcelreath, 2007）。

　子どもは多様な文化のどこかに生まれ落ちる。したがって，文化的に真空状態で生まれ育つということはあり得ない。人の発達とは，文化的環境に適応しながら自己を形成していく過程であると捉えられる。しかし，伝統的な発達心理学では，子どもの発達の普遍性を追求することに重きが置かれ，子どもがいかに文化と相互作用しながら育つのかについて十分に関心が向けられてこなかった。本章では，発達心理学における文化的アプローチを概観した上で，近年の道徳性の発達と文化に関する実証研究を紹介する。これらを通して，子どもの発達を考える際になぜ文化的な見方が必要なのかについて考えていく。

2 これまでの研究の流れ──文化と相互作用しながら育つ子ども

（1）文化とは

　「文化（culture）」とは多義的な言葉である。文化人類学や文化心理学では，さまざまな研究者によってその定義が試みられてきた。例えば19世紀の文化人類学者のタイラー（Tylor, 1871）は，文化を「知識・信仰・芸術・法律・風習・その他，社会の成員としての人間によって獲得された，あらゆる能力や習慣を含む複合体の全体である」（p. 1）と定義した。また文化人類学者・文化心理学者のシュウェダー（Shweder, 1999）は，文化とは「何が真実で，良しとされ，美しく，効率的かに関

するコミュニティに固有の考え」（p.212）であると述べている。これらをふまえ，本章では，文化とは，コミュニティのメンバーが共有し，継承してきた，明示的・暗黙的な「意味のまとまり」と捉えることとする。

（2）発達心理学における文化的アプローチ

　発達心理学では古くから，人間の発達を，社会文化的文脈と独立して個人内で生じるものとして捉えてきた。文化的な背景にかかわらず，人の発達は普遍的に進むという前提のもとに研究が進められてきたのである。しかし1970年代以降，その前提に対する疑問が投げかけられるようになった（Bronfenbrenner, 1979; Cole & Scribner, 1974）。そして，「意味のまとまり」としての文化がどのように子どもの発達に関わるのかを捉えるアプローチが出現した。それらは大きく2つのアプローチに分けることができる。

① 社会文化的アプローチ

　1つ目は社会文化的アプローチ（sociocultural approach）であり，ヴィゴツキー（Vygotsky, 1987）やその学派の考え方が基礎となっている。ヴィゴツキーは，人の個体発生とは，人の持つ普遍的な生物学的要因と，歴史とともに移り変わる社会文化的要因が相互作用し，次第に社会・文化・歴史的存在に変化していく過程であるとした。そして最近接発達の領域（Zone of proximal development）において，子どもは文化が提供する思考様式を他者と一緒に用いながら，そのような思考を次第に自分で行うことができるようになり，また目的に応じて文化の思考の道具を作り替えることができるようになるとした。さらにヴィゴツキーの考えに影響を受けたロゴフ（Rogoff, 2003）は，人の発達を，前の世代から引き継いだ文化的道具を他者とともに用いて，実践を通して発達しつつ，それらを変容させていくプロセスであると描写した。そして，発達の理論は，文化的実践への日常的な参加を通じて発達がどのように起こるかという観点から再考されるべきであると指摘した（Rogoff et al., 2018）。

　このアプローチでは，測定手法としてフィールドワークやインタビューが用いられることが多い。ある特定の文化にフォーカスし，そこでの常識，信念，慣習，制度などがどのようなものであるかを記述し，子どもがその文化的コミュニティに参加していくプロセスを詳細に捉えていく。例えば，中央アフリカのアカ・ピグミー族の子どもを対象としてフィールドワークを行った研究（Hewlett, 1992）では，乳児期にすでに大人からナイフや穴掘りの道具の使い方を学び，2歳頃までには火を使って料理をすることを学び，7～12歳になる頃には大きな獲物の仕留め方や赤

ちゃんのあやし方など生きていくのに必要な技能のほとんどを学ぶことを報告している。このようなコミュニティへの参加の仕方は，欧米の中産階級の家庭で観察される様子とは極めて異なっており，発達のかなり早期からコミュニティ内で経済的・社会的役割を果たすべきであるという文化的価値観を反映していると考えられる。

② 比較文化的アプローチ

2つ目の比較文化的アプローチ（cross-cultural approach）では，異なる文化に属する子どもに対し同一の方法を用いて直接的に比較することにより，人の発達の普遍性（universality）と文化固有性（cultural specificity）を探求しようとする。このアプローチは，比較文化心理学の考え方や手法を発達心理学と融合させたものであると捉えることができる。比較文化心理学ではこれまで，認知様式や自己観における西洋と東洋の対比がなされてきた。例えばニスベットら（Nisbett, 2003; Nisbett, et al., 2001）は，世界を理解するための考え方の違いを，分析的思考（analytic thinking）と包括的思考（holistic thinking）という枠組みで対比させた。分析的思考は，主に北米や西欧の人々が持つ思考様式であり，世の中の事象はすべて個別の要素に分解することができ，それらの要素間の関係性を理解することで事象を理解できるという信念が中核となっている。これに対して主に東アジアの人々が持つ包括的思考では，世の中の事象はさまざまな要素が複雑に絡み合っており，それらを全体的に把握することで，物事の本質を理解できるという信念が中核となっている。またマーカスと北山（Markus & Kitayama, 1991）は，歴史的に蓄積されてきた社会的・文化的慣習が自己概念を形成すると考え，欧米の人々は相互独立的自己観

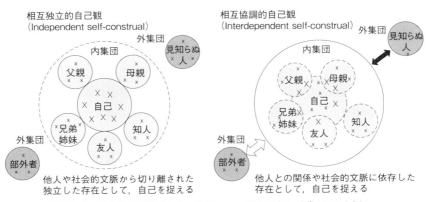

図 12-1　文化的自己観（Markus & Kitayama, 1991；増田・山岸，2010 より）

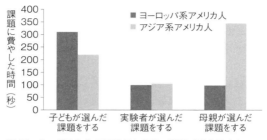

図12-2 どの条件で児童がより高い動機づけを示すか？
(Iyenger & Lepper, 1999 をもとに作成)

(independent self-construal)，東アジアの人々は相互協調的自己観
(interdependent self-construal) を持つ傾向があるとした。図12-1で示されてい
るように，2つの自己観は自他の区別の仕方に大きな違いがある。相互独立的自己
観を持つ人は，自他の区別を明確化し，個人を周囲の人々と独立して存在するもの
として捉える。そして状況によって変化しない一貫した振る舞いを良しとし，その
人の行動の原因はその人の内部の性格，能力，動機などによって生み出されると考
える傾向がある。一方相互協調的自己観を持つ人は，個人を周囲の人との関係性か
ら捉える。状況に応じた臨機応変な振る舞いを良しとし，身近な他者や所属集団の
目標，役割，期待に応える形で人は行動すると考える傾向がある。

　比較文化的アプローチによる発達研究の例として，アジア系アメリカ人とヨーロ
ッパ系アメリカ人の5年生を対象として動機づけプロセスを比較した研究
(Iyengar & Lepper, 1999) を挙げることができる。この研究では，参加児にパズル
課題をしてもらう前に，それぞれの人種グループの子どもたちを，自身で選んだ課
題を行う群，実験者が選んだ課題を行う群，母親が選んだ課題を行う群の3つに分
けた。そしてそれぞれの群の子どもがどれくらい長く課題に取り組んだかを測定し
た。その結果，ヨーロッパ系アメリカ人の子どもは自身で選んだ課題のときに最も
長く取り組んだのに対し，アジア系アメリカ人の子どもは母親が選んだ課題を行う
ときに最も長く取り組んだことが示された（図12-2）。この知見は，アジア系アメ
リカ人の子どもは，相互協調的自己観を持ちやすく，母親の期待に応えようとする
ときに最もモチベーションが高まりやすいことを示していると解釈できる。この研
究は，人は自己選択を行った場合に最も動機づけが高まるという従来の理論を覆す
知見として，大きな注目を集めた。

(3) WEIRD への偏り

　ここまで見てきたように，発達心理学では，子どもの発達と文化の関わりを調べるためのアプローチが提示されてきた。しかし，今日に至るまで，依然として発達の普遍性の追求がメインテーマとされ，文化的な実証研究は極めて限られている。このことは，「心理学は WEIRD である」という近年の問題提起（Henrich et al., 2010）と関連する。WEIRD とは，Western（西洋の），Educated（教育を受けた），Industrialized（産業化した），Rich（裕福な），Democratic（民主主義の）の頭文字をとった語である。WEIRD に当てはまる人々は地球上の人口のたった 12% しか存在しないにもかかわらず，心理学研究のほとんどがこのサンプルを用いて検討を行い，その結果をもって人間一般の傾向であると結論づけてきたことが"weird"すなわち異様であるという批判がなされたのである。発達心理学でも例外ではなく，主要な国際雑誌（Developmental Psychology, Child Development, Developmental Science）に掲載された論文において，サンプルの 90% 以上が WEIRD であり，その傾向は 2008 年と 2015 年ではほとんど変化していないことが報告されている（Nielsen et al., 2017）。しかし上述の例のように，少ないながらも異なる文化の子どもについて調べた研究は，WEIRD の人々について見出されてきた発達過程は決して人間に普遍的ではない可能性を示唆している（Arnett, 2008; Henrich et al., 2010）。そこで次節では，道徳性の発達を取り上げ，具体的な実証研究をもとに文化研究の必要性についてさらに考えていく。

3　　　　　　　　　　最新の動向——道徳性の発達と文化

　文化とは，何が良くて何が悪いか，それぞれの状況でどう振る舞うことが良しとされるか，といった価値観や慣習を含んでいる。これらは道徳的価値観・態度・行動であると捉えられ，したがって道徳性は文化の中核をなすといえる（Shweder et al., 2013）。本節では，道徳発達における比較文化的アプローチによる研究を中心に紹介し，文化的な研究によって従来の理論がどのように再考されたか，また実証研究では文化によって異なる発達の道筋がいかに示されてきたかについて見ていく。

(1) コールバーグ理論の再考

　道徳性の発達における中心的な理論であるコールバーグ（Kohlberg, 1976）の発達段階理論では，罰せられることを避ける，自分や他者の利益を守る，といった慣習以前の水準（第 1 水準），他者から承認を得る，社会的に決められたきまりを守る，

といった慣習的水準（第 2 水準）を経て，社会的な契約に従う，普遍的な倫理的原理（公正）への志向，といった慣習的水準以降（第 3 水準）へ，といった 3 水準 6 段階の発達段階が設定された。コールバーグは，このような発達プロセスが時代や文化にかかわらず普遍的に存在するとした。

① コールバーグ理論への批判

　しかしギリガン（Gilligan, 1982）は，コールバーグのモデルは個人の権利や公正（justice）を重視し，対人的側面を軽視していると批判した。コールバーグのモデルでは，家族や友人のニーズに応えるという対人関係に配慮した考え方は，第 2 水準の慣習的水準に分類されるとみなされる。しかし，これは男性中心社会での枠組みであり，女性は配慮と責任（care and responsibility）という異なる枠組みを持つ傾向があると述べた。この対人指向の枠組みでは，何が公正なのかということよりも，他者への共感性や関係性に配慮し，自分とつながりのある他者を傷つけないということが重視される。ギリガンの指摘はコールバーグ理論の再考を促した点で大きな貢献をしたといえるが，その後の研究では，公正 vs. 配慮・責任という対比が必ずしもジェンダーとは関連づけられない可能性も示唆されている（Jaffee & Hyde, 2000; Walker, 1984）。

② 道徳性の対人的側面における文化差——公正か，配慮と責任か

　ギリガンは，公正と対人的配慮・責任の枠組みの違いをジェンダーに関連づけたが，一方で，この違いは文化的な差異の観点から説明できるのではないかという考えが提唱されるようになった（Simpson, 1974; Sullivan, 1977）。すなわち，公正の概念は欧米文化において中心的な価値観であり，他の文化では対人的な配慮と責任がより重視される可能性が指摘されたのである。例えば山岸（1976）は，日本の子どもはアメリカの子どもと比較して早くに第 2 水準に達するが，そこにとどまる期間が長く，年長になっても見られることを報告した。また，アフリカにおけるフィールドワーク研究（Goldschmidt et al., 2021）は，アフリカのコミュニティでは"Ubuntu"が道徳性の発達において重要な役割を果たすことを示している。Ubuntu とは現地の言葉で「あなたがいてくれるから私がいる」という意味であり，人の存在はコミュニティに根差しており，コミュニティのメンバーは他者のために行動する道徳的義務を負っているという考えを反映している。さらに，ミラーら（Miller & Källberg-Shroff, 2020）は，ヨーロッパ系アメリカ人とインド人の子どもと成人を対象とした一連の研究により，公正と対人的な責任に対する考え方には文化差があることを明らかにしている。例えば，対人的な責任と公正が対立するとき，

ヨーロッパ系アメリカ人の子どもと成人は公正を優先したのに対し，インドの子どもと成人は対人的責任を優先した。また，ヨーロッパ系アメリカ人は責任と配慮を個人的な選択の問題とみなすのに対し，インド人は道徳的義務として概念化している可能性を示唆している。

　このように，コールバーグ理論は，文化的多様性の観点から再考を促されるようになった。実際に，コールバーグの課題を 45 の異なる文化の人々に対して実施した比較文化研究（Snarey, 1985）では，第 3 水準は西洋の都市部の中産階級に属する人々以外にはほとんど見られないことが報告され，さらに複数の比較文化研究をレビューした研究（Gibbs et al., 2007）では，第 1・2 水準は異なる文化で共通して見られるが，第 3 水準については文化間の差異が見られることが示されている。これらの知見は，道徳発達の到達点は，コールバーグの想定したような公正が唯一のものではないことを示している。何が道徳的に良しとされるか，何に道徳的価値があると認識されるかは，文化によって異なり，道徳発達の到達点もそれに伴い異なりうるのである。

（2）道徳的特性の推論の発達における文化間の類似性と差異

　文化的な道徳的価値観は，他者の行動から道徳的特性を推論する傾向にも反映されている。成人において，行動から性格特性を推論する傾向に文化差が見られることが，比較文化心理学で繰り返し報告されてきた。具体的には，相互独立的自己観を持つ傾向のある西洋の人々は他者の行動をその人の内的な特性に帰属しやすく，相互協調的自己観を持つ傾向のある東洋の人々は特性だけではなく文脈や状況にも帰属しやすいことが示されている（Choi et al., 1999; Fiske et al., 1998; Shimizu et al., 2017; Shimizu & Uleman, 2021）。そして，近年の発達研究からは，このような文化的な違いが幼児期から児童期にかけて現れることが示されている。

① 乳児期における道徳的萌芽

　道徳性は，乳児期からその萌芽が見られる。例えばハムリンら（Hamlin & Wynn, 2011; Hamlin et al., 2007）は，生後 3 ～ 6 ヵ月の乳児が他者を妨害する人よりも援助する人に選好を示すことを報告した。ハムリンらは，この結果は個体発生の極めて初期から道徳的特性の推論の核があることを意味しており，これは人の発達において普遍的なものであると述べた（Woo & Hamlin, 2022）。

　清水ら（Shimizu et al., 2018）は，乳児期の道徳的推論が実際に異なる文化圏で共通に見られるのかどうかについて，日本人とヨーロッパ系アメリカ人の 6 ヵ月から 18 ヵ月の乳児を対象として同様の課題を行うことにより検討した。この研究で

は，日本人とヨーロッパ系アメリカ人の 6 ヵ月から 18 ヵ月の乳児に，まずぬいぐる
みが他者を援助する場面と，妨害する場面を繰り返し見せた。そして，援助者と妨
害者のぬいぐるみを乳児の目の前に示し，どちらにリーチングをするのかを調べた。
その結果，どちらの文化の子どもも 15 〜 18 ヵ月で妨害者よりも援助者を選好する
ようになることが示された。2 文化間の比較であり，一般化するためにはさらなる
研究が必要とされるが，乳児期において道徳的推論の萌芽が見られる発達的タイミ
ングが文化間で共通していることから，この時期の道徳性は普遍的である可能性が
ある。

② 幼児期から児童期にかけて見られる文化固有性

それでは道徳的特性推論において，文化固有の特徴はいつからどのように現れる
のであろうか。ミラー（Miller, 1984）は，アメリカとインドの 8 歳児，11 歳児，15
歳児，成人を対象とし，道徳的行動の原因帰属の仕方について調べた。参加者に，
まず，例えば「あなたがよく知っている人物が，最近悪いことをしたところを記述
してください」というように教示し，日常生活において経験した向社会的行動と逸
脱行動を挙げてもらった。そして，その行動の理由を説明するように求めた。参加
者の述べた理由づけを，何に言及したかという観点からカテゴリー化した結果，特
に逸脱行動の理由づけにおいて，その人物の性格などの内的属性に言及した割合は
アメリカ人のほうが多く，状況に言及した割合はインド人のほうが多いことが示さ
れた。参加者の理由づけの例は次のとおりである。あるアメリカ人の成人は，隣人

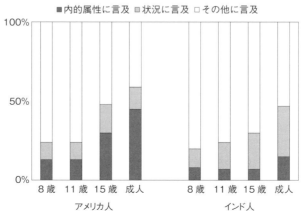

図 12-3 逸脱行動に対する説明におけるそれぞれのカテゴリーへの
言及の割合（Miller, 1984 をもとに作成）

の逸脱行動について，「彼女は，チャリティーで一番多く寄付すると言いました。でも実のところ，何ひとつ寄付していないのです。負けず嫌いというのは，まさに彼女のようなタイプの人のことを言うのです」と述べた。一方，あるインド人の成人は，「家を建てなければならず，A さんに前金 1,500 ルピーを渡しました。しかし A さんは，それを私的な目的のために使い，仕事をすることなく費用も返しませんでした。彼は失職していました。彼はそのお金を払えない状況だったのです」と述べた。逸脱行動に対する原因帰属におけるこのような文化固有の特徴は，年齢が上がるにつれて顕著になっていた（図 12 − 3）。すなわち，内的属性への言及は，アメリカ人では増加したのに対し，インド人では年齢による変化はなかった。反対に，状況への言及は，アメリカ人では年齢による変化はなかったのに対し，インド人では年齢が上がるにつれて増加した。この研究の知見は，児童期中期から青年期前期にかけて，次第に文化固有の特徴が現れるようになることを示唆している。

　一方，近年の研究は，高い言語能力を要しない方法を用いることにより，ミラーらの研究で見られた文化差がもっと幼い頃から見られる可能性を示している。例えば，ドイツ，日本，エクアドルの 4 歳から 9 歳の子どもを対象とした研究（Jurkat

①ゾウさんは箱の中からおもちゃをとりたいと思って，蓋を開けようとしていました。サルさんがそれを見ていました。

②ゾウさんは何度も何度も開けようとしました。でも，蓋がとても重くて開けることができませんでした。

③すると，サルさんが蓋の上に飛び乗って，蓋をバタンと閉めました。

Happy バージョン　　　　　Neutral バージョン　　　　　Sad バージョン

（3 つのバージョンのうちいずれかを提示）

④ゾウさんは，箱の中からおもちゃを取ることができませんでした。

図 12 − 4　清水らの研究で提示された逸脱行動の例（Shimizu et al., 2021 より）
注）物語の内容は，録音されたナレーションにより提示された。

et al., 2022) では，子どもに道徳的行動の例を挙げてもらう代わりに，援助行動と逸脱行動の例を絵で提示し，その行動の理由について説明するように求めた。その結果，4・5歳において，行為者の内的属性に帰属する割合は，ドイツの子どものほうが日本やエクアドルの子どもよりも多いことが示された（ただしこのような文化差は年齢が上がるにつれ消失した。詳細は Jurkat et al., 2022 参照）。

　また清水ら（Shimizu et al., 2021）は，言語報告以外の指標も用いることにより，推論プロセスをより詳細に検討している。日本人とヨーロッパ系アメリカ人の3・4歳児を対象とし，援助行動と逸脱行動の2つの行動それぞれに対して，受動者（行為の相手）の反応が happy, neutral, sad のいずれかであった物語を提示した（物語の例は図12−4参照）。参加児1人につき行為者の行動と受動者の反応の組み合わせの6パターンが提示され，物語を見ている間の行為者と受動者への注視時間がアイトラッカー（視線計測器）により測定された。その結果，行為者の道徳的行動と一致した特性の推論（e.g., 援助行動を行った行為者は「親切な子」，逸脱行動を行った子は「意地悪な子」）は，ヨーロッパ系アメリカ人の子どもは3・4歳のいずれも見られたのに対し，日本人の子どもは4歳のみにおいて見られた。一方で，受動者へ視線を向ける時間の長さや，受動者の反応に応じて行為者の特性推論を変える傾向においては，文化差や年齢差が見られなかった。したがって，道徳的特性推論はヨーロッパ系アメリカ人の幼児のほうが早く発達させるが，この年齢ではまだ他者の反応といったような状況への敏感性における文化差が見られないことが示唆された。

　これらの研究から，道徳的特性の推論について，その萌芽は乳児期に普遍的に現れるが，その後，幼児期から児童期にかけて文化固有の特徴を示すようになると考えられる。一方で，成人を対象とした研究（Masuda et al., 2008）において示されている他者の反応への敏感さの違いは，幼児期にはまだ示されない可能性がある。ただしこのテーマに関する比較文化研究はまだ非常に限られているため，結論を出すには早計であり，今後さまざまな文化および年齢の子どもを対象としたさらなる検討が必要である。

（3）嘘や真実を言うことへの評価における文化差

　嘘が道徳的にどう評価されるかは，その目的や文脈によって異なる。ホワイトライ（白い嘘）は相手を傷つけないためにつく嘘としてよく知られているが，もう1つ，ブルーライ（青い嘘）と呼ばれるものがあり，これは，集団のためにつく嘘のことを指す。ブルーライの評価の仕方は，文化的背景によって異なることがこれまでに示されている（Evans & Lee, 2022）。例えば7歳から11歳の中国とカナダの

研究紹介 友達のためにつく嘘と集団のためにつく嘘──カナダと中国の児童の違い

Fu et al.（2022）

　幼い子どもは，嘘をつくことは良くないことであり，正直であることが良いことであると考える傾向があるが，次第に，状況によっては嘘をつくことが良い場合もあることに気づくようになる。しかし，どんな状況での嘘が良しとされるかは，文化的な価値観に依存している。これまでに，西洋文化では個人の権利と利益が強調される傾向があるのに対し，東洋文化では集団の目標を達成することに焦点が当てられる傾向があることが示されてきた。したがって，カナダの子どもは集団よりも個人のための嘘を優先するのに対し，中国の子どもは個人よりも集団のための嘘を優先するのではないかという仮説を立て，4つの実験を実施した。

　方法：参加者はヨーロッパ系カナダ人と中国人の7歳，9歳，11歳であった。子どもには4つの物語が提示され，2つは友人の利益となるが集団の利益を害する嘘をつくか，2つは逆に集団の利益となるが友人の利益を害する嘘をつくかを問われるものだった。例えば後者では次のような場面提示と質問がなされた。学校での合唱大会があり，合唱部のメンバーには空きがあった。歌の下手なコリンの友人シャノンが，コリンに自分を合唱部のメンバーとして登録してほしいと頼んだ。もしシャノンを合唱部に登録したら，クラスは合唱大会で負けるであろう。しかしシャノンは友達なので，もしコリンが登録しなかったら彼女は動揺するだろう。もし参加児がコリンだったら，シャノンを助けるために合唱部に届け出るか，あるいはクラスを助けるために合唱部のメンバーに空きがないと嘘をつくか？

　実験1・2では嘘をつくかどうかを回答するよう，また実験3・4では嘘をつくことが良いことか悪いことかを評価するよう求めた。

　結果と考察：図で示されているように，中国の子どもは，年齢が上がるにつれて友人の利益になるが集団の利益を害する嘘をつく傾向がわずかに低下したが，集団の利益になるが友人の利益を害する嘘をつく傾向はすべての年齢で高かった。一方カナダの子どもは，年齢に関係なく集団よりも友人のために嘘をつく傾向が高かった。また，カナダの子どもは個人のための嘘を，中国の子どもは集団のための嘘を高く評価することが示された。この結果は，児童の嘘をつくという行動やその評価には，文化的な価値観が反映されていることを示唆する。ただし，集団 vs. 個人といったジレンマ場面を日常生活で経験することはほとんどないため，今後はより生態学的妥当性の高い場面を設定し検討する必要がある。

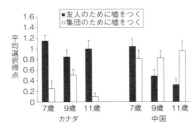

図　友人のためにもしくは集団のために嘘をつくと回答する傾向（実験1）
注）得点が高いほど「嘘をつく」と回答したことを示す。エラーバーは標準誤差。

子どもを対象とした研究では，中国の子どもは個人よりも集団のためにつく嘘を，カナダの子どもは集団よりも個人のためにつく嘘をポジティブに評価することを示している（Fu et al., 2007, 研究紹介参照）。また真実を言うことにおいても，文化的な価値観が反映されている。カナダと中国の 8 歳から 16 歳の子どもを対象とした研究（Dmytro et al., 2014）では，中国の子どものほうがカナダの子どもよりも，集団に害をもたらすような真実を言うことをネガティブに評価し，この傾向は対象となる集団の規模が大きくなる（例：クラス＜学校＜国）ほど顕著に見られた。

　嘘や真実を言うことに対する文化固有の評価の仕方は，異文化接触により変化する可能性が示されている。中国人，中国系カナダ人，ヨーロッパ系カナダ人の 7 歳から 17 歳の子どもを対象とした研究（Lo et al., 2020）では，中国人の子どもはヨーロッパ系カナダ人の子どもと比べて，集団のための嘘や真実をポジティブに評価する傾向が大きく，中国系カナダ人の子どもは他の 2 群の中間の傾向を示すことが明らかになった。さらに興味深いことに，中国系カナダ人グループは，文脈によって嘘に対する道徳的な基準を使い分ける傾向がより大きかった。著者らは，中国系カナダ人の子どもたちが複数の文化に接触することで，異なる道徳的規準が相対化され，それにより柔軟な道徳的評価の発達が促進されたのではないかと考察している。

（4）道徳推論の文化的社会化

　道徳的推論や評価における文化固有の傾向は，どのように世代間で伝えられていくのであろうか。スーパーとハークネス（Super & Harkness, 1986）は，社会的・物理的環境，子育ての習慣，そして養育者の心理（文化的信念や考え方など）から構成される発達的ニッチ（developmental niche）の概念を提唱した。子どもの発達的ニッチにおいて，養育者との相互作用は重要な側面となるが，養育者の道徳的価値観には当然のことながら文化的な特徴が反映されている。例えば，ドイツ，アメリカ，日本，韓国，ブラジルの養育者を対象とした比較文化研究は，養育者の相互独立的・協調的自己観が，道徳的価値観に反映されていることを明らかにしている（Trommsdorff, 2020）。このような価値観は子どもとの相互作用にも表れており，3・4 歳の幼児の親が子どもに道徳的な場面について話すとき，ヨーロッパ系アメリカ人の親は行為者の道徳的特性に言及しやすく，日本人の親は受動者の反応に言及しやすいことが報告されている（Kuwabara & Smith, 2022; Senzaki et al., 2022）。

　さらに清水ら（Shimizu et al., 2018）は，乳児期ですでに文化的社会化（cultural socialization）のプロセスが始まっている可能性を示唆した。この研究では，日本人とヨーロッパ系アメリカ人の乳児とその母親に一緒に道徳場面を見てもらい，その間母親に子どもに話しかけてもらった。母親の語りを分類した結果，道徳的な特性

や評価（e.g.,「なんて悪いことをしたの！」「やさしいくまちゃんね」）に言及した割合は，ヨーロッパ系アメリカ人の母親は 40％であったのに対し，日本人の母親は26％にとどまることが示された。そして，道徳的特性や評価に多く言及する母親の子どもは，援助行動を行った行為者を選好しやすいことが示された。この結果は，たとえ前言語期であっても，共同注意などのプロセスを通して，文化的な意味づけが世代間で転移されていく可能性を示している。

4 まとめと今後の展望——文化研究の発展に向けて

　文化的多様性は人間と他の種を分ける大きな特徴であり，人の発達と文化の相互作用の視点なしには人間発達の本質を捉えることはできない。しかし，前述したように，現在に至るまでその実証研究は極めて乏しい。今後，発達心理学において文化研究が展開されていくためには，特に次の2点について考慮される必要があるだろう。

　第1に，概念の再定義や新しい理論的枠組みの提起が必要である。前節で見たように，道徳とは公正であるとしたコールバーグの理論は，文化研究によって見直しを迫られた。発達心理学で提唱されてきたさまざまな概念について，その発達の道筋や到達点は1つではない可能性があるという前提に立つことが必要である。その上で，エビデンスに基づいて概念を再定義し，文化によって異なる発達過程を説明するための理論的枠組みの提案がなされていくことが求められる。

　第2に，文化と子どものダイナミックな関係性を捉える必要がある。文化は常に変化し続けるものであり，また子どもと文化は双方向的に影響を及ぼし合う。さらには，グローバル化社会において，子どもは異なる文化との接触により文化的自己を変容させていく。特に比較文化研究では，従来，文化を静的なものとして捉え，子どもの外部に存在する環境要因と位置づけ，文化から子どもへという影響関係のみを想定したアプローチをとる傾向にあった（Carlo & Maiya, 2020）。しかし，多様な文化に存在している子どもが，変化しつつある文化的環境との能動的な相互作用を通して，特定の発達的ニッチを形成し，文化的な自己を形成していくプロセスを捉えることこそが重要であり，そのための方法の開発が必要とされる。

参考図書

東　洋（1994）．日本人のしつけと教育——発達の日米比較にもとづいて——（シ

リーズ人間の発達12） 東京大学出版会

日本人とアメリカ人のしつけや教育の違いを，著者らが日米の子どもと親を対象に実施した比較文化研究に基づいて考察している。

マイケル・コール（著）天野 清（訳）（2002）．文化心理学——発達・認知・活動への文化 - 歴史的アプローチ—— 新曜社

社会文化的アプローチの理論とその歴史を詳細に学ぶことができる。人の個体発生を文脈の中で捉えることの重要性を強調している。

バーバラ・ロゴフ（著）當眞千賀子（訳）（2006）．文化的営みとしての発達——個人，世代，コミュニティ—— 新曜社

人は属するコミュニティの社会文化的活動への参加の仕方を通して発達していくことを，さまざまな分野の膨大な研究資料をもとに詳述した著である。

引用文献

Arnett, J. J. (2008). The neglected 95%: why American psychology needs to become less American. *American Psychologist, 63*(7), 602-614. doi:10.1037/0003-066X.63.7.602

Bronfenbrenner, U. (1979). *The ecology of human development: Experiments by nature and design.* Harvard university press.

Carlo, G., & Maiya, S. (2020). Methodological issues in cross-cultural research on prosocial and moral development. In N. Jones, M. Platt, K. D. Mize, J. Hardin (Eds.), *Conducting research in developmental psychology* (pp. 171-188). Routledge.

Choi, I., Nisbett, R. E., & Norenzayan, A. (1999). Causal attribution across cultures: Variation and universality. *Psychological Bulletin, 125*(1), 47-63. doi:10.1037/0033-2909.125.1.47

Cohen, A. B. (2009). Many forms of culture. *American Psychologist, 64*(3), 194-204. doi:10.1037/a0015308

Cole, M., & Scribner, S. (1974). *Culture & thought: A psychological introduction.* John Wiley & Sons.

Dmytro, D., Lo, J., O'Leary, J., Fu, G., Lee, K., & Cameron, C. A. (2014). Development of cultural perspectives on verbal deception in competitive contexts. *Journal of Cross-Cultural Psychology, 45*(8), 1196-1214. doi:10.1177/0022022114535485

Evans, A. D., & Lee, K. (2022). Lying: The development of conceptual understanding, moral judgments, and behavior. In M. Killen, & J. G. Smetana (Eds.), *Handbook of moral development* (3rd ed.). Routledge.

Fiske, A. P., Kitayama, S., Markus, H. R., & Nisbett, R. E. (1998). The cultural matrix of social psychology. In D. T. Gilbert, S. T. Fiske, & G. Lindzey (Eds.), *The handbook of social psychology* (4th ed., pp. 915-981). New York: McGraw-Hill.

Fu, G., Xu, F., Cameron, C. A., Leyman, G., & Lee, K. (2007). Cross-cultural differences in children's choices, categorizations, and evaluations of truths and lies. *Developmental Psychology, 43*(2), 278-293. doi:10.1037/0012-1649.43.2.278

Gibbs, J. C., Basinger, K. S., Grime, R. L., & Snarey, J. R. (2007). Moral judgment development across cultures: Revisiting Kohlberg's universality claims. *Developmental Review, 27*(4), 443-500. doi:10.1016/j.dr.2007.04.001

Gilligan, C. (1982). *In a different voice: Psychological theory and women's development.* Harvard

University Press.（岩男寿美子（訳）（1986）．もう一つの声――男女の道徳観のちがいと女性のアイデンティティ―― 川島書店）

Goldschmidt, L., Langa, M., Alexander, D., & Canham, H. (2021). A review of Kohlberg's theory and its applicability in the South African context through the lens of early childhood development and violence. *Early Child Development and Care, 191*(7-8), 1066-1078. doi:10.1080/03004430.2021.1897583

Hamlin, J. K., & Wynn, K. (2011). Young infants prefer prosocial to antisocial others. *Cognitive Development, 26*(1), 30-39. doi:10.1016/j.cogdev.2010.09.001

Hamlin, J. K., Wynn, K., & Bloom, P. (2007). Social evaluation by preverbal infants. *Nature, 450*(22), 557-560.

Henrich, J., Heine, S. J., & Norenzayan, A. (2010). The weirdest people in the world? *Behavioral and Brain Sciences, 33*(2-3), 61-83. doi:10.1017/S0140525X0999152X

Henrich, J., & Mcelreath, R. (2007). Dual-inheritance theory: The evolution of human cultural capacities and cultural evolution. In R. Dunbar, & L. Barrett (Eds.), *Oxford handbook of evolutionary psychology* (pp. 555-570). Oxford: Oxford University Press.

Hewlett, B. S. (1992). The parent-infant relationship and social-emotional development among Aka Pygmies. *Parent-Child Socialization in Diverse Cultures*, 223-243.

Iyengar, S. S., & Lepper, M. R. (1999). Rethinking the value of choice: A cultural perspective on intrinsic motivation. *Journal of Personality and Social Psychology, 76*(3), 349-366. doi:10.1037/0022-3514.76.3.349

Jaffee, S., & Hyde, J. S. (2000). Gender differences in moral orientation: A meta-analysis. *Psychological Bulletin, 126*(5), 703-726. doi:10.1037/0033-2909.126.5.703

Jurkat, S., Iza Simba, N. B., Hernández Chacón, L., Itakura, S., & Kärtner, J. (2022). Cultural similarities and differences in explaining others' behavior in 4- to 9-year-old children from three cultural contexts. *Journal of Cross-Cultural Psychology, 53*(6), 659-682. doi:10.1177/00220221221098423

Kohlberg, L. (1976). Moral stages and moralization: The cognitive development approach. In T. Lickona (Ed.), *Moral development and behavior: Theory and research and social issues* (pp. 31-53). New York: Holt, Rienhart, and Winston.

Kuwabara, M., & Smith, L. B. (2022). Focus on one or more? Cultural similarities and differences in how parents talk about social events to preschool children. *Frontiers in Psychology, 12*, doi:10.3389/fpsyg.2021.778960

Lo, J. H.-Y., Fu, G., Lee, K., & Cameron, C. A. (2020). Development of moral reasoning in situational and cultural contexts. *Journal of Moral Education, 49*(2), 177-193. doi:10.1080/03057240.2018.1563881

Markus, H. R., & Kitayama, S. (1991). Culture and the self: Implications for cognition, emotion, and motivation. *Psychological Review, 98*(2), 224-253. doi:10.1037/0033-295X.98.2.224

Masuda, T., Mesquita, B., Tanida, S., Ellsworth, P. C., Leu, J., & Van de Veerdonk, E. (2008). Placing the face in context: Cultural differences in the perception of facial emotion. *Journal of Personality & Social Psychology, 94*(3), 365-381.

増田貴彦・山岸俊男（2010）．文化心理学――心がつくる文化，文化がつくる心―― 培風館

Miller, J. G. (1984). Culture and the development of everyday social explanation. *Journal of Personality and Social Psychology, 46*(5), 961-978.

Miller, J. G., & Källberg-Shroff, M. (2020). Culture and the development of moralities of community. In L. A. Jensen (Ed.), *The Oxford handbook of moral development: An interdisciplinary perspective* (pp. 52-70). Oxford University Press.

Nielsen, M., Haun, D., Kartner, J., & Legare, C. H. (2017). The persistent sampling bias in developmental psychology: A call to action. *Journal of Experimental Child Psychology, 162*, 31-38. doi:10.1016/j.jecp.2017.04.017

Nisbett, R. E. (2003). *The geography of thought: How Asians and Westerners think differently ... and why.*

New York: Free Press.

Nisbett, R. E., Peng, K., Choi, I., & Norenzayan, A. (2001). Culture and systems of thought: Holistic versus analytic cognition. *Psychological Review, 108*(2), 291-310.

Rogoff, B. (2003). *The cultural nature of human development*. Oxford University Press.（當 眞 千 賀 子（訳）（2006）．文化的営みとしての発達――個人，世代，コミュニティ―― 新曜社）

Rogoff, B., Dahl, A., & Callanan, M. (2018). The importance of understanding children's lived experience. *Developmental Review, 50*, 5-15. doi:10.1016/j.dr.2018.05.006

Senzaki, S., Cowell, J. M., Shimizu, Y., & Calma-Birling, D. (2022). Emotion or evaluation: Cultural differences in the parental socialization of moral judgement. *Frontiers in Human Neuroscience, 16*. doi:10.3389/fnhum.2022.867308

Shimizu, Y., Lee, H., & Uleman, J.S. (2017). Culture as automatic processes for making meaning: Spontaneous trait inferences. *Journal of Experimental Social Psychology, 69*, 79-85. doi:10.1016/j.jesp.2016.08.003

Shimizu, Y., Senzaki, S., & Cowell, J. M. (2021). Cultural similarities and differences in the development of sociomoral judgments: An eye-tracking study. *Cognitive Development, 57*, 100974. doi:10.1016/j.cogdev.2020.100974

Shimizu, Y., Senzaki, S., & Uleman, J. S. (2018). The influence of maternal socialization on infants' social evaluation in two cultures. *Infancy, 23*(5), 748-766. doi:10.1111/infa.12240

Shimizu, Y., & Uleman, J. S. (2021). Attention allocation is a possible mediator of cultural variations in spontaneous trait and situation inferences: Eye-tracking evidence. *Journal of Experimental Social Psychology, 94*, 100974. doi:10.1016/j.jesp.2021.104115

Shweder, R. A. (1999). Cultural psychology. In R. A. Wilson & F. C. Keil (Eds.), *The MIT encyclopedia of the cognitive sciences* (pp. 211-213). Cambridge, MA: MIT Press.

Shweder, R. A., Much, N. C., Mahapatra, M., & Park, L. (2013). The "Big Three" of morality (Autonomy, Community, Divinity) and "Big Three" explanations of suffering. In A. M. Brandt, & P. Rozin (Eds.), *Morality and health* (pp. 119-169). Routledge.

Simpson, E. L. (1974). Moral development research. *Human Development, 17*(2), 81-106.

Snarey, J. R. (1985). Cross-cultural universality of social-moral development: A critical review of Kohlbergian research. *Psychological Bulletin, 97*(2), 202-232. doi:10.1037/0033-2909.97.2.202

Sullivan, E. V. (1977). A study of Kohlberg's structural theory of moral development: A critique of liberal social science ideology. *Human Development, 20*(6), 352-376.

Super, C. M., & Harkness, S. (1986). The developmental niche: A conceptualization at the interface of child and culture. *International Journal of Behavioral Development, 9*(4), 545-569. doi:10.1177/016502548600900409

Trommsdorff, G. (2020). The development of moral values in cultural contexts. In L. A. Jensen (Ed.), *The Oxford handbook of moral development: An interdisciplinary perspective* (pp. 145-163). Oxford University Press.

Tylor, E. B. (1871). *Primitive culture: Researches into the development of mythology, philosophy, religion, art and custom* (Vol. 2). J. Murray.

Vygotsky, L. S. (1987). *The collected works of L. S. Vygotsky: Problems of the theory and history of psychology* (Vol. 3). Springer Science & Business Media.

Walker, L. J. (1984). Sex differences in the development of moral reasoning: A critical review. *Child Development, 55*(3), 677-691. https://doi.org/10.4324/9781003047247

Woo, B. M., & Hamlin, J. K. (2022). Evidence for an early-emerging moral core. In M. Killen, & J. G. Smetana (Eds.), *Handbook of moral development* (3rd ed.). Routledge. https://doi.org/10.4324/9781003047247

山岸明子（1976）．道徳判断の発達 教育心理学研究, *24*, 29-37.

第**13**章

発達と 社会的文脈

1　「発達と社会的文脈」研究の概要

　人は生まれながらにして社会的な存在であり，人の発達を社会的な文脈と切り離して理解，説明することはできない。この章では，社会的文脈の重要性を考えるにあたり，まず，発達研究を含む心理学研究において昨今問題とされている WEIRD の問題に触れる。次に，発達を社会文化的なプロセスとして捉えるための理論的な枠組みを示す。続いて，子どもの社会的発達を支えるものであり，また，社会的発達が展開されるいくつかの主要な対人的な文脈についてその特徴を述べた上で，実際の研究例を紹介する。最後に，いまの日本の子どもの発達を取り巻く状況について述べ，発達と社会的文脈に関する今後の研究の課題を示すこととする。

2　これまでの研究の流れ──社会的文脈に着目する意義

（1）発達研究は「誰の」発達を扱ってきたのか

　近年，心理学では，世界の人口の 12％に過ぎない WEIRD と呼ばれる特定の人々，すなわち，西洋の，教育を受けた，工業化された，豊かな，民主主義社会（Western Educated Industrialized Rich Democratic Societies）の人々を対象者とする研究が，研究のほとんどを占めていることに伴う問題が指摘されている（Henrich et al., 2010）。発達心理学の代表的な国際誌に掲載された論文の約 9 割は，米国あるいは西欧の人を研究対象者とし，米国や西欧の研究者によって書かれている（Arnett, 2008; Nielsen et al., 2017）。一方，世界のさまざまな地域では，その地域ならではの社会や文化が長い歴史を経て築かれてきた。とりわけ対人的な行動や対人関係の持ち方に関しては，それぞれの社会や文化に特有のあり方，考え方や価値観，ルールが存在し，それらが子どもの社会的発達を形作っていくことになる。世界人口の

5％の人のデータを用いて導出，確認された理論のみから人類という種の心の発達を描写することには，大きな限界があるといえよう。

　心理学でこのような状態が続いてきた背景の1つに，近代心理学が学問的支柱としてきた科学哲学の考え方がある。自然科学に依拠する心理学が目指すところは，人間の心理的な機能を構成する基本的なプロセスや原理である，人間の普遍性を明らかにすることである（Arnett, 2008）。自然科学の研究の第一の方法は実験であり，実験では現象の因果関係を特定するために，原因と想定した要因以外の変数の影響は取り除くのが望ましいとされてきた。したがって，実験を主たる研究手法とする心理学においては，現象の本質に関与しないと想定される現実生活の中の諸変数は極力除去することが望ましいとされる。また，普遍性を追求する自然科学の研究では，いつ，どこで，誰が測定したとしても同じ結果が得られるように，現象を測定する手続きを厳密に定めることが求められる。これに倣い，心理学の実験では一定の手続きのもとで同じ結果が得られることが重視されている。その際，実験参加者は，研究者が定めた一定の条件（○歳の健康な男女など）を満たしていればよく，それ以外のこと（その人が誰で，実験室の外ではどのような生活をしているのかなど）が問われることはほとんどない。端的にいえば，実験心理学では，個人を閉じたシステムとみなし，個人の能力を脱文脈的に理解する（川田ら，2016）ことが目指されてきた。このことは，心理学の研究の歴史において，内的妥当性（観察された共変する2つの事象に因果関係があるかどうかに関する妥当性）は重視される一方で，外的妥当性（ある時代にある集団で得られた知見が，他の時代や他の集団でも同様に得られるかどうかを指し，一般化可能性もしくは生態学的妥当性とも呼ばれる）は軽視されてきた（Sue, 1999）ことともつながっている。

　社会性の発達に関わる主要なテーマである，アタッチメントや感情コンピテンス，自己制御や心の理論，社会認識などに関する研究は，日本国内においても欧米の研究の理論枠や先行研究に則る形で行われてきた。アタッチメントの測定方法であるストレンジ・シチュエーションや，心の理論の獲得状況を測定するサリー・アン課題やスマーティー課題なども，欧米の研究で開発された手続きをそのまま翻訳したものが日本の研究においても使用されている。そこで明らかになったのは，社会的発達のある側面においては，欧米で得られた結果が日本では同じように再現されない，ということであった（第12章を参照）。これらの結果は，一部の発達的現象の普遍性に疑問を投じるものとなっている。

　さらに，日本という同一の社会文化圏内でも，居住する地域環境によって運動発達や言語発達に違いがあること（上田，2012）や，時代によって幼児の自己の発達に違いが見られること（郷間，2006; 坂上ら，2016），また，家庭の社会経済状況に

よって学力（樋口ら，2018）や語彙力（内田，2017）に違いが見られることが報告
されている。このような違いは子どもの発達においてのみでなく，養育者の子ども
への発達期待や養育行動においても確認されている（樋口ら，2018; 上田ら，2008）。
では，なぜこのような違いが生じるのだろうか。そのプロセスを理解するには，子
どもがどのような社会的文脈でどのような経験をしているのかを考えることが不可
欠である。

（2）社会的文脈とのつながりから発達を捉える

　子どもは何らかのコミュニティ[1]の中に生まれ，コミュニティ内のさまざまな人
や物との関わりを通して，自らもそのコミュニティの一員となっていく。また，生
活世界が拡大するに伴い，子どもは新たな別のコミュニティに属するようになる。
子どもが属するコミュニティには，子どもが直接的な関わりを持つ人や場所（例え
ば，家族や園・学校の仲間や先生，地域の人たちなど）もあれば，間接的にしか関
わりを持たない人や場所（親の職場や親の友人，地域の行政機関など）もある。こ
れらの社会的文脈は，子どもの発達とどのようにつながっているのであろうか。

　子どもの発達と社会的文脈のつながりをどう捉えるかに関しては，大きく分けて
2つの立場がある。1つは，社会や文化を子どもの外側にあるものとして，子どもと
分離して捉える立場である。この立場では，個人と特定の文脈のつながりに関する
変数（親子関係の指標となる何らかの変数や，家庭の社会経済地位の指標となる何
らかの変数など）を，発達を理解するための基本的な分析単位とし，変数間の関係
を明らかにすることを通して現象の説明を試みる（Wachs, 2015）。この立場の代表
には，生態学的・文脈的な視点に立つブロンフェンブレンナーの生物・生態学的理
論がある。

　もう1つは，子どもの発達は社会や文化の中に埋め込まれており，両者は分離不
可能なものであるとした上で，人と文脈を1つのまとまりとして分析，理解しよう
とする立場である（Rogoff, 2003）。この立場の代表としては，社会歴史・文化的視
点に立つロゴフの理論が挙げられる。

① ブロンフェンブレンナーの生物・生態学的理論

　ブロンフェンブレンナー（Bronfenbrenner, 1979; Bronfenbrenner & Morris,
2006）は，発達する人（子ども）を中心に据え，子どもは自身を取り巻く多層的な

1　コミュニティとは，「共通した持続的な組織，価値，理解，歴史，そして実践を持つ人々の集団」（Rogoff,
2003/2006, p.99）を指す。

環境との相互作用の中で発達していく，と考えた。そこでの発達とは，「人がその環境を受けとめる受け止め方や環境に対処する仕方の継続的な変化（Bronfenbrenner, 1979/1996, p.3）」を指し，「人が自己の特性を見出したり，維持したり，変えたりする能力を成長させていくことと同様に，生態学的環境やそれとの関係についての概念を発展させるもの（Bronfenbrenner, 1979/1996, p.10）」と捉えることができる。

　では，子どもを取り巻く多層的な環境とはどのようなものであろうか。ブロンフェンブレンナーは，子どもが発達する生態学的環境を，4層の入れ子構造をなすシステムとして描写した（図13-1）。入れ子構造の最も内側にあるシステムは，子どもを直接包みこんでいる行動場面（家庭や保育園，学校などの，対面的な相互作用を容易に行うことができる場所）であり，マイクロシステムと呼ばれる。マイクロシステムには，子どもとその近接の社会的環境（親，きょうだい，教師，友達など）・物理的環境との相互作用のパターン（これを，近接プロセスと呼ぶ）が含まれる。これらの行動場面での活動や役割，対人関係などがマイクロシステムの構成要素にあたる。

　マイクロシステムの外側を取り巻く2つ目のシステムは，「子どもが積極的に参加している2つ以上の行動場面間に見られる相互関係」からなるシステムであり，メゾシステムと呼ばれる。子どもが入園し，新しい友達ができると，その影響を受けて，親子のやりとりには変化が起こるかもしれない。また，家庭でのやりとりが，子どもの園での友達への関わりに影響を与えることもある。このようにメゾシステムは，異なるマイクロシステム間のつながりとして理解される。

　3つ目のシステムはエクソシステムと呼ばれ，子どもは直接関与しないが，子どもが参加している行動場面での出来事に影響を及ぼしたり，それらの出来事から影響を受けたりする，マイクロシステムやメゾシステムの外側にあるシステムを指す。例えば，親が持っている社会的ネットワークや親の労働環境，居住地域，きょうだいの学校などがこれにあたる。親が職場でストレスを受けると，それが家庭での子どもへの関わりに影響を及ぼすことがある。これとは逆に，親が家事や育児で疲弊していると，職場での仕事に悪影響が及ぶこともある。エクソシステムには，公衆衛生や通学，電化，衛生設備などの利用可能性やコストなども含まれる。

　最外層のシステムはマクロシステムといい，下位システムの形態や内容の背景にあって，それらに一貫性をもたらす信念や価値観，習慣，文化を指す。さらに，4つのシステムとは別に，すべてのシステムを縦走する時間や歴史を表すシステムとして，クロノスシステムが想定されている。

　ブロンフェンブレンナーの理論に従えば，文脈のさまざまな層の相互作用を通し

て，人が環境や自己についての認知を変容させ，それを受けてさらに，環境との相互作用を変えていくプロセスこそが発達であるといえる。

　このような発達プロセスの結果でもあり原因にもなるのが，生態学的移行である。生態学的移行とは，生涯を通じて生じる役割または行動場面の変化を指し，具体的には，弟や妹の誕生，入園や入学，親の就業や離職，転職，家族の転居，病気や死といったライフサイクル上の出来事がその例として挙げられる。子どもが関係する行動場面は，生態学的移行に伴って多様化，拡大化し，子どもはそのつど，兄姉，園児，生徒など，新たな役割を獲得していく。これらの社会的役割は，子どもが周りの人からどのような関わりを受けるのか，子ども自身がどう行動するのか，また，それによって何を考え，感じるかに影響を与える。その際，子どもは，自身が関わる身近な他者から影響を受けるだけでなく，自身の器質的特徴や気質的特性に沿って特定の状況を選択，回避することで，自身の環境の性質を構造化していく。

　前章で見たとおり，子どもの発達は，親子間の相互作用や親の養育行動，きょうだい，同世代の子どもとのやりとりといった近接プロセス（マイクロシステム内の相互作用）と関連している。近接プロセスは，子どもの発達の最大の促進力と考えられており（Bronfenbrenner & Morris, 2006），ゆえに，子どもの発達を理解するためには，さまざまな近接プロセスの特徴を知っておくことが重要である。

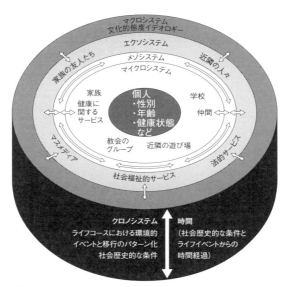

図13-1　ブロンフェンブレンナーの生態学的システムモデル
（Bronfenbrenner & Morris, 2006; Huston & Bentley, 2010 をもとに作成）

② 主要な社会的文脈の特徴

子どもが生活の中で最も多くの関わりを持つのは，親やきょうだい，仲間といった人たちである。ここでは親子，きょうだい，仲間，それぞれの関係に即して，生態学的移行と関連づけながら，その特徴を見ていく。

親子：親は，子どもにとっては生まれて初めて出会い，人生の最初から生活を共にしていく人物である。親子は，双方が緊密で，長期的で，相互依存的な関係の中に埋め込まれていることを文脈的な特徴とする関係である（Kuczynski et al., 2015）。親子が相互依存的な関係にあることを示す概念には，間主観性[2]や足場かけ[3]，会話の共同構成[4]などさまざまなものがある。親子はやりとりの中で相手の行動に相互に影響を及ぼし，その歴史の上に構築された関係性に基づいて，相手の行動を解釈し，意味づけ，予測を行うようになる。

親は子どもとの関係において，親子双方のその時々の動機や文脈の違いに応じて，多様な役割を果たしている。その1つが養育の役割であり，親は子どものアタッチメントの対象として，子どもが援助や支援を必要とする困難な場面や危険な場面で安心と保護を与える。また，親は権威を行使して，子どもに社会の規範や規則を伝える役割を負っている。さらに，親は遊びや会話などの日々の活動を通じて，子どもと一緒に楽しさを共有する，仲間（コンパニオン）としての役割も持っている。このうちのどの役割をどの程度担うかは家庭の状況によっても変わり，どの役割が重視されるかは文化によっても異なっている。

きょうだい：きょうだいもまた，親子と同様に，緊密で，長期的で，相互依存的な関係であるが，きょうだいには親子関係とも仲間関係とも異なる特徴がある。きょうだいは親密さや興味の共有といった点で相互性を持つ一方で，年齢差による相

---

2 あらゆる種類の表出行動を用いて，ある人の感情や意識的目的，考えを，他の人のものに関連づける心理的活動を，トレヴァーセンら（Trevarthen et al., 1998）は間主観性と呼んだ。乳児と養育者は，情動のやりとりを基盤にして互いの意図を読み取り，相互に理解し合える関係を築いていく。このような関係性を成り立たせるのが，間主観性である。

3 ウッド（Wood et al., 1976）らは，親子がブロックでピラミッドを作る場面を観察し，子どもがピラミッドを完成させるに至る過程で，親が，子どもの興味を引く言葉かけをしたり，自らモデルを示したり，問題解決のための道筋をある程度作るなど，数々の言語的サポートをしていることを見出した。このように，親をはじめとする知識や技能を持つ年長者が，子どもが主体的，能動的に課題に挑戦できるようにやりとりの中で援助を行うことを，足場かけという。子どもは，最終的にはこうした援助（足場）がなくても，ひとりで課題を達成できるようになる。

4 おとなは，会話能力がまだ十分ではない子どもと出来事についての会話を行う際に，出来事の5W1H（いつ：When，どこで：Where，誰が：Who，何を：What，なぜ：Why，どのように：How）を尋ねたり，子どもや他者の内的状態に言及したりするなどの足場かけを行い，子どもと共同して会話を構成する。こうした会話への参加を通して子どもは，出来事について語る際には，5W1Hや自身の内的状態を筋道立てて因果的に語る必要があることを知り，行動の背後にある内的状態や出来事の捉え方は人によって異なることを認識するようになる（Nelson, 2001）。

補性を備えた関係でもある（Dunn, 2002）。きょうだいは楽しさを共有したり協力したりする関係にあり，また，年上のきょうだいは年下のきょうだいに対して世話をしたり物事を教えたりする。一方で，きょうだいは同じ資源（親の愛情や物など）を取り合い，対立する関係にもある。世話や教示行為，葛藤を含むきょうだいの関係は，他者の情動や他者の視点について学ぶ機会や，怒りの扱いや葛藤解決について学ぶ機会，自身の関心と他者の要求のバランスを取ることを学ぶ機会を子どもに提供する（Brody, 2004）。ただし，きょうだいには出生順位や性別，年齢差の点でさまざまな組み合わせがあり，個人差が大きいこともきょうだい関係の特徴といえる。

　子どもにとってきょうだいの誕生は，生態学的移行の1つにあたる（小島 , 2002）。きょうだいが誕生すると親の注意は往々にして下の子どもに向けられる。そのため，上の子どもは大きなストレスを経験することになり，それが問題行動へとつながることもある。きょうだいの誕生後，父親がそれまで以上に上の子どもとの関わりに時間を割くことができれば，上の子どもはきょうだいの誕生という生態学的移行に適応しやすくなる。きょうだいの下の子どもが幼児期に差しかかると，きょうだい間の争いが増えるため，親がきょうだいの争いに介入することも増えるが，きょうだいの一方が親と対立しているときには，もう一方のきょうだいが助けに入ることもよくある。このようにきょうだいの誕生は，特定のマイクロシステムのやりとりや，それらが関係するメゾシステムに変化を生じさせる。

　仲間：子どもと大人の関係とは異なり，子ども同士の間では力が均衡しているため，仲間間では互恵的行動や競争が生じやすい。仲間間では，大人とは通常共有しないような活動への関心が共有される一方で，対立や葛藤も生じる。子どもは経験や能力の面で対等な相手とやりとりすることで，自己や他者に関する理解を深めたり，情動表出の仕方や情動制御の仕方，葛藤の解決の仕方を練習したり，対人的なルールを学ぶ。仲間関係からは友達関係，すなわち，親密で互恵的で自発的な2者間の対称的な関係が芽生え，児童期になると子どもは，友達から情緒的な安心感や道具的，情報的サポート，肯定的な自己評価を得るようになる（Corsaro & Eder, 1990）。

　生態学的移行という点から仲間関係を見た際に，1つの節目になるのが保育園や幼稚園への入園である。園の中で子どもは遊びを通して仲間との関係を築いていくが，遊びへの仲間入りは簡単には奏功しないため，子どもは仲間に入れてもらうために多様な方略を駆使する（Corsaro & Eder, 1990）。そこで使用される方略やその成否は，子どもの年齢や状況によっても，園生活の規範やどのような仲間集団が築かれているのかによっても変わることがわかっている（青井 , 2000; 松井他 , 2001）。

　仲間と親子はメゾシステムとして相互に影響を及ぼし合っており，親は子どもが仲間と接触する機会をコントロールしたり，必要時には子どもの仲間関係に介入したり，仲間に関連した課題や問題を扱う方法を子どもにコーチしたりする。

　ここまで，親子やきょうだい，仲間など，それぞれの社会的文脈の特徴について述べてきたが，各文脈が子どもの発達にもたらす影響や，それぞれの文脈が子どもにとって持つ意味は，コミュニティや時代によっても異なる。例えば，多くの人が協同して子育てを担っているコミュニティと，母親ひとりに子育ての責任や負担の多くが課せられているコミュニティとでは，母子の関わりが持つ意味や影響は当然異なるものとなる。一人っ子政策が実施されていたかつての中国のように，きょうだいがいないコミュニティもあれば，きょうだいが多数いるコミュニティもある。きょうだい間の関わりが多いコミュニティでは，きょうだいが養育役割を担うことになる。仲間関係に関しても，西欧諸国や日本のように，子どもが低年齢のうちから同年齢の集団に属するコミュニティもあれば，子どもが同年齢の集団で過ごす時間は短く，年齢に幅のある親類の子どもやきょうだいと多くの時間を過ごすコミュニティもある（Rogoff, 2003）。子どもの発達と文脈とのつながりを探求するにあたっては，特定のコミュニティにおいて特定の文脈がどのような意味を持つのかを，コミュニティに属する人の視点から捉えることも必要である。そこで次に，コミュニティに属する人の視点から発達を捉えることを重視する社会歴史的・文化的アプローチの理論に目を転じることとする。

③ 文化的営みとしての発達——ロゴフの理論

　ブロンフェンブレンナーの生態学的理論では，子どもと子どもが置かれている文脈を分離して捉えた上で，相互のつながりを明らかにすることが試みられていた。これに対して，子どもの発達はそもそも文脈の中に埋め込まれたものであると考え，人と文脈とを切り離さずに包括的に捉えようとする立場もある。その代表としてここでは，社会文化的アプローチをとるロゴフの理論を紹介する。

　社会文化的アプローチの主導者であるヴィゴツキー（Vygotsly & Cole, 1978）は，すべてのコミュニティの子どもたちは，歴史上の特定の時間に，特定のコミュニティで生活する文化の一員であると述べ，文化歴史的な観点から子どもの発達を理解する必要があると主張した。この流れを汲むロゴフ（Rogoff, 2003）は，子ども時代のどの時期にどのような活動に取り組むことが期待されているのか，また，何が発達のゴールとされるのかは，文化コミュニティ間で大きく異なるとした。その上でロゴフは，発達段階の一般化を目指すのではなく，人の発達は，人が文化コミュニティの一員として成長する過程を分析することによって理解することができると考

えた。ロゴフはまた，人は自身が属するコミュニティの社会文化的活動への参加の
仕方の変容を通して発達すると同時に，そのコミュニティも変化するとし，両者を
包括的に捉えることの必要性を唱えた。このような発達のプロセスを捉えるには，
日常生活の文化的性質について吟味すること，すなわち，人々が文化的道具や技術
をどう使用し，どう変えていくのか，あるいは，人々が家庭生活やコミュニティ実
践の制度や構造にどう関わっているのかを研究することが求められる。

　このことを，アフリカの森林帯で狩猟・採集生活を送る少数民族における子ども
の道具使用を例に説明しよう。コンゴのエフェの人々やパプアニューギニアのフォ
レ族では，歩き始めたばかりの赤ちゃんが日頃から安全に刃物を扱う様子が見られ
る。また，中央アフリカのアカ族では，親が生後8〜10ヵ月の赤ちゃんに，小さな
矢の投げ方や金属の刃のある小型の斧の使い方を教える。子どもの自主性を育むト
レーニングは乳児期から始まっており，乳児は野営地の中で，ナイフやマッチを含
め，何でも欲しいものへ向かって這っていったり歩いていったりすることが許され
ている。親や他の人が乳児に介入するのは，乳児が火に這っていく場合と他の子を
たたくような場合だけである。アカの子どもたちは3，4歳までには自分で火を使
って食事を作ることができ，10歳までには森の中でひとりで生きていくのに最低限
必要な技能を身につけているという（Rogoff, 2003）。この例からは，子どもが日頃
目にしたり手に触れたりできる環境や，発達期待に沿った周りの大人による子ども
への関わりは，文化によって大きく異なることがわかるであろう。

　「何歳頃に何ができるようになるのが望ましい」という発達の指標は，生物学的要
因による制約を受けつつも，社会や文化によって異なり，これには，特定の技能の
発達に対する文化的価値づけや，子どもたちがコミュニティの中で特定の活動を観
察したり特定の活動に参加したりする機会の有無が大きく関わっている。発達を，
コミュニティへの参加の過程として捉えたロゴフは，この過程を「導かれた参加
（guided participation）」という言葉で表している。子どもたちは，大人の側の教え
る意図の有無にかかわらず，さまざまな形で文化コミュニティの実践や価値観を観
察し，共同の社会文化的活動に参加し，導かれながら学んでいく。こうした学びの
過程において子どもたちは，年上の人々や他の仲間たちとともに，積極的で中心的
な役割を担っている。

　ロゴフによれば，導かれた参加には2つの基本的な過程がある。1つは，子ども
と周りの人たちが，言葉や身振りといった文化的道具を用いたり，相互に行為や反
応を参照し合ったりしながら，互いの異なる見方を橋渡しすることで共同の営みを
支える，という過程である。乳児の社会的参照行動に始まる親子のやりとりや，親
子の会話の共同構成は，その代表的なものにあたる。もう1つは，共同の営みへの

関与を促すために，互いの関わりを構造化する，という過程である。子どもがどのような状況に身を置いて学ぶ機会を得るかは，養育者，コミュニティの実践や制度，子どもたち自身の選択が相互に働いて決められる。これには大きく分けて，子どもたちをコミュニティの大人の活動に統合するパターンと，子どもを大人の活動から切り離すパターンとがある。前者では，子どもたちはコミュニティの大人の活動を観察したり手伝ったりすることによって学ぶ機会を持っており，出来事を熱心に観察したり，周りの会話に耳を傾けたりして，準備ができたところでその活動に参加する。後者では，子どもたちは指導を目的に創り出された場所で，子どもに焦点化した特別な活動を行うことで，後に大人の世界に入っていくための準備をする。その最たるものが学校であり，大人は子どもたちの取り組みを促すために，子どもをほめて動機づけようとしたり，最初から答えがわかっている質問を通して子どもと関わり，子どもの理解を確認したりする。

　これらの基本的過程と2つのパターンは，世界中に共通して見られるが，どちらのパターンが主流であるかは時代や文化，地域によって大きく異なっている。

3　生物・生態学的／社会文化的アプローチによる研究の紹介

(1) 生物・生態学的アプローチによる研究の例

　子どもの社会的発達と複数の社会的文脈とのつながりを示す研究は数多くあるが，ここでは多くの文脈間のつながりがわかりやすい例として，現在日本でも大きな社会的問題となっている貧困に関する研究を取り上げる。

　家庭の貧困は，子どもの発達のさまざまな側面に影響を及ぼすことが知られている。生態学的理論の枠組みからは，近接する複合的な生態学的特徴が貧困のもとに入れ子状に重なり合って，さまざまな経路で子どもの発達に影響を及ぼしていると考えることができる（Huston & Bentley, 2010）。貧困や低所得であることは，親が逆境的な社会的状況（所得が低い，生活や子育てに関して持っている情報が不足している，社会的ネットワークに乏しい）に置かれていることを意味している。そのような状況は，医療機関の利用の制限，刺激に乏しい家庭環境，親のストレスやそれに由来する養育の質の低下，学習資源の不足，劣悪な地域環境，親の就労時間の長さによる子育て時間の不足など，さまざまな不利を引き起こす。こうした不利を経て，子どもの健康や学力，所得，幸福度に悪影響が及ぶことが想定される。

　家庭の貧困が子どもの発達に影響を及ぼすプロセスを検討した研究は日本ではまだ少ないが，菅原（2012）は，小学校1年生のいる362世帯を対象に質問紙調査を

行い，世帯年収の低さが母親の経済的困窮感を高め，それが母親の心理的 QOL
（Quality of Life：人生や生活全般における満足感や社会・経済的生活の豊かさ，精
神的豊かさや健康度を含めた「生活の質」を指す概念）の低さと養育の質の低さを
経由して，主として子どもの社会情緒面の発達（問題行動の多さや，QOL の低さ
（この研究では，身体的健康や情緒的ウェルビーイング，自尊感情，家族，友達，学
校生活の 6 側面から QOL を測定）に影響を及ぼしていたこと，また，世帯年収の
低さが，家庭の教育的・文化的投資（本の所有冊数や習い事，コンピューターの所
有台数などで測定）の低さを経由して，主として子どもの知的側面（学校の成績の
低さ）に影響していたことを明らかにしている（図 13-2）。海外の諸研究からは，と
りわけ低年齢から始まる慢性的な貧困が，子どもの発達に深刻な影響を与え，その
影響は成人期まで及びうることが明らかにされている（Huston & Bentley, 2010）。

　上記の研究もそうであるが，変数を分析単位とするこの立場の研究では，環境→
子ども（環境が子どもに影響を与える）という，一方向の因果関係を仮定して検討
が行われる。しかし，子ども自身が持つ特性もまた，親や仲間をはじめとする周り
の人の反応に影響を与えている。近年の研究では，環境からの影響の受けやすさ自
体が遺伝的に異なることもわかっており（Belsky et al., 2007），子どもたちが同じ
家庭や園，学校で生活を送っていたとしても，それぞれの子どもが経験しているマ
イクロシステムはさまざまに異なることを認識しておくことが重要である。

（2）社会文化的アプローチによる研究の例

　日本では，ほとんどの子どもたちが 3 歳になると，保育園や幼稚園といった，大
人の活動から切り離されたコミュニティに参加する。では，子どもはどのような過
程を経て園での活動様式を身につけ，園というコミュニティの一員となっていくの

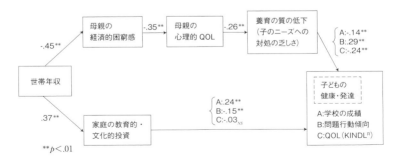

図 13-2　世帯年収と子どもの発達のアウトカムの関連（菅原，2012 より）

研究紹介 貧困家庭の人種的マイノリティの子どもにおける満足の遅延と適応との関連

Duran & Grissmer（2018）

　　自己制御の一要素である満足の遅延傾向には早いうちから個人差があり，幼児期の満足の遅延傾向の高さは，10年以上後の欲求不満耐性や学業成績などの社会的，認知的コンピテンスの高さを予測することが知られている（Moffitt et al., 2011）。しかし，証左の多くは社会的階層が高い白人の子どもを対象としたものであり，貧困や差別など，報酬をもらえることが不確実な社会的文脈に置かれた子どもにとっては，後の大きな報酬（遅延的満足）よりも目先の報酬（即時的満足）を選ぶほうが合理的で，適応的であることを表している可能性がある。

　　方法：この研究では，貧困かつ人種的マイノリティの多いコミュニティの幼児を対象に，幼稚園開始時に測定された満足の遅延傾向と実行機能，幼稚園修了時・小学校低学年時の教室での自己制御や問題行動，学力との関連を検討した。満足の遅延傾向は，選択的遅延課題（「今，飴を1個もらうか，後で飴を6個もらうか」を子どもに選ばせ，前者はその場で，後者は1日の終わりに報酬を渡す，という課題；報酬の種類（飴とシール）と比率を変えて6試行実施）によって測定した。

　　結果：分析の結果，即時的満足を選択する傾向が高い子どものほうが実行機能に優れていた。即時的満足を選択する傾向と後の教室場面での自己制御，学業成績の間には弱い関連があったが，実行機能を統制すると両者の関連はほぼ見られなくなり，従来の研究とは異なる結果が得られた。この研究に協力した子どもにおいては，「より多く報酬が欲しい」という衝動に抵抗すべく，自制心を働かせる必要があったものと考えられ，満足の遅延，という行動が持つ意味が社会的文脈によって異なることを，この結果は示唆している。

だろうか。ここでは，社会文化的アプローチによる研究を2つ，紹介する。

　日本の保育所や幼稚園での集団生活では，幼児が一斉に同じ姿勢を取り，発話者に注意を向けることが求められる。現代の日本の幼児にとってイスへの着席行動は，入園前に家庭で生活しているときから慣れた身体的習慣である。しかし，一対多の関係性のもとで集団的に着席することは1人で自由に座ることとは異なる。伊藤（2011）は，保育所に入園して間もない幼児たちが「一斉に着席すること」，さらには「発話者の発話を聞くために座ること」をどのように実現させていくのかを，一対多の活動である「お誕生会」のための準備をする活動の観察を通して検討した。入園直後の4月における幼児の着席行動の特徴は，着席と離席を繰り返すというものであり，保育士はそれに対し，特定の幼児への指示と並行して幼児全体への指示を行うことで，一斉に着席した状態をもたらそうとしていた。5月になると，幼児が着席と離席を繰り返すことは少なくなり，保育士はこれに対応して，イスが並べられ始めるのと並行して幼児全体に対して指示を出し，一定の着席率が達成された

後は全体への指示を出さなくなっていた。一方で，なかなか着席しない幼児には個別に指示を出していた。この時期までには大半の幼児が，イスが並べられ始めて3分以内に一度は着席できるようになり，6月には保育士の介入はほとんど観察されなくなったという。これらの結果より伊藤（2011）は，5月になると「立つこと」の集団的な意味が変化し，「立つこと」が逸脱行動として見られるようになり，「イスに座る」という保育士の要求とともに両者を満たそうとすると，1つの席に座り続けるという行動を選択せざるをえなくなったのではないか，と考察している。この論文は，着席するという行動が，クラス集団や園での活動という文脈の中で，全員の子どもの行動や保育士との関わりの上に意味づけられ，それによって一斉に着席することが実現したことを示唆している。

　園生活の中で集団の行動からはずれがちな子どもは，保育者からすると気になる存在である。刑部（1998）は，保育者から見て「ちょっと気になる子ども」であったKが集団に参加していった過程を，1年間の参与観察によって検討した。年度初めから生活の切り替えの場面で別行動が目立っていたKと保育者の間では，保育者がKに行動を促し，Kが沈黙や視線をそらすという関わりが繰り返されていた。このような保育者の関わりを周りの子どもたちが再現することで，他の子どもたちとKとの間には，保育者とKの関係と同じ関係が連動的に形作られ，Kは徐々に居場所を失っていった。その後，9月になると，進級前からKと園生活を共にし，Kを排斥していた園児たち（古参者）よりも後に入園した園児たち（新参者）が，Kの後をついて遊ぶ姿が見られ始めた。同じ頃，Kの行動に悩んでいた保育者たちは，Kを「ほっておく」，すなわち積極的受け身の姿勢でKを待つように，関わりを変えることを話し合った。このようにKと新参者，Kと保育者の関係に変化が現れた後で，古参者がKと遊ぶ姿が見られるようになり，Kの参加に広がりが見られるようになったという。この間，Kの「気になる行動」がなくなったわけではなかったが，共同体全体が変容したことで，保育者にとってはKが気になる子どもではなくなっていたのである。

　刑部（1998）の研究で注目すべきは，「ちょっと気になる子ども」が気にならなくなる過程で起きていたことは，その子ども個人の能力やスキルの獲得という変化によるというよりも，共同体全体の変容によるものであった，という点である。発達研究では，集団生活における協調性や対人関係における問題行動を扱う際に，当人の社会性の未発達に帰属させて説明するものが多くを占める。しかし，集団における個々の子どもの行為は，集団全体に関わる多様な他者との長期にわたるダイナミックな関係の変化の中で生じていることを，この研究は示唆している。

4　まとめと今後の展望——発達の統合的な理解を目指して

　本章では，発達には多様な社会的文脈が関わっており，それぞれが直接的，間接的に発達に影響を与えていること，また，それぞれの社会的文脈が持つ意味は社会や文化，さらには子どもが属するローカルなコミュニティや個々人によっても異なることを見てきた。生態学的アプローチの研究例に見たように，子どもは周りの環境から影響を受け，周りの大人たちから社会化の働きかけを受けながら発達していく存在である。それと同時に，社会文化的アプローチの研究例に見たように，子どもは自身が属するコミュニティの一員として，そこでの価値観や必要とされる技能を学びながら発達していく存在でもある。研究方法として，前者では現象を外部の視点（エティック（etic）な視点）から客観的に捉え，変数間の因果関係を探るというアプローチを取るが，後者では，現象をコミュニティに生活する人の内部の視点（イーミック（emic）な視点）から捉え，その意味を探るというアプローチを取ることが多い。子どもの発達を十全に理解するためにはいずれのアプローチの研究も必要であり，両者の知見を重ね合わせてみることで，発達についてのより豊かな理解を構築することが可能になる。

　また，ロゴフは，自身は WEIRD に属する研究者としての立場から，研究方法について次のように述べている。新しいことを理解しようとするときに，研究者は，持ち込まれたエティックな（imposed etic）アプローチを出発点として検討を行う。すなわち，複数のコミュニティにまたがる人間の営みを一般化して論じようとするときには，手続きや解釈に，研究協力者の観点に沿うような修正は加えずに，自身のコミュニティの日常生活や研究の尺度，理論，前提などを無批判に当てはめがちである。その結果，研究者は「データを得る」が，そのデータは研究協力者のコミュニティの状況に合うようには解釈されない，ということが起こる。これに対して，研究者が研究協力者の観点に合うように質問や観察，解釈の仕方を変更するようなアプローチを，引き出されたエティックな（derived etic）アプローチと呼ぶ（Berry, 1989）。「持ち込まれた」エティックなアプローチと「引き出された」エティックなアプローチの2つを循環させていくことが，多様性に富んだ人間の実践を理解する上では有用であり，不可欠であるといえよう。

　日本は，世界的に見れば WEIRD に近い，「教育を受け，工業化された，豊かな，民主主義の」社会である。そのようなこともあってか，日本の研究者が発達研究を行う際には，欧米で考案された手続きや解釈を疑いなく無自覚に，日本の子どもに当てはめてしまうことが少なくない。また，欧米の研究者による論文を読む際には，

日本の文化的枠組みを当てはめて読むため，著者の意図と異なる解釈をしている可能性がある。こうしたことが生じるのは当然のことであり，それゆえに欧米の理論や研究に触れた際に違和感を持つことがあれば，それに蓋をせずに向き合うことが，欧米とは異なる文化的背景を持つ私たちが研究を進めていく上では必要であるといえる。ハイネ（Heine, 2018）は，WEIRD 研究に伴う代償として，研究のトピックが WEIRD サンプルに特に関連する領域に限られること，また，WEIRD のサンプルから導かれた研究に基づく介入が他の文脈ではそれほどうまく機能せず，むしろ悪影響を及ぼす可能性があることを挙げている。特に後者の指摘は，社会性の発達に関わる現場での実践や支援に大きく関わるという点で，大変重要な指摘である。

　わが国ではいま，子どもの発達を取り巻く状況が大きく変わりつつある。地縁・血縁の希薄化や日本経済の長期低迷を背景に少子化が進んできた中で，子育ての責任を家族のみに帰する子育ての私事化が限界を迎え，子育てを社会で担うべきである，という方向へと大きく舵が切られることとなった。国の政策としてさまざまな子育て支援のメニューが用意され，女性の就労率の上昇とともに夫婦で協働して子育てに取り組む意識が高まりを見せる一方で，保育や教育を消費サービスと捉える子育ての市場化が進み（斎藤, 2019），一部の層では子どもの成功を意識しての教育熱が高まっている（天童, 2016）。さらに，コロナ禍を経て子どもたちや子育て家庭の生活は大きく変わり，ミクロシステムやメゾシステム，さまざまな層での子どもと他者の関わりやシステム間のつながりにも変化が生じている。子どもが発達する社会的文脈は，時間とともに常に変容している。コロナ禍では，子どもたちは家族以外の人との社会的接触を制限された生活を送ってきた。彼らは，今後，社会性の面でどのような発達を遂げ，それは彼らのこの先の自己や他者，社会との関わり方にどのようにつながっていくのだろうか。子どもたちがかけがえのない「いま」の時間を充実させ，身近な人たちと心豊かに毎日を過ごすことの一助となる研究とは，どのような研究だろうか。多層な文脈の中心にいる子どもたちの生活と姿を思い浮かべながら，問い続けていくことが必要である。

参考図書

U・ブロンフェンブレンナー（著）磯貝芳郎・福富　護（訳）（1996）．人間発達の生態学　川島書店
　　さまざまな社会的文脈やさまざまなシステム間の関係について，豊富な事例を取り上げながら論じた，生物生態学的理論に関するブロンフェンブレンナーの著作。
バーバラ・ロゴフ（著）當眞千賀子（訳）（2006）．文化的営みとしての発達——個

人，世代，コミュニティ—— 新曜社

イーミックな視点から発達を理解するとはどのようなことなのかを，さまざまな
時代やコミュニティでの子どもの発達や子育てを紹介しながら丁寧に論じた書。

根ヶ山光一（2012）．アロマザリングの島の子どもたち——多良間島子別れフィー
ルドノート—— 新曜社

著者による沖縄の多良間島でのフィールドワークをまとめた書。川田ら（2016）
と合わせて読むことを勧める。

引用文献

青井倫子（2000）．幼児の仲間入り場面における規範の機能　幼年教育研究年報，*22*,45-52.

Arnett, J. J. (2008). The neglected 95%: Why American psychology needs to become less American. *American Psychologist, 63*(7), 602-614.

Belsky, J., Bakermans-Kranenburg, M. J., Van IJzendoorn, M. H. (2007). For better and for worse: Differential susceptibility to environmental influences. *Current Directions in Psychological Science, 16* (6), 300-304.

Berry, J. W. (1989). Imposed etics—emics—derived etics: The operationalization of a compelling idea. *International Journal of Psychology, 24*(6), 721-735.

Brody, G. H. (2004). Siblings' direct and indirect contributions to child development. *Current Directions in Psychological Science, 13*(3), 124-126.

Bronfenbrenner, U. (1979). *The ecology of human development: Experiments by nature and design.* Harvard University Press.（磯貝芳郎・福富 護（訳）（1996）．人間発達の生態学　川島書店）

Bronfenbrenner, U., & Morris, P. A. (2006). The bioecological model of human development. In R. M. Lerner, & W. E. Damon (Eds.), *Handbook of child psychology* (6th ed., Vol. 1), *Theoretical models of human development* (pp.793-828). Wiley.

Corsaro, W. A., & Eder, D. (1990). Children's peer cultures. *Annual Review of Sociology, 16*, 197-220.

Dunn, J. (2002). Sibling relationships. In P. K. Smith & C. H. Hart (Eds.), *Blackwell handbook of childhood social development* (pp. 223-237). Blackwell Publishing

Duran, C. A., & Grissmer, D. W. (2020). Choosing immediate over delayed gratification correlates with better school-related outcomes in a sample of children of color from low-income families. *Developmental Psychology, 56*(6), 1107-1120.

郷間英世（2006）．現代の子どもの発達の特徴とその加齢に伴う変化——1983年および2001-15年のK式発達検査の標準化資料の比較による検討 II—— 小児保健研究，*65*, 282-290.

刑部育子（1998）．「ちょっと気になる子ども」の集団への参加過程に関する関係論的分析　発達心理学研究，*9*(1), 1-11.

Heine, S. (2018). 心理学における多様性への挑戦——WEIRD研究の示唆と改善—— 認知心理学研究，*15*(2), 63-71.

Henrich, J., Heine, S., & Norenzayan, A. (2010). The weirdest people in the world? *Behavioral and Brain Sciences, 33*(2-3), 61-83.

樋口美雄・中室牧子・妹尾渉（2018）．親の所得・家庭環境と子どもの学力の関係——国際比較を考慮に入れて—— NIER Discussion Paper Series No. 008.

Huston, A. C., & Bentley, A. C. (2010). Human development in societal context. *Annual Review of Psychology, 61*, 411-437.

伊藤 崇（2011）．集団保育における年少児の着席行動の時系列分析——「お誕生会」の準備過

程を対象として—— 発達心理学研究, *22*(1), 63-74.

川田　学・白石優子・根ケ山光一（2016）．子育ての"手"をめぐる発達心理学——沖縄・多良間島の子守と保育から考える—— 発達心理学研究, *27*(4), 276-287.

小島康生（2002）．ヒト乳幼児のきょうだい関係　心理学評論, *45*(3), 385-394.

Kuczynski, L., Parkin, C. M., & Pitman, R. (2015)　Socialization as dynamic process: A dialectical, transactional perspective. In J. E. Grusec, & P. D. Hastings (Eds.), *Handbook of socialization: Theory and research* (pp.135-157). Guildford Press.

松井愛奈・無藤　隆・門山　睦（2001）．幼児の仲間との相互作用のきっかけ——幼稚園における自由遊び場面の検討—— 発達心理学研究, *12*(3), 195-205.

Moffitt, T. E., Arseneault, L., Belsky, D., Dickson, N., Hancox, R. J., Harrington, H. L., Houts, R., Poulton, R., Roberts, B. W., Ross, S., Sears, M. R., Thomson, W. M., & Caspi, A. (2011). A gradient of childhood self-control predicts health, wealth, and public safety. *Proceedings of the National Academy of Sciences, USA, 108*, 2693-2698.

Nelson, K. (2001). Language and the self: From the "Experiencing I" to the "Continuing Me." In C. Moore & K. Lemmon (Eds.), *The self in time: Developmental perspectives* (pp.15-33). Mahwah, NJ: Erlbaum.

Nielsen, M., Haun, D., Kärtner, J., & Legare, C. H. (2017). The persistent sampling bias in developmental psychology: A call to action. *Journal of Experimental Child Psychology, 162*, 31-38.

Rogoff, B. (2003). *Cultural nature of human development*. Oxford University Press.（當眞千賀子（訳）（2006）．文化的営みとしての発達——個人，世代，コミュニティ—— 新曜社）

斎藤みほ（2019）．「子育ての社会化」を「私事」と「公事」を超えて捉え直す——共同保育所における子育ての共同化の試みを事例として—— 子育て研究, *9*, 42-55.

坂上裕子・金丸智美・武田（六角）洋子（2016）．片付け課題における2歳児の従順行動・不従順行動の経年変化——2004・2005年度と2010・2011年度の比較から—— 発達心理学研究, *27*(4), 368-378.

Sue, S. (1999). Science, ethnicity, and bias: Where have we gone wrong? *American Psychologist, 54*(12), 1070-1077.

菅原ますみ（2012）．子ども期のQOLと貧困・格差問題に関する発達研究の動向　菅原ますみ（編著）　お茶の水女子大学グローバルCOEプログラム　格差センシティブな人間発達科学の創成　第1巻　子ども期の養育環境とQOL（pp.145-165）　金子書房

天童睦子（2016）．育児言説の社会学——家族・ジェンダー・再生産—— 世界思想社

Trevarthen. C. B., Aitken, K., Papoudi, D., & Robarts, J. (1998). *Children with autism: Diagnosis and interventions to meet their needs* (2nd ed.). Jessica Kingsley.（中野　茂・伊藤良子・近藤清美（監訳）（2005）．自閉症の子どもたち——間主観性の発達心理学からのアプローチ—— ミネルヴァ書房）

内田伸子（2017）．学力格差は幼児期から始まるか？——経済格差を超える要因の検討—— 教育社会学研究, *100*, 108-119.

上田礼子（2012）．子どもの発達と地域環境——発達生態学的アプローチ—— 発達心理学研究, *23*(4), 428-438.

上田礼子・安田由美・前田和子（2008）．離島における養育行動の時代差——子ども虐待予防の子育て環境構築の視点から—— 民族衛生, *74*(3), 99-113.

Vygotsky, L. S., & Cole, M. (1978). *Mind in society: Development of higher psychological processes*. Harvard University Press.

Wachs, T. D. (2015). Assessing bioecological influences. In M. H. Bornstein, T. Leventhal, & R. M. Lerner (Eds.), *Handbook of child psychology and developmental science: Ecological settings and processes* (pp. 811-846). John Wiley & Sons.

Wood, D, Bruner, J. S., & Ross, G. (1976). The role of tutoring in problem solving. *Journal of Child, Psychology and Psychiatry, 17*, 89-100.

事項索引

人名索引

執筆者紹介
（執筆順，＊は編者）

久保 ゆかり （くぼ ゆかり）	東洋大学 名誉教授	序章
鹿子木 康弘 （かなこぎ やすひろ）	大阪大学大学院人間科学研究科 教授	1 章
岸本 健 （きしもと たけし）	聖心女子大学現代教養学部 教授	2 章
篠原 郁子 （しのはら いくこ）	関西外国語大学外国語学部 教授	3 章
平林 秀美 （ひらばやし ひでみ）	東京女子大学現代教養学部 教授	4 章
中道 圭人 （なかみち けいと）	千葉大学教育学部 教授	5 章
髙橋 実里 （たかはし みのり）	東京学芸大学大学院 博士課程	5 章研究紹介
＊佐久間 路子 （さくま みちこ）	白梅学園大学子ども学部 教授	6 章
郷式 徹 （ごうしき とおる）	龍谷大学文学部 教授	7 章
＊林 創 （はやし はじむ）	神戸大学大学院人間発達環境学研究科 教授	8 章
＊長谷川 真里 （はせがわ まり）	東北大学大学院教育学研究科 教授	9 章
高岸 治人 （たかぎし はると）	玉川大学脳科学研究所 教授	10 章
勝間 理沙 （かつま りさ）	京都大学教育学研究科 研究員	11 章
清水 由紀 （しみず ゆき）	早稲田大学文学学術院 教授	12 章
坂上 裕子 （さかがみ ひろこ）	青山学院大学教育人間科学部 教授	13 章

社会性の発達心理学

2024 年 3 月 20 日　初版第 1 刷発行

（定価はカヴァーに 表示してあります）

編著者　長谷川真里・佐久間路子・林　創
発行者　中西　良
発行所　株式会社ナカニシヤ出版
〒606-8161　京都市左京区一乗寺木ノ本町 15 番地
Telephone　075-723-0111
Facsimile　075-723-0095
Website　https://www.nakanishiya.co.jp/
Email　iihon-ippai@nakanishiya.co.jp
郵便振替　01030-0-13128

装幀＝白沢　正／印刷・製本＝モリモト印刷（株）
Printed in Japan.
Copyright © 2024 by M. Hasegawa et al.
ISBN978-4-7795-1791-4